AF231949

ÉTUDES

SUR LA

RÉFORME FRANÇAISE

PAR

HENRI HAUSER

Professeur a l'Université de Dijon

DE L'HUMANISME ET DE LA RÉFORME EN FRANCE
UN NOUVEAU TEXTE SUR AIMÉ MAIGRET
LA RÉFORME ET LES CLASSES POPULAIRES EN FRANCE
AU XVIe SIÈCLE
ÉTUDE CRITIQUE SUR LA « REBEINE » DE LYON, 1529
NIMES, LES CONSULATS ET LA RÉFORME
LA RÉFORME EN AUVERGNE — PETITS LIVRES DU XVIe SIÈCLE
UNE SOURCE IMPORTANTE DU MARTYROLOGE DE CRESPIN

PARIS

ALPHONSE PICARD et FILS, EDITEURS

82. Rue Bonaparte. 82

1909

BIBLIOTHÈQUE D'HISTOIRE RELIGIEUSE

Volumes parus :

1. **L'Eglise de Paris et la Révolution.** par P. Pisani, chanoine de Notre Dame de Paris, docteur ès lettres, professeur à l'Institut Catholique. — I : 1789-1792. 1 vol. in-12 .... **3 50**

2. Tome II : 1792-1796 : 1 vol. in-12 .... **3 50**

3. **Etudes sur la Réforme Française,** par Henri Hauser, Professeur à l'Université de Dijon.

> (De l'humanisme et de la Réforme en France. — Un nouveau texte sur Aimé Maigret. — La Réforme et les classes populaires en France au xvie siècle. — Etude critique sur la « Rebeine » de Lyon. — Les Consulats et la Réforme. — La Réforme en Auvergne. — Petits livres du xvie siècle. — L'histoire des persécutions de l'Eglise de Paris d'Antoine de Chandieu.)

> 1 vol. in-12 .... **3 50**

En préparation :

Denifle (H.). — O.-P. **Luther et le Luthéranisme.** traduction française par l'abbé Paquier, docteur ès lettres, professeur à l'Institut catholique de Paris. — 3 volumes.

Foucart (Georges). professeur adjoint à la Faculté des lettres de l'Université d'Aix-Marseille. — **La Méthode comparative dans l'histoire des religions.** 2e édit. revue et augmentée. — 1 vol.

Valois (Noël). membre de l'Institut. — **La crise religieuse du XVe siècle. — Le pape et le concile (1418-1450). 2 vol. in-8 pl.)** .... **15 »**

— **La France et le grand schisme d'Occident (1378-1418). 4 vol. in-8** .... **40 »**

— **Histoire de la Pragmatique-sanction de Bourges sous Charles VII. 1 vol. in-8** **7 50**

Histoire de la Compagnie de Jésus en France. des origines à la suppression (1528-1762). Tome Ier : *Les origines et les premières luttes (1528-1575).* par le P. Henri Fouqueray. S. J. 1 vol. in-8 .... **10 »**

Lons-le Saunier — imp. E. Rubat du Mérac

ÉTUDES

SUR LA

RÉFORME FRANÇAISE

BIBLIOTHÈQUE D'HISTOIRE RELIGIEUSE

ÉTUDES

SUR LA

RÉFORME FRANÇAISE

PAR

HENRI HAUSER

Professeur a l'Université de Dijon

DE L'HUMANISME ET DE LA RÉFORME EN FRANCE
UN NOUVEAU TEXTE SUR AIMÉ MAIGRET
LA RÉFORME ET LES CLASSES POPULAIRES EN FRANCE
AU XVIᵉ SIÈCLE
ÉTUDE CRITIQUE SUR LA « REBEINE » DE LYON, 1529
NIMES, LES CONSULATS ET LA RÉFORME
LA RÉFORME EN AUVERGNE — PETITS LIVRES DU XVIᵉ SIÈCLE
UNE SOURCE IMPORTANTE DU MARTYROLOGE DE CRESPIN

PARIS

ALPHONSE PICARD ET FILS, EDITEURS

82. Rue Bonaparte, 82

1909

au Maître qui guida mes premiers pas

dans la carrière historique,

et qui accueillit mes premiers essais,

à GABRIEL MONOD

AVANT-PROPOS

Des amis, assurément trop indulgents, m'ont donné le conseil de rassembler quelques-uns des essais que j'ai donnés à diverses époques sur la propagation de la Réforme en France au xvie siècle. Avant de les livrer au public, il m'a paru nécessaire d'indiquer ici l'origine même de ces études, et de rendre visible le lien qui les unit.

En 1893, dans la leçon d'ouverture d'un cours professé à l'Université de Clermont (1), je tentais de tracer les linéaments du sujet. Reproduire l'essentiel de cette leçon, ce sera, semble-t-il, donner aux essais qui suivent, la plus logique des préfaces :

Nulle part peut-être, disais-je, la Réforme n'est plus essentielle à étudier que dans notre pays de France. En effet, l'histoire des xvie et xviie siècles s'est faite dans des conditions telles que, sauf exception, les peuples septentrionaux et germaniques sont devenus protestants, les peuples méridionaux et latins sont restés fidèles à la vieille Église. La France, qui est du Nord et du Midi, qui porte dans sa langue, dans ses institutions et dans ses mœurs, jusque dans sa littérature et dans son art, la marque indéniable d'une double origine, la France était un champ clos où Rome et l'antipapisme combattaient à armes égales. — Henri IV ne disait pas : le champ clos ; il disait : *la salle de danse.* — Si l'une des deux croyances avait, sur notre sol, décidément ruiné sa rivale, il paraît infi-

(1) Leçon publiée dans la *Revue des Conférences* du 1er mars 1894, p. 499-505.

niment probable que sa victoire dans toute l'Europe aurait été assurée. Une transaction, même temporaire, signée entre les deux partis français (comme il arriva en 1598) devait amener, tôt ou tard, le triomphe final de la tolérance.

« Permettez-moi d'écarter dès l'abord une question qui a fait verser des flots d'encre, et dont on s'est, peut-être, exagéré la portée, celle de savoir si la Réforme, en France, fut ou non un article d'importation étrangère. Sans doute il est indispensable de savoir que Lefèvre d'Etaples, dès 1508 dans son *Commentaire sur les Psaumes*, dès 1512 dans son *Commentaire sur saint Paul*, soutenait déjà quelques-unes des thèses audacieuses que Martin Luther devait plus tard afficher aux portes d'une église saxonne. Tout au rebours, il est intéressant de noter aussi par où, en quoi et comment les idées allemandes ont influé sur les idées françaises, ne serait-ce que pour en faire plus énergiquement ressortir les différences. Mais si la Réforme française est » fille » de l'allemande, l'enfant, il faut l'avouer, ne ressemble que de loin à sa mère... Sous ces mots, que l'imperfection de nos langues impose à la faiblesse de notre esprit, se cachent des réalités concrètes et vraiment vivantes, tels hommes, qui ont voulu, à tel moment, telles choses par tels moyens. Or ces hommes n'étaient pas, à Paris, à Noyon ou à Genève, faits de la même chair et animés des mêmes pensées qu'à Wittenberg ou à Mayence. La Réforme a procédé comme toutes les grandes révolutions qui se produisent dans les temps modernes ; et sans doute les révolutions de demain n'échapperont pas davantage à cette loi : cosmopolite dans son principe, elle s'est adressée à tous les hommes ; mais, en franchissant les frontières, elle a dû se plier aux habitudes et aux exigences du tempérament national de chaque peuple. Comme ces liquides que la chimie nous montre changeant de couleur avec les milieux qu'ils traversent, la Réforme s'est teinte de nuances diverses en Allemagne, en Angleterre, en France. En France, elle trouvait devant elle, non pas une matière inerte, mais la nation la plus fortement organisée, la plus cohérente et la plus consciente d'elle-même qui fût alors en Europe, la plus capable par conséquent de réagir à sa manière propre sur la prédication de la doctrine. D'ailleurs, nous l'avons vu, la Réforme ne venait pas abolir les tendances nationales, mais bien au contraire les confirmer ; force lui était donc de s'y adapter, et dans une large mesure.

« Dans cette vaste histoire de la Réformation française, nous choisirons une question particulièrement intéressante pour l'historien, précisément parce qu'on y voit mieux la part qu'il faut faire à la nation dans les faits qui tout d'abord semblent relever surtout de la théologie : comment les idées de réforme se sont-elles propagées dans notre pays ? quelles facilités, quels obstacles ont-elles rencontrés dans la France du xvi⁰ siècle ?

« Cette question se subdivise elle-même en cinq ou six questions secondaires. — Nous aurons, par exemple, à rechercher quels moyens nos réformateurs ont employés pour élargir le cercle de leur action. A côté de la prédication, le principal instrument d'agitation religieuse dans tous les temps, il faudra déterminer le rôle joué par le livre.... Après le livre, le chant.... En dehors de ces moyens visibles, saisissables et mesurables, nous devrons faire sa place à la propagation invisible et constante qui a dû se faire, latente et sûre, par les relations de tous les jours, par les conversations entre parents et amis, à tous les étages des groupes sociaux.

« A côté des moyens dont elle s'est servie, nous rechercherons les lieux où la Réforme s'est implantée. — Si d'Allemagne elle nous avait été apportée toute faite par une douzaine d'apôtres luthériens, il serait facile de déterminer quelques centres d'éruption, de suivre la marche de quelques courants. Mais les choses ne se passèrent pas avec cette simplicité. Tandis qu'en Allemagne on vit de très bonne heure se dessiner une opposition entre les pays du Nord et ceux du Midi, en France la contagion protestante fut et resta longtemps à l'état *sporadique*; on voit des cas se manifester ici ou là, sans qu'on puisse toujours les rattacher, par une filiation bien établie, à des cas déjà connus. Déjà en 1536, l'ambassadeur vénitien Marino Giustiniano disait à son gouvernement que l'hérésie avait « infecté presque toute la France ». Il sera donc indispensable d'établir une carte de la répartition des réformés dans la France de 1550 à 1560. Sur cette carte il ne faudra pas croire que toutes les régions laissées en blanc n'aient pas compté des réformés : parfois cela voudra dire simplement que les documents nous font défaut. Nous marquerons d'une teinte légère les provinces que la Réforme ne fit qu'effleurer, d'une teinte plus foncée le Dauphiné ou la Guyenne, d'une couleur intense cette Picardie qui lui donna ses premiers savants, Lefèvre, Olivétan, les Roussel, Vatable, l'un de ses premiers martyrs, Louis de Berquin, enfin son chef, Calvin. — Nous étendrons cette même nuance sur ces provinces de l'Ouest, qui devinrent, après 1560, le camp retranché des huguenots.

« Mais la France du xvi⁰ siècle est loin de comprendre tous les pays de langue française ; et ces pays, séparés d'elle par des frontières à peine dessinées et jamais respectées, ont exercé sur elle une très visible influence. Tournai grossit le groupe des réformés picards. Lorsque Metz devint française en 1552, elle avait déjà entendu les prédications de Jean

Châtelain et servi d'asile — asile peu sûr — au chef persécuté de l'Eglise de Meaux. Jacques Toussaint venait du duché de Lorraine. Le Dauphinois Farel se rencontra avec les luthériens dans la principauté de Montbéliard, qui dépendait alors du duc de Wurtemberg. De la terre pontificale d'Avignon, François Lambert partit en 1522 pour aller retrouver Luther. Le Béarn, vicomté souveraine, dont le chef portait le titre de roi de Navarre, fut, avec la sœur de François Ier, la *Marguerite des Marguerites*, un refuge pour tous les suspects. La Suisse romande, la Savoie jouèrent aussi leur rôle ; et il me suffira de rappeler ici le nom de Genève.

« Même les pays voisins de langue française rentreront souvent dans le cadre de nos études. — Strasbourg inaugure alors ce noble rôle, qu'elle devait conserver jusqu'en 1870, de porte ouverte aux idées entre l'Allemagne et la France, entre la terre des penseurs et le pays des logiciens. Calvin y prépare son *Institution chrétienne*, et c'est à Bâle qu'elle s'imprime, non loin de cette Zurich où prêcha Zwingli. Au delà des monts, la petite cour de Ferrare, sous Renée, fille de Louis XII, imite celle que Marguerite d'Angoulême tenait à Pau ou à Nérac.

« Plus sérieuse et plus grave encore que cette question géographique, une véritable question sociale est impliquée dans cette histoire. En Allemagne, au-dessous des chevaliers, avides de se partager les biens d'Eglise, le peuple, les paysans mêmes s'émeuvent, et menacent un instant de donner à la réforme religieuse le caractère d'une épouvantable révolution sociale. En Angleterre, le schisme royal et la réforme épiscopale ne sont qu'un brillant et sanglant décor, derrière lequel se joue la vraie pièce ; malgré les hésitations des rois et des reines, la lâcheté des grands et des prêtres, le laboureur et le bourgeois continuent silencieusement, dans la boutique ou sur le sillon, à enfanter ce protestantisme populaire d'où sortira, non seulement la révolution puritaine de 1648, mais la société anglaise moderne. — Les choses se sont-elles passées différemment en France ?... L'écrivain qui a le plus fidèlement résumé les tendances de l'école historique de 1830, Th. Lavallée, après avoir énuméré les classes qui sympathisèrent avec la Réforme, termine par cette phrase : « Le peuple seul haïssait sincèrement les novateurs ». — Ainsi donc, la Réforme, qui, partout, sans exception, a eu le caractère d'un mouvement démocratique, n'aurait eu pour elle, en France, qu'une aristocratie.

« Il est bien vrai qu'à l'avènement d'Henri IV le protestantisme se recrute surtout parmi les possesseurs de châteaux et les riches bourgeois, que ses ennemis les plus acharnés se trouvent dans le petit peuple des villes, sans qu'on puisse voir si elle exerce la moindre action sur les campagnes. S'il en a toujours été ainsi, c'est un problème que nous ne pouvons que poser aujourd'hui....

« Si nous voulons voir clair dans cette grosse question, nous devrons sans doute faire appel à la chronologie, et distinguer dans cette histoire plusieurs périodes : 1º une période *préluthérienne*, ou tout au plus contemporaine de Luther. C'est l'époque où les croyances nouvelles se cherchent et s'ignorent encore.... — 2º Après les premières persécutions, vers 1525, commence une période que j'appellerai *précalvinienne* ; c'est l'époque des hésitations du roi, de la polémique entre les écrivains du parti et la Sorbonne. — 3º L'affaire des placards en 1534 fait du protestantisme une religion de rebelles et prépare les voies à la royauté de Calvin ; sous l'influence de Genève, partout s'organisent les églises. — 4º La Réforme, après Henri II, réclame le droit à la vie, lorsque le massacre de Vassy ouvre une période nouvelle, toute politique et militaire, où le protestantisme, capté par les princes, devient une affaire d'Etat.

« Je ne peux aujourd'hui que mentionner en passant deux autres questions capitales. — Quel a été le rôle de la royauté française dans la Réforme française ? Tout d'abord François Iᵉʳ, sous l'influence de sa sœur, a ouvertement protégé les novateurs, au grand scandale de la dévote Sorbonne. Non seulement il fit élargir à deux reprises l'un des plus fameux parmi les hérétiques, Louis de Berquin ; mais même après que son Parlement eut livré cette victime aux théologiens de Paris et aux politiques de Rome, il fut sur le point de cimenter son alliance avec les princes luthériens d'Allemagne en faisant venir à Paris l'illustre et savant Mélanchthon. A la fin de 1534, le chef du parti papiste à la Sorbonne, le syndic Noël Béda, exilé en 1533, est emprisonné. Déjà les réformés crient victoire. Or, quelques mois plus tard, le 21 janvier 1535, le roi, publiquement, dans une réunion solennelle, en présence de toutes les autorités parisiennes et des ambassadeurs étrangers, déclare que, si l'un de ses fils était huguenot, il en ferait le sacrifice à Dieu. Comment s'expliquer ce subit et décisif revirement ? Et, si même aucune main téméraire n'avait apposé les placards sur la Messe jusque sur les murs de son propre château d'Amboise, doit-on croire que le roi très chrétien aurait pu devenir un roi protestant ? Question dramatique s'il en fût, puisque le choix fait par François Iᵉʳ acheva de donner sa forme à la monarchie absolue et détermina pour trois siècles l'orientation de l'histoire de France.

« De même on doit se demander quels ont été les rapports entre l'humanisme et la Réforme. — Etroitement confondus au début, au temps d'Erasme et de Mélanchthon, ces deux courants suivent longtemps des voies parallèles. En 1530, lorsque François I*er*, tout entier alors aux idées nouvelles, tient une partie de ses promesses, non pas en créant le somptueux *collège* que rêvaient les érudits, mais du moins en installant à Paris *des lecteurs et professeurs royaux*, — à cette date la scission n'est pas faite encore entre les disciples de la Renaissance et les apôtres du nouvel Evangile. Mais le jour n'est pas loin où Calvin brûlera Servet, où il condamnera ceux qu'il appelle les *libertins* plus durement que les catholiques, où Rabelais écrira sa phrase célèbre sur « les démoniacles Calvins, «imposteurs de Genève ». Trouver les causes de cette rupture, ce serait projeter une éclatante lumière sur les origines du monde moderne. Presque toutes les idées qui sont le pain de notre pensée se rattachent à l'un ou à l'autre de ces deux grands mouvements du xvi*e* siècle et la question qui se posait alors entre l'esprit chrétien des réformés et la libre philosophie des admirateurs quasi-païens de la nature et de l'antiquité, cette question est encore vivante. Elle se retrouve au fond de toutes les préoccupations morales et sociales du temps actuel.

« Puisque l'histoire de la Réforme est en même temps un fragment de notre histoire nationale, puisque la Réforme n'est pas, un beau jour, tombée du ciel sur la France comme un météore sur une lande stérile, nous devrons. avant d'aborder les cinq problèmes que je viens de passer en revue, nous livrer à une étude préliminaire. S'il y eut une Réforme française, c'est qu'il existait, dans notre état politique et social, dans notre passé intellectuel, dans notre tempérament moral, une multitude infinie de causes qui rendaient son apparition et sa propagation possibles. La Réforme n'est pas un miracle ; elle est un fait historique, conditionné par ses antécédents, et qui serait explicable par eux, si nous étions sûrs de les connaître tous. Il n'est pas exact de dire avec Mignet que la France « dut recevoir d'Allemagne les *semences* de la réformation protestante » ; ou du moins, si la graine leva, c'est que la terre était féconde. — Rechercher comment était constitué le milieu français au début du xvi*e* siècle, mesurer ce que chacun des éléments de ce milieu — royauté, clergé, noblesse, bourgeoisie, peuple des villes et des campagnes — offrait de facilités ou opposait de résistances à la propagande protestante, c'est ce que je vous propose de faire avec moi dans le courant de cette année.... ».

J'ai essayé, dans mes cours de Clermont, de remplir quelques-unes des parties de ce cadre peut-être ambitieux. Mais à ces études qui étaient simplement mises au point de l'enseignement oral, les loisirs m'ont souvent manqué pour donner la forme qui convient au travail écrit.

D'autres, d'ailleurs, depuis lors, ont repris quelques-unes de ces idées qui, il y a seize ans, paraissaient nouvelles. Certaines d'entre elles sont même passées, pour ainsi dire, dans le domaine commun, et ne feraient plus, aujourd'hui, scandale.

Je ne me donne pas l'illusion de croire qu'une modeste leçon d'ouverture a pu agir, par elle-même, pour modifier la conception que l'on se formait de la Réforme française. Mais, si je n'ai pas écrit, sur l'ensemble de ce phénomène historique, le livre que ce cours semblait annoncer, j'ai pu du moins donner, sur diverses questions, des fragments qui n'ont pas, m'assure-t-on, été inutiles.

Ce sont ces fragments que je rassemble ici. Ils portent spécialement sur deux points : la façon dont s'est constituée la doctrine réformée, la façon dont elle s'est propagée. Sur chacun de ces points, je donne d'abord une étude d'ensemble, où j'ai tâché d'examiner les multiples aspects de la question. J'y joins ensuite, à titre de vérification, divers travaux de détail où cette même question est reprise d'une façon plus concrète. L'étude sur Aimé Maigret, par exemple, est une contribution à l'histoire des doctrines des premiers réformés français, histoire esquissée dans le premier morceau du présent recueil. Les fragments sur la *Rebeine*, sur le consulat de Nîmes, sur l'Auvergne, complètent et corrigent les vues générales émises dans *La Réforme et les classes populaires*.

J'ai indiqué, pour chacune de ces études (1), la date de sa première apparition dans une Revue. Je n'ai pas obéi, ce faisant, au désir de revendiquer une vaine priorité. J'ai pensé que le lecteur devait être averti que telle formule représentait l'idée que je me faisais des choses à telle date, d'après les documents que l'on possédait alors. En général, je me suis même interdit de faire subir au texte autre chose que des modifications de pure forme, me réservant d'indiquer en note les découvertes ou les discussions ultérieures. Sur quelques points seulement, j'ai opéré des remaniements plus profonds, parce que j'ai eu à ma disposition des documents qui me manquaient naguère. C'est ainsi qu'une obligeante communication de M. N. Weiss m'a permis de refaire presque complètement la fin de ma *Rebeine de Lyon*, de transformer en une quasi-certitude ce qui n'était, en 1896, qu'une aventureuse conjecture. De même, en me procurant le texte complet d'une délibération consulaire dont le début seul m'était connu, j'ai pu effacer, dans mon étude sur Nîmes, quelques points d'interrogation.

Je serai heureux si ces quelques nouveautés peuvent accroître pour le lecteur l'intérêt de ces pages, dont quelques-unes sont déjà vieilles.

Septembre 1909.

---

(1) Sauf, bien entendu, pour celles qui sont inédites, sur quelques *Petits livres du XVIe siècle*.

TABLE DES CHAPITRES

DE L'HUMANISME

ET DE LA RÉFORME EN FRANCE

1512-1552

RÉFORME FRANÇAISE

DE L'HUMANISME

ET DE LA RÉFORME EN FRANCE

1512-1552.

Il serait assurément prématuré d'écrire une histoire des rapports de l'humanisme et de la Réforme en France, et peut-être une pareille histoire né s'écrira-t-elle jamais. Celui qui voudrait l'entreprendre devrait connaître à fond toute l'histoire du protestantisme, toute l'histoire littéraire du XVIᵉ siècle, les origines et le développement ultérieur de l'esprit réformé et de l'esprit humaniste, non seulement en France, mais en Europe, et aussi l'histoire du catholicisme avant et après la contre-réformation. Mais, sans prétendre traiter en ces quelques pages un sujet de cette envergure, — l'un des plus considérables assurément de toute l'histoire moderne, — on peut essayer de dresser une sorte de tableau chronologique, où se marqueront les principaux temps de l'évolution parallèle de l'humanisme et de la Réforme.

I.

Je ne crois pas nécessaire de donner une définition du mot *Réforme*. Tout au plus sera-t-il bon de rappeler aux lecteurs qu'il ne s'agit ici que de la Réforme française, c'est-à-dire d'un fait religieux qui est en même temps un fait national. Quelle qu'ait été, dans sa formation, la part relative des influences autochtones et des influences étrangères, le protestantisme français est un protestantisme d'espèce particulière (1) ; il porte très nette l'empreinte de toute une race, avant qu'il reçoive (mais seulement vers 1540) (2) la marque d'un des plus puissants génies de cette race même. Bien antérieur, non seulement à la date où le nom de Calvin commence à être vraiment célèbre en France, mais même à la publication de son *Institution*, ce mouvement réformé français est déjà, en 1536, vieux de près d'un quart de siècle, et ses origines se confondent presque avec celles de la Renaissance française (3).

(1) Buisson, *Sé. Castellion*, t. I, p. 50, 86 et *passim*.

(2) Sur cette lenteur de la diffusion des œuvres et du nom de Calvin, voy. Herminjard, *Corresp. des réformateurs*, t. VI, p.156, 465 ; Weiss, *Bull. hist. du protest. franç.*, 1894, 15 février.

(3) C'est une tendance assez générale, chez beaucoup d'historiens, tant protestants que catholiques, de retarder la date de l'apparition de la Réforme en France. Tous les travaux récents, ceux de MM. Weiss sur la Chambre ardente, Gaullieur sur Bordeaux, Leroux sur le Limousin, Lefranc sur Calvin, Douen, etc., convergent au contraire vers ce même résultat : ce qu'on prenait pour un point de départ n'est qu'un premier

Faut-il davantage définir l'Humanisme ? Ce mot est-il autre chose qu'un équivalent plus ou moins complet du mot de Renaissance ? On a prétendu, je le sais, qu'il ne fallait « nullement confondre » ces deux termes, et qu'il fallait compter non pas deux, mais trois grandes influences dans le monde des esprits au XVIe siècle : « c'est à savoir la Réforme, la Renaissance et l'humanisme ». De ces deux dernières formes de la pensée moderne, l'une serait « la résurrection des idées antiques, » l'autre « le goût de l'art antique (1). »

Remarquons d'abord que, si l'on consentait à donner au mot humanisme ce sens tout restreint d'imitation de l'art antique, on changerait radicalement la valeur que ce même mot a reçue dans le vocabulaire des savants et des lettrés. Ni Burckhardt, dans son livre hors de pair sur la *Civilisation de la Renaissance en Italie*, ni Georges Voigt, dans son

---

stade de l'évolution. Bossuet avait tort d'écrire dans son *His-toire de France* : « Ce fut un peu après son exaltation (de Paul III, 1534) que la secte luthérienne, après avoir renversé toute l'Allemagne, *commença* à troubler la France ».

(1) Je ne voudrais pas, dans un article de ce genre, instituer une polémique littéraire. Mais une assertion de M. Faguet n'est jamais négligeable, et celles qu'il a semées dans la préface du *Seizième siècle* sont quelque peu déconcertantes. « Ce que cherche l'humanisme, c'est l'*antiquité classique en son art* ». Voy. p. v, xv, xxiv, etc. Peut-être un écrivain a-t-il le droit de considérer la langue comme une algèbre et d'imposer arbitrairement un sens nouveau à un mot ancien ; on peut alors, en détournant le mot d'humanisme de sa signification courante, s'en servir pour désigner la servile imitation de l'antique. Mais il me semble que, sauf le cas de nécessité absolue, c'est chose grave de renouveler, dans le domaine scientifique, le miracle de la confusion des langues.

ouvrage sur *la Résurrection de l'antiquité classique*, auquel il a précisément donné ce sous-titre : *le Premier siècle de l'humanisme*, ni M. de Nolhac, dans ses études italiennes, ni personne parmi nos critiques n'a jamais paru même soupçonner cette distinction (1). Pour les trois écrivains que nous venons de nommer, c'est tout un d'être humaniste ou d'être *renaissant* ; le premier en date des humanistes c'est, pour eux, Pétrarque, c'est-à-dire un homme auquel on ne refusera pas d'avoir, en même temps qu'il retrouvait l'ampleur des périodes de Cicéron et la douceur des harmonies virgiliennes, cherché à faire revivre en soi-même les idées, les sentiments, jusqu'aux passions de la vieille Rome, et tenté, en un mot, de se donner une âme antique.

Il est bien vrai qu'il y eut, dans le *cinquecento* français, des hommes plus amoureux de la forme que du fond de l'antiquité, des cicéroniens plus soucieux de copier l'orateur latin que de le comprendre. Mais ces pseudo-humanistes sont hors de cause. C'est chez les vrais, chez les grands, qu'il s'agit de voir si la forme apparaît jamais indépendante du fond, si l'art antique est autre chose que l'enveloppe brillante de la pensée grecque et de la pensée romaine, non pas servilement reproduite, mais repensée par un cerveau moderne. Or, c'est là une de ces questions

---

(1) Voigt, *Die Wiederbelebung des classischen Alterthums oder das erste Jahrh. des Humanismus*, 3ᵉ éd. Berlin, 1893. Une traduction française partielle, due à M. le Monnier, a paru à Paris en 1894. Une traduction intégrale est sous presse. — P. de Nolhac, *Pétrarque et l'humanisme* (Paris, 1892).

qui ne se posent pas (1). Les Vadius et les Trissotins du xvie siècle ont pu croire que les manuscrits antiques avaient été retrouvés, déchiffrés, édités à seule fin de leur fournir des modèles pour leurs épigrammes de circonstance et leurs discours d'apparat ; mais un Rabelais ne pouvait pas plus fouiller les vieux livres qu'un Michel-Ange dessiner les débris épars sur le sol romain sans que leur âme à tous deux fût envahie par les idées antiques, ou que plutôt, au contact de l'antiquité retrouvée, cette âme se renouvelât et se rajeunît tout entière.

Assurément, le moyen âge n'a jamais perdu tout à fait le souci de l'art antique (2). Mais voilà précisément qui prouve que l'humanisme est spécifiquement autre chose que l'imitation de l'antiquité, qu'il n'apparaît que le jour où l'art antique est enfin compris et senti en son fond même, le jour où, de

(1) Assurément, on ne saurait faire rentrer dans le même cadre des hommes aussi différents que Budé, Vatable, Bourbon, Dolet, Des Périers, Rabelais, etc., sans parler des Henry Estienne et des Casaubon. Mais alors ce n'est pas en deux ni en trois classes qu'il faut les répartir, c'est en cent, car « l'histoire naturelle des esprits » compte presque autant d'espèces que d'individus.

(2) Faguet, p. xvi : « L'humanisme n'a *presque point cessé* d'être depuis l'antiquité jusqu'à nos jours... L'humanisme s'est seulement *accusé et précisé* au xvie siècle... » On ne peut cependant nier, il me semble, que le sens de l'antiquité n'est plus le même avant et après la Renaissance ; seulement la Renaissance n'est pas de même date dans tous les pays. M. Faguet aboutit parfois à des conséquences inattendues : « Il n'est pas forcé que l'homme de la Renaissance soit un humaniste : *Rabelais ne l'est presque point* ». Puis rendant par ailleurs à l'humanisme plus qu'il ne lui a enlevé : « *Gœthe est le type même de l'humaniste de génie* »

simple modèle qu'il était, il devient un principe de vie et de *renaissance*. Si les expressions sont vraiment quelque chose de plus que des *flatus vocis*, si elles sont grosses des idées que l'étymologie et l'histoire y ont déposées comme des germes, l'humanisme est essentiellement la conception des *litteræ humaniores*, c'est-à-dire l'affirmation hardie que l'étude des lettres antiques rendra l'humanité plus civilisée, plus noble et plus heureuse, plus semblable à ce qu'elle était dans ces cités brillantes où l'être humain se développait en liberté. Or, cette idée, vraie ou fausse, bienfaisante ou dangereuse, féconde assurément, apparaît pour la première fois dans le monde avec Pétrarque, et quatre éléments au moins la composent : l'idée que l'homme est à lui tout seul, pour l'homme, un digne sujet d'étude, et cette idée est l'humanisme même ; l'idée et le désir de la gloire ; l'idée de la continuité du monde antique dans le monde actuel ; enfin l'idée de la beauté. Le jour où les soldats de Fornoue ramènent de ce côté des monts ces quelques idées, avec tout un attirail de vases d'onyx pillés à Florence, de tapisseries, de tableaux, d'oiseleurs, de peintres et d'hellénistes, ce jour-là, c'est l'humanisme français qui naît, et c'est aussi la Renaissance française qui s'épanouit superbement (1).

---

(1) Voy. Michelet, *Introduction à la Renaissance.* — Ce m'est un plaisir en même temps qu'une obligation de rappeler tout ce que je dois, tant pour ce passage que pour cet article, au cours que F. Brunetière professait à l'Ecole normale en 1886-1887. — Voy. aussi Lanson, *Littérature française*, p. 218-221. —

J'inclinerais volontiers à penser que nulle part cette distinction entre l'humanisme et la Renaissance ne trouve moins son application que dans notre France. M. Buisson a fort bien montré que les premiers humanistes français sont des hommes infiniment plus sérieux qu'on ne serait tenté de le croire (1). Ils laissent à leurs contemporains d'au delà des monts le culte exclusif de la forme, l'amour de l'art pour l'art et la virtuosité. Même chez ceux d'entre eux qu'on prendrait tout d'abord pour de purs imitateurs, chez nos poètes latins, les idées doivent aux anciens au moins autant que le langage. C'est dans une ode latine que Dolet exprime aussi éloquemment que Pétrarque la passion tout antique et quasi païenne de la gloire, et de la gloire immédiate (2). Je veux bien qu'Etienne Dolet soit un cicéronien d'espèce rare, un de ces cicéroniens qui rêvaient, comme Zwingli, un paradis plus que chrétien, où les Lycurgue et les Platon converse

Il ne faut pas oublier cependant que, si la *découverte* de l'Italie donne à la Renaissance française un tel branle, c'est que cette révolution était déjà presque à moitié faite dans les esprits.

(1) *Séb. Castellion*, p. 49-55. — Sur l'humanisme allemand, très différent aussi de l'italianisme, voy. Max Lenz, *Lamprechts Deutsche Geschichte* (*Hist. Zeitschr.*, 1897, 3ᵉʳ Heft, p. 420 et suiv.).

(2) *Doleti carmina*. Lyon, 1538, in-4, p. 15 : « C'est vivant, c'est de mes yeux que je veux jouir de ma gloire ». Voyez, dit-il, les grands hommes d'autrefois : « Combien célèbre est leur gloire, jusqu'où se répand leur nom, ils l'ignorent, ou, s'ils le savent, de plus douces délices leur font oublier celles de la terre. J'ai donc raison de vouloir jouir de la mienne et de mes yeux ; pendant que je puis, je goûte un bonheur mortel ; après la mort, j'en connaîtrai, peut-être, un plus grand. » Voy. R. Copley Christie, *Etienne Dolet* (trad. Stryienski).

raient familièrement avec les Moïse et les saint Paul. Mais un Nicolas Bourbon, dans une ode à plusieurs titres fameuse, célèbre la renaissance des lettres en termes émus et, qui plus est, en fort beaux vers, dont le seul tort est d'être latins (1). Le ton qu'il emploie n'est pas du tout celui d'un fade polisseur de syllabes, d'un plat copiste d'Horace. Le timide précepteur des princes s'élève soudain au-dessus de lui-même ; il salue, dans le culte nouveau des sciences et des langues, le gage et l'instrument du relèvement moral de l'humanité ; la Renaissance est pour lui une véritable régénération, et l'éclosion d'un monde.

S'ils ont eu raison, c'est ce que l'on peut discuter, mais nos humanistes ont professé une confiance aveugle dans la vertu éducatrice des lettres. Avant tout désireux d'agir, — même quand ils en sont incapables, — soucieux aussi, ce qui est le

______

(1) *Nic. Borbonii Vandoperani nugae.* Paris (Michel Vascosan), 1533, petit in-8 non paginé. Ode *In laudem Dei Opt. Max.* : « Christ a eu pitié du genre humain, il a enfin restauré le globe ruiné ; il est venu, par sa clarté, dissiper nos ténèbres. Jusqu'ici nous vivions aveugles et menés par des aveugles... Nous n'avions dans l'esprit que syllogismes entortillés, sophismes de toute espèce, froides niaiseries, paroles creuses, fumées, ordures et folies... Un vulgaire ignorant, des sophistes stupides, barbares, épais, pédants et bavards, soldats de l'enfer, véritable océan de vices... Mais maintenant sont tombés ces monstres, et par des voies merveilleuses la vérité redescend sur la terre... Partout la passion des sciences bienfaisantes et le goût des langues enflamment les vieillards aussi bien que les jeunes : c'est du haut du ciel que nous vient cette lumière... » Je ne cite ici que les passages de pur humanisme, réservant pour plus loin ceux qui ont une couleur réformée. Sur cette ode, voy. Buisson, *ouvr. cité*, p. 80 et suiv.

propre des Français, de conformer leurs actions à des lois idéales et universelles, ils ont vu dans l'art un enseignement presque autant qu'une source de jouissances ; heureux de trouver dans les œuvres antiques le modèle éternel de la beauté, ils y cherchent avec confiance les règles de la vie (1).

II.

Il me semble que, dans l'histoire des rapports entre l'humanisme et la Réforme, on peut discerner trois moments, non pas strictement distingués par des dates précises, en relation cependant avec la marche générale du siècle.

Le premier temps de ce mouvement marque l'union intime de ces deux grandes forces contre les résistances du moyen âge : le *Miroir* de Marguerite (1531) est le symbole de cette période indécise encore, où les hommes nouveaux, venus

---

(1) M. Faguet a varié dans ses définitions. « L'humanisme, disait-il, c'est, si l'on veut, l'alexandrinisme... ». Puis, dans la *Revue des Deux-Mondes* du 1er mai 1894, il parut confondre l'humaniste avec l'homme de la Renaissance : « Le propre de l'humanisme c'est, *non seulement la passion de l'art antique*, mais encore la faculté de se faire ancien soi-même, etc., etc. C'est une sorte d'*atavisme artificiel* ». On ne saurait mieux dire. Et encore, p. 134 : « Julien l'Apostat est le *plus grand humaniste* de l'antiquité. » Ce que l'on retrouve sous ces subtiles variations, c'est le désir de réagir contre la méthode de Taine, de substituer aux influences transitoires du milieu et du moment celles de quelques grands courants éternels, et de prouver que « l'humanité ne change jamais. »

de tous les coins de l'horizon, voient ce qui les rapproche mieux que ce qui les divise. Après les persécutions systématiques de 1534-1535 commencent à s'accuser les divergences ; elles apparaissent et s'accentuent de plus en plus dès le deuxième et surtout dans le troisième livre de Rabelais (1535-1547). — Déjà, lorsque se publie le *tiers livre*, l'influence de Calvin a donné au protestantisme une figure nouvelle ; le concile de Trente a délimité l'étroite région hors de laquelle il n'y a plus de salut : dès lors, la rupture est presque complète, et paraît définitive, entre l'humanisme et la Réforme. (1).

Pour décrire l'alliance, la séparation, puis l'antagonisme de ces deux groupes de penseurs, il importe d'abord de n'être pas dupe des mots. Nous sommes tellement accoutumés à nous servir des termes d'*humanisme*, de *réforme*, de *moyen âge*, que chacune des forces qu'ils représentent finit par nous apparaître comme un être distinct et vivant, comme un champion qui descend, armé de pied en cap, dans l'arène. Il faut repousser cette fantasmagorie décevante. Ni l'humanisme ni la Réforme ne sont constitués, en France, vers 1530 : ce sera précisément l'œuvre de tout un siècle troublé et sanglant de dégager les forces en présence et de les opposer les

----

(1) Je ne me dissimule pas que l'emploi de la méthode chronologique nous entraîne à nous répéter souvent, à couper en deux ou même en trois la vie et l'œuvre d'un même écrivain ; je la crois seule capable d'exprimer, dans sa réalité concrète, le développement historique du xvie siècle.

unes aux autres. Au début, comme le dit excellemment M. Buisson, « il n'y avait même pas dans les esprits une nécessité évidente de prendre parti entre Rome et Wittenberg (1). » On espérait encore, en France du moins, réaliser la Réforme en évitant le schisme. Cette Réforme, très hardie, — on le verra, — dans ses démarches dogmatiques, très timide et très prudente sur le terrain des conséquences pratiques, les humanistes les plus amoureux de leur repos ne songent nullement à la repousser : « La vérité est qu'ils sont tout près de la Réforme, tout pénétrés des idées qu'on appelait déjà évangéliques. » En ce sens, tous les humanistes français sont alors des protestants ; en un autre sens, on peut aller jusqu'à dire qu'il n'y a pas alors de protestants français, car la Réforme française n'a pas encore pris la couleur d'une protestation.

L'essentiel est que les futurs humanistes et les futurs réformés, qui ont été au collège sur les mêmes bancs, ont alors les mêmes ennemis. Les uns et les autres réclament « un retour vers le passé (2) ; » le « passé » de la Renaissance n'était pas celui de la Réforme ; mais, pour toutes deux, « le passé prochain », c'est-à-dire celui que l'on condamnait au nom d'un passé plus vénérable, était le même. Aussi les Universités de Cologne, de Louvain, de Paris censurent-elles Reuchlin, sous prétexte que

____

(1) Buisson, p. 50, 53 : « L'humanité a retrouvé l'Evangile comme elle a retrouvé l'Iliade... Le double dépôt sacré qu'ils ont reçu de l'antiquité », p. 58-65.
(2) Faguet, p. XII.

les hellénistes et les hébraïsants sont des fauteurs d'hérésie ; les mêmes universités censureront Luther et le Fèvre, hérétiques pour avoir lu de trop près le texte grec et le texte hébreu de l'Ecriture (1). Noël Béda n'en veut pas aux érasmiens moins ardemment qu'aux luthériens ; et c'est parce qu'il est l'un et l'autre que Berquin attirera sur sa tête toutes les colères de la « sacratissime » Faculté.

Telle était la situation respective de l'humanisme et de la Réforme qu'ils devaient se servir l'un à l'autre d'instrument (2). L'humanisme ouvrait naturellement les voies à une révolution religieuse parce qu'il substituait au respect de l'autorité l'esprit de libre examen ; dans la dialectique nouvelle, qui ne trouvera sa formule qu'avec Ramus (3), mais qui s'essaie déjà lors des premières luttes, le raisonnement n'a plus pour objet de démontrer telle ou telle proposition d'Aristote ou des Pères, mais bien

(1) Du Boulay, *Hist. univ. paris.*, t. VI, p. 115, 155, 173, 188, 204, 234, 239 ; d'Argentré, *Collectio judiciorum*, t. I, p. 365-374, 404, et t. II, p. XII, 4 et *passim*. Voy. Herminjard, *ouvr. cit.*, *passim*.

(2) Je ne peux m'occuper ici que de la France, mais, comme ces mouvements avaient une extension européenne, on me permettra de renvoyer à Janssen (t. II de la trad. fr.), ch. I : *le Nouvel humanisme*, « l'agent principal de la grave et vaste révolution qui allait s'accomplir dans les idées ». Inutile de rappeler l'admirable chapitre de Taine, *Litt. angl.*, livre II, ch. v.

(3) Voy. le livre de M. Waddington, et aussi Owen, *French Skeptics*, p. 524-600. Ce dernier livre est un ouvrage bizarre, où l'exposition est remplacée par une conversation entre quatre interlocuteurs imaginaires ; le dialogue est parfois interrompu par la lecture d'un morceau de critique. L'auteur fait abusivement commencer la Renaissance française à Montaigne (p. 433), il établit entre les sceptiques français des divisions arbitraires, mais il a vu assez clair sur le fond même de la question.

d'aller du connu à l'inconnu à l'aide des seules lumières de la raison individuelle. « J'avoue », écrivait modestement Reuchlin aux docteurs de Paris, « j'avoue que, dans les écoles, je n'ai jamais appris la théologie, mais le droit civil ; aussi j'ignore votre manière de disputer (1). » En réalité, lui et ses pareils en inauguraient une toute différente. Ajouter à la connaissance jusqu'alors presque exclusive du latin (2) l'étude approfondie du grec, de l'hébreu et des idiomes orientaux, c'était mettre aux mains des novateurs les textes les plus anciens de la Bible et des Evangiles, c'était créer la critique philologique, l'arsenal où les réformateurs puiseront leurs armes les plus terribles contre la vieille Eglise. Aussi ne faut-il pas s'étonner si le Fèvre d'Etaples soutint énergiquement Reuchlin, au risque d'être, lui aussi, accusé de « judaïser (3). » Les réformateurs des études de droit donnent à leurs élèves l'habitude de rejeter la glose pour aller trouver le texte lui-même ; aussi combien de juristes parmi les futurs réformateurs, sans compter Calvin !

En second lieu, l'humanisme, par sa diffusion même, créait un phénomène nouveau, l'universalité

(1) Du Boulay, t. VI, p. 49.

(2) Egger, *l'Hellénisme en France*, t. I, p. 44 ; A. Lefranc *Hist. du Collège de France*, p. 2-22.

(3) Herminjard, t. I, p. 11 ; du Boulay, t. VI, p. 63. — Sur cette question de l'éducation purement humaniste des réformés français, voy. Ch. Borgeaud, *Calvin fondateur de l'Université de Genève* (*Revue internat. de l'enseignement*, 1896, articles repris depuis dans l'*Académie de Calvin*, Genève, 1900), particulièrement (nᵒ du 15 août) le chapitre sur la *Réforme des études au XVIᵉ siècle* : « Avant d'être théologien, Calvin fut humaniste ».

de la culture. Le latin de Cicéron, substitué à tous les patois latins parlés dans chaque Université, créait entre les savants ou, comme disa'ent leurs adversaires, entre les *poètes* de tous les pays une sorte de communion intellectuelle ; aussi la révolution religieuse ne sera-t-elle plus comme au temps de Wiclef et de Huss, un fait particulier et local, mais d'abord un fait européen.

L'imprimerie fut le principal instrument de cette propagation des idées. Ce serait pourtant une illusion de croire que l'imprimerie se fit dès le premier jour, uniquement et même surtout, le messager de la Renaissance (1). On imprime pendant longtemps autant de *sommes* et de *spicilèges* que de livres classiques, de Bibles ou de *Pantagruel* (2). Il n'est pas exact que « l'imprimerie ait à peu près supprimé le moyen-âge. » Mais elle multiplie les livres, elle en abaisse le prix dans des proportions inouïes. Ils se vendent dans les foires, s'échangent entre les libraires de tous les pays, et

---

(1) M. Faguet affirme « qu'un départ très net s'établit : d'une part, le livre ancien et le livre du xvi° siècle, ceux-ci imprimés, portatifs... ; d'autre part, le livre du moyen âge, manuscrit, peu maniable ». Cela n'est pas historiquement exact pour les débuts de l'imprimerie.

(2) Parmi les livres dont Thubal Holoferne imposait à son élève l'indigeste lecture, le *Facet*, le *Theodolet*, l'*Alanus* avaient été imprimés tous trois ensemble en 1490 ; les deux premiers se réimpriment en 1494 et tous trois reparaissent encore dans un recueil de 1540 ; le *Compost* a une édition en 1504, le *Graecismus* en 1493, le *Dormi secure* en a trois : 1480, 1486 et 1503. Voy. Panzer, *Annales typographici*, les diverses études de M. A. Claudin, et surtout la *Bibliographie lyonnaise* de M. Baudrier.

transforment leurs boutiques en agences intellectuelles. Le colporteur va mettre ces livres dans sa balle, il les fera pénétrer jusque dans les villages les plus infimes, et des idées qui n'étaient encore que l'apanage des classes élevées vont devenir l'aliment de populations entières (1).

Les Erasme et les Reuchlin en Allemagne, les Vatable et les Budé en France ont été, qu'ils le voulussent ou non, et par cela seul qu'ils étaient des savants et des philologues, les plus puissants auxiliaires de la révolution religieuse. Inversement, le mouvement réformé ne pouvait qu'aider au triomphe de l'humanisme. Puisqu'elle demandait à tout chrétien de se faire une opinion personnelle et réfléchie sur les mystères de la religion, la Réforme lui imposait l'obligation de cultiver son intelligence (2). Elle aussi rejetait la scolastique stérile des Universités, ce perpétuel mouvement de l'esprit dans un cercle fermé, pour la remplacer par une méthode plus libre, fondée sur l'interprétation individuelle de l'Ecriture (3). Les réformés faisaient de l'Ecriture

(1) Sur le colportage, voy., dans les ms. Delamare, le t. XI suppl. (Bibl. nat., fonds fr. 21479).

(2) Dans les *Quatre instructions fidèles pour les simples et les rudes*, qui sont une imitation, sans doute faite par Berquin, du *Petit catéchisme* de Luther, voy. IV, *Des escoles pour instituer enfans en saine doctrine* : « Il convient instituer escoles pour les fils et aussi pour les filles, et y proposer bons, fidèles et savans precepteurs, et leur constituer loyer du trésor commun, dont puissent commodément vivre » (Weiss, *Bull. hist. du protest. fr.*, 1888, p. 434 et suiv.). — A Meaux, en 1522-1525, Briçonnet distribuait gratuitement au peuple des « petits livres français. »

(3) Le Fèvre, préface du Commentaire des Evangiles (152) : « Ne rien savoir en dehors de l'Evangile, c'est savoir tout » ; Id.,

la règle unique, nécessaire et suffisante de la croyance et de la conduite ; aussi voulaient-ils être certains de posséder la vraie parole de Dieu dans sa forme originale. Dès lors, ceux au moins qui se consacraient au ministère étaient impérieusement tenus de reviser les traductions, de comparer les textes, de recourir aux langues de l'Orient ; l'exégèse sortait tout naturellement de la critique philologique, si bien que la passion religieuse poussait autant d'élèves que le zèle littéraire au pied des chaires de grec et d'hébreu.

Il y avait encore une affinité plus profonde entre la Renaissance et la Réforme : celle-ci offrait aux esprits une dogmatique d'apparence plus simple, et déjà plus rationaliste (1). Si elle continuait à partager entre trois personnes l'unité de l'acte divin, elle supprimait du moins tous les agents subalternes. Elle ne connaissait nul milieu entre l'enfer et le paradis. Tel sacrement, où l'Eglise voyait un miracle, elle en faisait un symbole. En rapprochant le chrétien et Dieu, elle faisait, dans les âmes tendres, s'épanouir toutes les fleurs du mysticisme ; mais ce mysticisme restait purement individuel, au lieu que le dogmatisme orthodoxe prétendait asservir la raison de chacun. Les fins et délicats lettrés qu'une éducation toute grecque avait rendus amoureux de lumière et de clarté, reprochaient précisément au christianisme officiel de multiplier inutilement le nombre des mystères. Ima-

---

dédicace de la Traduction française des Evangiles (1523) : *A tous chrétiens et chrétiennes.*

(1) A. Lefranc, *le Platonisme en France de 1500 à 1550* (*Revue d'hist. litt.*, 1896, p. 9).

ges, cierges, processions, miracles des saints locaux, jeûnes, indulgences, on était décidément, pour se dire bon catholique, obligé de croire à trop de ces choses que deux augures n'auraient pu se raconter sans rire. Cicéroniens et platoniciens ne pouvaient qu'être séduits par une doctrine qui prétendait simplifier tout cela, établir, comme disait le Fèvre, le *culte pur*, réduire les pratiques à ce qui est absolument nécessaire à l'âme, et la religion tout entière à un unique acte de foi. Elle séduisait à la fois les âmes ardentes par ce qu'elle apportait de nouveau, les esprits clairs par ce qu'elle supprimait de vieilli.

Le fait est que, si tous les réformés de quelque importance ont passé par l'école des humanistes, presque tous les humanistes ont favorisé d'abord une révolution religieuse « dont tout le monde, en France, était complice à quelque degré (1). » Peu importe après cela qu'on nous dise : « Ce monde des professions libérales était sourdement et doucement hostile à la Réforme comme au moyen-âge pour les mêmes raisons, » et qu'on nous cite ce mot de Calvin sur les Nicodémites : « Cette bande est composée quasi toute de gens de lettres (2). » Cela sera vrai dans vingt ou trente ans ; il en est tout autrement en 1525-1535. Florimond de Raemond, que la haine rendait clairvoyant, ne dit-il pas : « Ceux qui ont en leurs métiers quelque noblesse de l'esprit furent

---

(1) Buisson, p. 56.

(2) Faguet, p. XIII. Encore ne faut-il pas oublier que les Nicodémites ne sont que des réformés honteux ; Calvin ne les accuse pas de papisme, mais de timidité.

des plus aisés à surprendre... Tous ces gentils poètes éveillés, esprits subtils et qui perçaient les cieux, étaient volontiers de la partie... A ce commencement de l'hérésie, les hommes qui avaient l'esprit le plus aigu, s'ils ne se sont armés du bouclier de la foi, ont été ses amoureux et ses courtisans... Entre les gens de lettres, les médecins furent les premiers : gens, dit-on, qui ne veulent croire qu'à bonnes enseignes... (1) » Ce n'est assurément pas tout le monde réformé que Florimond nous décrit ici (car lui-même a pris soin ailleurs de nous signaler le succès de la doctrine dans les milieux populaires) (2), mais seulement l'élite, les classes qui, à l'heure des persécutions, se trouvèrent assez riches et assez indépendantes pour aller jusqu'à Genève.

Mais voici quelques faits significatifs (3).— A Genève c'est une même assemblée, celle du 21 mai 1536, qui décide l'adhésion de la ville à la Réforme et la réorganisation des écoles. A Strasbourg, le nouveau parti n'est pas plus tôt le maître qu'il ouvre des cours de grec, d'hébreu, de mathématiques, en même temps que d'exégèse et de théologie ; dans ce milieu exceptionnellement favorable, la Réforme conserva de ses liaisons avec l'humanisme un parfum de science austère (4). — Lorsque François Ier nomme les premiers lecteurs et professeurs royaux, il choisit

---

(1) *Naissance et progrès de l'hérésie...*, p. 935.
(2) *Ibid.*, p. 845, 851, 871 et suiv.
(3) Je ne puis citer ni tous les faits ni tous les textes.
(4) Ch. Engel, *l'Ecole de Strasbourg au XVIe s.* (*Revue intern. de l'Enseign.*, 1896).

avec soin, sur les indications de Budé, les chefs mêmes de l'humanisme français ; il arrive que presque tous penchent, — ou pencheront, — plus ou moins ouvertement vers la Réforme (1). En 1533-34, ils assistaient tous ostensiblement, les Vatable, les Toussaint, les Danès, à ces fameux prêches du Louvre où Gérard Roussel, sous la protection de Marguerite, enseignait la doctrine du salut par la grâce. « Je ne vois autour de moi, s'écriait un prédicateur dépité, que de pauvres vieilles ; tous les hommes sont au Louvre (2). » C'est dans l'année 1533 que les lecteurs avaient été poursuivis en Parlement par l'Université, sous prétexte qu'ils corrigeaient la Vulgate au moyen de leçons venues d'Allemagne, *ergo* fort suspectes d'être juives ou luthériennes (3). A quoi leur avocat répondait par ce très malicieux et indiscret dilemme : « Ou les théologiens savent le grec et l'hébreu ou ils ignorent ces langues. S'ils les savent, qu'ils assistent au cours, comme tout le monde, et si quelque hérésie de traduction échappe au professeur, qu'ils en informent et fassent juger le coupable. Mais s'ils ignorent ces deux langues, de quoi se plaignent-ils ? » Précisément ils se plaignaient qu'on les voulût enseigner.

Les Universités avaient beau être les boulevards de l'ancienne religion comme de l'ancienne science, l'esprit humaniste y pénétrait, et derrière lui l'esprit

(1) A. Lefranc, *Collège de France*, p. 148, 171 et suiv.
(2) Herminjard, t. III, p. 161.
(3) Du Boulay, t. VI, p. 239 ; Lefranc, p. 144.

réformé. A Paris, c'est la Faculté des Arts (le Fèvre était maître ès-arts) qui est la moins réfractaire aux idées nouvelles. Consultée en 1530 par le Parlement, elle réclame une réforme de l'enseignement, surtout de l'enseignement voisin, celui des théologiens : « Laissant de côté l'Evangile et les saints docteurs de l'Eglise..., ils professent je ne sais quelle sophistique... (1) ». Grâce à eux, « notre Université de Paris est devenue un objet de risée pour les nations étrangères. » C'est dans un des collèges de cette Faculté des arts qu'enseignait Mathurin Cordier (2), l'humble réformateur des études de grammaire ; en 1530, il publie son livre sur la *Correction du langage*, et, dès janvier 1535, il est sur la liste des suspects pour cause d'hérésie (3), en attendant qu'il aille cumuler les deux fonctions d'humaniste et d'évangéliste à Bordeaux d'abord, puis à Genève et à Neuchâtel.

Mais quelques Universités de province, — qui n'avaient point de Noël Béda, — sont bien plus largement ouvertes aux souffles nouveaux que celle de Paris (4). Orléans a des professeurs qui enseignent à la fois l'hébreu et Luther, comme Melchior Wolmar, et des élèves tels qu'Olivétan, Calvin, Du Chemin, Daniel, Bèze. A Bourges, nous sommes chez Mar-

(1) Du Boulay, t. VI, p. 217.
(2) Buisson, *passim* ; Herminjard, t. VII, p. 51.
(3) *Chronique de François Ier*, p. 131.
(4) Bonet-Maury, *le Protestantisme aux universités...* (*Bull. du protest. fr.*, 1889, p. 86, 322, 490). — Voy. plus récemment les études de M. Prentout sur l'Université de Caen.

guerite, dans un de ces petits mondes lettrés et pieux dont elle défend de toute sa force les abords contre les malveillants et les ignorants ; l'humanisme pénètre les études juridiques avec Alciat ; parmi ses disciples on cite Calvin encore, Jacques Canaye, Barthélemy Aneau ; et, des cinq successeurs immédiats à sa chaire, trois inclinèrent à la Réforme, deux furent ouvertement réformés. A Toulouse aussi, malgré l'Inquisition et le Parlement, ce sont les professeurs de droit qui mènent le mouvement religieux ; en 1531, parmi les suspects arrêtés se trouvent deux professeurs, Jean de Boyssoné et Mathieu Pac, et le licencié Jean de Caturce est brûlé en 1532 (1). — On peut faire la même remarque sur les simples collèges, le collège de la Trinité à Lyon, sous Guillaume Durand, Eloy Du Verger et Barthélemy Aneau, lequel « sentait mal de la foi, » et sera massacré en 1561 ; celui de Guyenne à Bordeaux, avec les amis de Gouvéa, Candeley, Collassus et Cordier ; celui de Nîmes avec Ymbert Pecolet, etc. (2), — sans parler des petites écoles.

Une autre preuve des liens étroits qui unissaient alors l'humanisme et la Réforme, c'est l'extraordi-

---

(1) Guibal, *Jean de Boyssoné* (*Revue de Toulouse*, 1864, t. II) ; Christie, *Dolet*. Un jeune érudit lyonnais, M. Buche a commencé une édition des manuscrits de Boyssoné dans la *Revue des langues romanes*. — Voy. aussi Mugnier, *Jehan de Boyssoné et le Parlement français de Chambéry*, Paris, 1898.

(2) Buisson, p. 24 ; Gaullieur, t. I, p. 19 et suiv. ; Herminjard, t. IV, p. 315, n. 2, et *Archives communales de Nîmes*, LL. 6 ; Puech, *la Réforme à Nîmes*. Nîmes, 1893, in-8. Il y a un livre à écrire sur le rôle du maître d'école dans la Réforme.

naire popularité des idées nouvelles dans le monde des imprimeurs, des libraires, relieurs, enlumineurs et colporteurs. Les professions du livre sont déjà représentées par sept noms dont la liste des suspects parisiens de 1535 ; on ne compte pas ceux qui, en soixante ans, furent arrêtés ou même qui périrent dans les flammes (1). Ni Marguerite ni Briçonnet n'auraient pu semer autour d'eux les premiers germes de la nouvelle doctrine, sans l'ingénieux dévouement de Simon Dubois, de Henri Ier Estienne, de Simon de Colines.

Dans la capitale de l'imprimerie française (2), à Lyon, presque tous les imprimeurs sont plus ou moins favorables à l'hérésie en même temps qu'à la Renaissance des lettres. Pierre de Vingle est chassé en 1531 pour avoir imprimé un Nouveau Testament français ; Sébastien Gryphe a pour correcteurs et pour amis Dolet, plus tard imprimeur lui-même, Rabelais, Barthélemy Aneau ; l'illustre Jean de Tournes est un partisan avéré de la foi nouvelle. Sans compter que parmi eux beaucoup, venus d'Allemagne ou de Suisse, comme les Trechsel, Schenk, Wensler, Alamannus ou Wattenschnee, font pénétrer les influences étrangères. C'est autour de ces puissantes et souvent généreuses dynasties que se

---

(1) *Chronique*, p. 130 et suiv. ; *Ibid.*, p. 112 ; *Bourgeois de Paris*, p. 447, 446 ; Weiss, *Chambre ardente*, p. xxxv et *passim* ; A. Claudin, *passim*.

(2) P. Delalain, *Inventaire des marques d'imprimeurs*, Paris, 1892, p. 86 et suiv. ; A. Vingtrinier, *Hist. de l'Imprimerie à Lyon*, Lyon, 1894, in-8 ; Christie, p. 159, 185, etc. ; Buisson, p. 14 et suiv. ; Baudrier, *Bibliographie lyonnaise*.

constitue le *milieu lyonnais*, milieu d'humanistes graves, dont M. Copley Christie et M. Buisson nous ont conté l'attachante histoire. A côté de ces maîtres imprimeurs grouille une foule nombreuse, instable et turbulente d'ouvriers, dont beaucoup aussi sont étrangers, la plupart allemands ; agités de passions violentes, mécontents de l'état social, ils offrent un merveilleux champ d'action à la foi nouvelle, et c'est chez eux en effet que se recrutera le gros de l'hérésie lyonnaise (1).

A Paris, les imprimeurs et les libraires sont perpétuellement inquiétés par la Sorbonne et par le Parlement pour avoir publié ou vendu des ouvrages prohibés (2). Aussi bien y aurait-il tout un livre à écrire sur le rôle que les pérégrinations d'imprimeurs ont joué dans la diffusion de la Réforme. Les belles études de M. Claudin (3) montrent qu'en beaucoup de villes l'apparition des presses suit ou précède immédiatement celle de l'« Evangile. » Quelques-uns de ces imprimeurs sont non-seulement les protecteurs, mais les banquiers et les agents des réformateurs ; la maison bâloise-lyonnaise de Conrad Resch, Jean Wattenschnee et Jean Vaugris rend des services de tout genre à le Fèvre et à Farel.

L'union paraît donc étroite et complète entre

(1) L. Champier, *l'Antiquité de la cité de Lyon...* (réimprimé) Lyon, 1884 ; Cl. de Rubys, *Hist. vérit. de la ville de Lyon.* Lyon, 1604 ; Eug. Moutarde, *Etude hist. sur la Réforme à Lyon.* Genève, 1881, p. 57 et *passim.*

(2) Du Boulay, t. VI, p. 128, 131, 155, 234, etc.

(3) Par exemple, *l'Imprimerie à Saint-Lô.* Paris, 1894.

les lettres et le nouveau christianisme. Déjà, en 1522, le Fèvre déclarait que la renaissance des langues et les découvertes géographiques (des peuples nouveaux à convertir) devaient servir au renouvellement de la foi, et Bourbon affirmait de son côté, dans une préface de 1533, l'identité des deux révolutions : « L'étude des disciplines humaines (*humaniores*) refleūrit merveilleusement par le bienfait de Dieu et la faveur du meilleur des rois. Ce n'est pas sans exciter la colère et les frémissements de ceux qui haïssent les belles-lettres d'une haine farouche, surtout les lettres grecques ; naguère, ils criaient que quiconque étudiait ou parlait le grec était un ennemi de la religion chrétienne (1). »

Il faut avouer aussi que le hasard est un dieu bien singulier, si c'est lui tout seul qui fit de Jean Goujon, de Prieur, de Guillaume Cousin, de Ligier Richier, de Hugues Sambin, des Du Cerceau, de Palissy, de Goudimel, c'est-à-dire de nos plus grands artistes, des réformés ou des demi-réformés (2).

(1) Herminjard, t. I, p. 94 (préface du Commentaire des Evangiles) ; cf. Luther (15 0), *Ad candidos theologos*, et Herminjard, *Ibid.*, p. 62.

(2) M. Faguet adopte jusqu'à l'exagérer la théorie de Janssen, p. xv : « En Allemagne, la Réforme étranglait net la Renaissance ». Comment expliquer alors le magnifique mouvement dont Albert Durer, l'ami de Luther, est le symbole, et l'art de la Basse-Allemagne, l'art calviniste des Hollandais ? Voy. Geiger, *Renaiss. u. Humanismus.* Berlin, 1882.

III.

Au reste, on ne voit pas pourquoi tous les hommes de foi et de pensée n'auraient pas penché vers la Réforme, telle qu'elle apparaissait en France à ses premiers jours. La doctrine était encore assez large et assez vague pour n'écarter et n'effrayer personne.

On est trop disposé à juger la Réforme française d'après Genève et d'après Calvin (1). En réalité, Calvin, s'il ne diffère pas autant des premiers réformés français que ceux-ci de Luther, ne doit pas être confondu avec eux. Ce n'est pas dans l'*Institution* qu'il faut chercher leurs doctrines, c'est dans les rares œuvres des premiers docteurs, c'est surtout dans les procès en Sorbonne, tels qu'ils nous ont été rapportés par Du Boulay et d'Argentré : Béda et Picard savaient infiniment mieux que nous ce qu'il y avait de nouveau, et partant d'hérétique, dans un livre ou un sermon de Caroli ou de Mazurier.

A ne la chercher que dans ces textes, l'hérésie française, vers 1520-1525, est quelque chose à la fois de très simple et de très hardi ; elle se ramène toute, en somme, à deux propositions essentielles :

1º « Si aucun, » — disent les *Epitres et Evangiles à l'usage du diocèse de Meaux*, censurés par la Faculté le 6 novembre 1525, — « si aucun quiconque vous

____

(1) Faguet, p. 36 : le « calvinisme » (*sic*, en 1525 !) de Marot » !

prêche et annonce autre chose que la parole de
Dieu et de Jésus-Christ, il n'est point fidèle dispen-
sateur, distributeur et annonciateur des secrets de
Dieu, mais est un infidèle et un décepteur. Par quoi,
ne l'écoutez point, c'est-à-dire ne le croyez point
et n'ajoutez point foi à ses paroles, car c'est un
séducteur. De tels le monde a été et est encore rempli
et le sera jusques à tant que les secrets de Dieu,
c'est-à-dire Jésus-Christ et sa parole, seront fidèlement prêchés et reçus au monde et au cœur de
tous les fidèles. » Donc : l'Evangile, seule règle de
la doctrine et de la vie ; rejet de tous les dogmes
que l'Eglise a surajoutés à la pure parole de Dieu,
rejet de tous les préceptes dont l'Ecriture n'a pas
expressément imposé l'accomplissement (1).

2° La pure parole de Dieu, le seul précepte de
l'Evangile, précepte qui abolit toute la Loi et toutes
les règles, c'est uniquement ceci : on n'est sauvé
que par la foi en Christ ; la foi ne nous est donnée
que par la grâce. — Ecoutez ce que frère Aimé
Maigret prêchait en français à Grenoble (après l'avoir
prêché en latin devant le Parlement de Dauphiné)
le jour de saint Marc 1524 : « Entre nous prêcheurs
et docteurs académiques manifestement mettons
la charrue devant les bœufs, nos œuvres préférons
à la grâce de Dieu, conjoignans ensemble grâce et

(1) Le Fèvre, Commentaire sur les Evangiles, 1522 ; Préface
de la version française, 1523 ; d'Argentré, t. II, p. 9 et suiv., 21
et suiv., 30 et suiv., 36 et suiv. ; S. Berger, *Procès de Briçonnet*
(*Bull. du protest. fr.*, 15 janvier 1895). — Les Cordeliers de
Meaux traitaient les hérétiques de *bibliens*.

dette, mérite et libéralité, obligation et miséricorde,
car ce qui vient de grâce n'est jamais mérite, et ce
qui est mérite procède de justice et obligation, non
de grâce... (1). » Donc, les pratiques et cérémonies,
les vœux, le célibat, les jeûnes, non obligatoires
puisqu'ils ne sont pas de l'Evangile, de plus sont
inutiles puisqu'ils ne peuvent servir à nous justifier ;
ils ne sont qu'une idolâtrie. Plus d'intermédiaire
entre l'âme et son Sauveur, ni sur la terre, où croule
la hiérarchie des prélats et des prêtres, ni au ciel,
où l'armée des saints et des anges ne peut plus
rien pour le pécheur. Les sacrements eux-mêmes
ne sont plus des sacrements, car il n'est d'autre

(1) Déjà l'on démêle ces caractères dans l'hérésie de Jean
Vitrier, 1498, et de Hémon de la Fosse, 1503 (d'Argentré, t. I,
p. 340 et 347 ; du Boulay, t. VI, p. 12). — Le Fèvre, Commentaire sur saint Paul, 1512 : « Dieu opère tout en nous... ».
Attribuer le mérite aux œuvres serait « exiger un dû ». « J.-C.
nous apprend à rechercher la grâce et la miséricorde de Dieu
pour le salut et non d'autres choses plutôt superstitieuses que
religieuses... L'ablution de l'eau matérielle ne justifie pas, mais
elle est le signe de la justification par la foi en Christ ». Il donne
à la religion nouvelle son nom, *le culte pur* (Commentaire sur
les Evangiles, 1522), et veut ramener la chrétienté aux temps
qui ont précédé Constantin. Voy. ces mêmes idées, en français,
dans sa préface au Nouveau Testament. — Voy. les textes cités
plus haut de du Boulay et d'Argentré. — O. Douen, *la Réforme
française est-elle fille de la Réforme allemande ?* (*Bull. du Protest.*,
1892, p. 57 et 122). — Mêmes idées, aussi en deça de Calvin, dans
le *Sommaire des livres du Vieil et du Nouveau Testament*, placard
populaire de Robert Estienne, sans doute vers 1540 (*Bull. du
protest. fr.*, 1894, p. 74 et suiv.). — Vollet, *Etudes... sur l'origine
des églises réformées de France*. L'auteur de ce très remarquable
mémoire ne veut, comme beaucoup de protestants, donner le
nom de Réforme qu'au système dogmatique et disciplinaire
qui a triomphé en 1550 ; de ce point de vue, il est trop clair que
les efforts des premiers réformateurs semblent peu de chose.

sacrement que la foi. Sur ce point, nos premiers réformateurs vont, d'un coup d'aile, bien plus loin que Luther n'ira jamais : « Le sacrifice de l'autel, prêche Caroli en 1525, n'est pas autre chose que la commémoration de la Rédemption (1). » Et Pauvant disait : « Le baptême est peu de chose, ce n'est qu'un symbole, car l'eau bénite n'est rien. » Les édits royaux ne se trompaient donc pas lorsqu'ils donnaient aux réformés de France le nom de *sacramentaires*. Et déjà Maigret, dépassant les limites du christianisme même réformé, avait été jusqu'à proclamer « qu'un païen qui a intention de suivre la raison est sauvé, combien qu'il ne soit jamais baptisé. »

Cette foi, en apparence purement négative, — ne croire qu'à l'Evangile, n'attendre le salut que de la grâce, — a inspiré à M. Buisson la plus belle page de son beau livre : « D'ordinaire, c'est une foi commune, c'est une grande solidarité religieuse ou patriotique qui fait des martyrs. Ici, c'est la seule force de la conscience individuelle livrée à elle-mème, sans une formule, sans un symbole, sans un mot de ralliement. *C'est pour ne pas mentir,* pour ne pas se mentir à soi-même que chacun donne sa vie. Ils meurent autant pour ce qu'ils nient que

---

(1) Le Fèvre, 1512 : « un acte fait en *mémoire* et en *souvenir* d'une seule et même victime, qui n'a été offerte *qu'une fois* ». — Quand un Français, entre 1529 et 1531, traduit le *Petit catéchisme* de Luther, il a soin de modifier profondément, et dans un sens très hardi, le passage relatif à l'Eucharistie. Comparez ces deux textes dans Weiss, *Traductions françaises de Luther* (*Bull. du protest. fr.*, 1888, p. 435).

pour ce qu'ils affirment... Ils ont su mourir avant de dire pourquoi. Cette Eglise naissante a des martyrs avant d'avoir des théologiens (1). » Peut-être même M. Buisson exagère-t-il quelque peu en disant que cette Eglise n'a pas de « credo » ; elle croit en Jésus, en son infinie bonté : « Si tu as cette foi que Jésus-Christ est mort pour toi et pour effacer tes péchés, il est ainsi, et tes péchés sont effacés, et sa mort est tienne, et le mérite de sa mort est tien ; et si tu crois ainsi qu'il est ressuscité pour ta justification, il est ainsi, et sa résurrection est tienne et ta justification, et es vraiment justifié par foi (2)... » Doctrine douce et humaine que n'avait pas encore desséchée l'effrayante logique de Calvin.

Ces premiers réformés n'affirmaient d'ailleurs pas la nécessité d'un schisme (3) ; il semble qu'ils eussent accepté le maintien de la papauté, à titre d'institution purement humaine. D'autre part, c'est avec la plus grande liberté d'esprit qu'ils parlaient de Luther : « Où Luther a bien dit, prêchait à Meaux Martial Mazurier, homme n'a mieux dit ; où il a mal dit, homme n'a pis dit. »

Rien n'empêchait donc les humanistes d'adhérer à ce christianisme épuré, les uns avec un zèle entier,

(1) Buisson, p. 86.
(2) *Epitres à l'usage de Meaux* (d'Argentré, t. II, p. 37, 1525) ; Ch. Schmidt, *Gérard Roussel*, p. 119, 144, 153 et *passim.*
(3) Le Fèvre (Commentaire sur les Evangiles) recommande la lecture des livres saints au premier, au plus grand, au souverain Pontife. Il ne dit pas « au vicaire du Christ ». — Déjà au reste les agitateurs populaires (Leclerc) traitaient le pape d'antéchrist.

les autres avec mille ménagements. La littérature du temps offre toute une gamme de doctrines, où se jouent les tons les plus insaisissables, les nuances les moins définies. Mais, dans l'ensemble, on ne peut ouvrir les livres des purs lettrés sans être frappé de la ressemblance de leurs idées religieuses avec celles des le Fèvre, et des Aimé Maigret : la double doctrine du retour à l'Ecriture et l'inutilité radicale des œuvres s'y lit à toute page.

Tous nos poètes latins, — M. Buisson l'a remarqué, — emploient sans cesse le mot hérétique par excellence, CHRISTUS, que leurs imprimeurs ont bien soin de composer en lettres capitales. Voulté écrit à Gérard Roussel : « Tu es mon père et ma mère et bien davantage ; ils nourrissaient mon corps, tu nourris mon âme ; avec toi pour patron, je ne modulerai plus de douces chansons, tout mon esprit servira le Christ ». C'est à Cordier qu'il adresse cet éloge significatif : « C'est Christ qui t'apprit à enseigner la vérité et la foi, Christ t'apprit à mépriser les richesses..., Christ t'apprit que le ciel et le salut sont un don de lui et non d'ailleurs... » Très visible ici, l'intention « biblienne » éclate plus encore dans les vraies *litanies du Christ* qu'il écrit en l'honneur de le Fèvre, et dans une série de petites pièces intitulées : « Christ promis, Christ né, souffrant, crucifié, mort, enseveli, ressuscité, Christ dans son ascension, Christ qui viendra. » Ses relations avec les évangéliques ne l'empêchent pas de saluer par une ode l'avènement de Paul III, mais c'est qu'il rêve une réforme intérieure de l'Eglise et un pape réformateur, un pape fidèle à l'esprit de l'apôtre dont il a pris le nom (1) : « Adieu maintenant les sots, adieu cette gent perdue de débauches, adieu les richesses de cette *feinte religion*. Adieu les commentaires des hommes, les rêves et les sophismes : c'est Paul qui nous revient, envoyé du haut du ciel. Adieu maintenant ces monstres [*larvæ*, c'est le nom que les réformés, entre eux, donnaient aux moines] et ceux qui, malgré leur costume, n'ont pas une étincelle de vraie religion... Déjà toute nouvelle renaît la doctrine du Christ, la méchanceté est ensevelie, et *seul* Dieu est adoré sur la terre... » Ducher met ces paroles dans la bouche du Christ parlant à tous les chrétiens (2) : « Je suis la voie par où l'on gagne tout droit le ciel ; pourquoi vous efforcer d'aller au ciel par un autre chemin ? » Il donne à Mélanchthon l'épithète de « divin ».

Mais aucun ne va, dans cette direction de la Réforme *aschismatique*, plus loin que Nicolas Bourbon. Dans sa préface en prose de 1533, il professe aussi clairement que possible la foi en Christ seul, cette foi « qui a justifié les saints ». Son livre est plein d'épigrammes contre les « faux frères », qui se cachent « d'un vêtement trompeur », contre les « faux évêques », même

<hr>

(1) *J. Vulteii Remensis* (Jean Visagier de Vindy) *Epigr. libri IV*. Lyon, 1537, p. 14, 30, 72, 74-75, 79, 172 et aussi 135 (testament de le Fèvre), 152 (Clément VII), 157 (Cordeliers d'Orléans), 158, 173, 174 : *Spcm vitae eripuit justis sententia Bedae.*

(2) *Gilberti Ducherii Vultonis Aquapersani Epigr. libri 66*. Lyon, 1538, p. 50, 57, 148, etc. Sur ces poètes, je ne fais que résumer la si complète étude de M. Buisson, p. 52-58.

contre les images « faites de main d'homme et que
la simplicité de la foule prend pour des dieux. » —
« Chaque contrée, dit-il, apporte ses fruits aux
mortels... L'heureux Indus donne l'ivoire, la molle
Saba l'encens, Rome les indulgences vénales et les
pieuses menteries. » Mais il y a plus. Il écrit à Marguerite enceinte : « Ce n'est pas Lucine, c'est Christ
qui te secourra, » allusion assez transparente à
l'inefficacité de l'intervention des saints. Il dit :
« Si la foi sainte est absente de tes actions, rien de
ce que tu fais ne peut être que péché » ; et plus fortement ailleurs : « Maintenant une foule d'hommes,
aveugles et durs, vrais fils des géants, s'imaginent
avec leurs œuvres pouvoir plaire à Dieu. Cette gent
essaie de ses mains de renverser le ciel immense...
Si vous vous justifiez vous-même, à quoi sert
que le Christ ait porté sa croix ? souffert les coups ?
les insultes ? la mort (1) ? Reconnaissez enfin dans
votre justice celle du Christ. Dites : nous ne sommes
rien que péché. Tout homme qui croit être quelque
chose n'est rien ; celui-là est quelque chose qui pense
ne rien être. » Bourbon côtoie même le schisme
d'aussi près qu'on pouvait le faire sans y tomber,
dans l'ode *A la gloire de Dieu très bon, très grand* ;
il y attaque ouvertement la « louve pourprée »,
l'« hydre qui resplendit d'une triple tiare » ; il y

(1) Bourbon n'a fait que versifier une phrase de le Fèvre
(Commentaire sur saint Paul) : Nos mortifications ne peuvent
satisfaire pour nos péchés ; sinon, « pourquoi Christ aurait-il eu
besoin de mourir ? », etc.

chante la révolution religieuse qui vient rendre aux chrétiens la liberté de l'âme (1).

Avançons d'un pas encore pour rencontrer le point d'intersection — et de divergence, — des deux grands courants qui traversaient le siècle ; nous le trouverons dans la personne et dans les œuvres de Marguerite d'Angoulême. Aux œuvres déjà connues, M. Lefranc a su ajouter un volume d'admirables poésies, presque toutes composées dans les derniers temps de la vie de la reine ; nous pouvons donc actuellement nous représenter tous les moments de l'histoire de cette âme.

Je ne voudrais pas effleurer en passant un sujet de cette importance, et qui appartient de droit au découvreur des *Dernières poésies* ; je me bornerai à quelques remarques (2). La *Comédie des trois rois* peint au vif l'union de la Réforme et de la Renaissance, cette dernière symbolisée ici par *Philosophie*. Dieu lui ordonne d'aller trouver un des rois :

(1) « La vérité et la foi étaient opprimées par le fer et les flammes rapides... Dans les temples de pierre se dressaient des images consacrées à de faux dieux et aussi à des déesses... On plaçait la piété dans l'observation des jours consacrés et des mets prescripts... L'interdiction du mariage avait fait revivre les honteuses débauches... Maintenant sont tombés ces monstres, et la vertu revient par des voies merveilleuses, cette vertu par où nous ne croyons qu'en un Christ, seul Seigneur et seul Dieu. »

(2) Pendant que s'imprimait cet article, M. Lefranc publiait sur les *Idées religieuses de Marguerite* une série d'articles (*Bulletin du protestantisme français*, 1897, n⁰ˢ de janvier, février, mars) dont les conclusions, en définitive, ne s'écartent pas sensiblement des nôtres. — Du même, *Marguerite de Navarre et le platonisme de la Renaissance* (*Bibl. de l'Ec. des Chartes*, 1897 et 1898).

> En lui faisant tant d'escritures voir,
> Que pour savoir de soi il se defie,
> Et qu'il connaisse un Dieu où il se fie ;
> Faites-lui voir des prophètes le livre...

A quoi *Philosophie répond* :

> Puisqu'il te plaît, courray légèrement
> Par tous moyens tirant ta creature
> A desirer de lire entierement
> Livre après livre, et puis ton Escriture (1)...

C'est le pur enseignement de le Fèvre et, quand il osait être lui-même, de Briçonnet ; enseignement recueilli avec une avidité passionnée par la docte princesse qui savait du grec et même un peu d'hébreu.

Dans ce *Miroir* (2), que l'on s'accorde à trouver obscur, il me semble voir une très simple et très sincère confession des crises de conscience par lesquelles Marguerite a passé. L'expression se ressent, il est trop vrai, du galimatias mystique dont elle usait dans sa correspondance avec l'évêque de Meaux (3).

---

(1) Ed. Franck, t. II, p. 66 et suiv. Les *Comédies* ne sont d'ailleurs que la mise en paraboles dramatisées des idées du *Miroir*. Voy. les *Prisons* (*Dern. poésies*), p. 185 et 193-194 : « Et tout en haut mys la Bible admirable..., » etc.

(2) Le titre seul en indique assez clairement les tendances : « Miroir de l'âme pécheresse, *qui confesse son impuissance* et s'en remet du tout à Dieu ». Il se trouve que, sur ce point, M. Lefranc et moi, travaillant isolément, sommes à peu près tombés d'accord.

(3) Pour cette correspondance, Génin doit être complété par Herminjard, t. I et appendice du t. V. Bien souvent c'est l'évêque qui modère le zèle de la princesse. L'évolution religieuse de Marguerite avant 1528 est décrite dans la lettre que Capiton

Mais le fond a toute la clarté souhaitable : c'est l'application à la vie spirituelle du dogme de la justification gratuite, imméritée et suffisante (1). C'est elle qui fut l'âme pécheresse, l'esprit sceptique et froid ; elle qui lisait l'Ecriture, mais comme on lit le premier livre venu, « sans amour », en lui faisant subir l'épreuve d'une critique toute rationaliste. Elle a été, au sens mystique, l'« épouse adultère » ; et pourtant Dieu lui a pardonné, lui a révélé tout d'un coup la foi qui sauve, et sauve seule. Pour elle, la Vierge n'est que la première et le modèle des élus, le symbole même de l'âme sanctifiée, sans l'avoir mérité, par la grâce du Fils (2). C'est de parti pris que Marguerite omet d'invoquer les saints (3), et que, parlant de l'enfer, elle oublie le purgatoire. Elle s'élève contre l'inutilité des œuvres et l'hypo-

lui adressait le 22 mars (Herminjard, t. II, p. 119) ; elle a déjà traversé une période de dévotion superstitieuse, une période de mysticisme, et elle est enfin arrivée au christianisme évangélique ; c'est alors qu'elle va écrire le *Miroir*. — Voy. Ph. A. Becker, *Marguerite, duchesse d'Alençon, et Guillaume Briçonnet, d'après leur correspondance manuscrite* (*Bull. Soc. hist. du protest. fr.*, 1900).

(1) Ce dogme, qui est l'idée fondamentale de l'*Heptaméron*, reparaîtra encore dans la *Comédie du Mont-de-Marsan* (*Dern. poésies*, p. 82) et, dans le même volume, *Prisons*, p. 195-205 : « Je suys qui les péchés pardonne », et 227 ; *Chansons spirit.*, p. 313 et 314.

(2) T. I de l'éd. Franck, p. 13, 14 et 113. Sur la Vierge, p. 25 : « De cuyder mieux vous louer, c'est blasphème. Il n'est louange telle que Dieu même ». P. 149, le *Salve Regina* est remplacé par : « Je te salue, J.-C., roy de miséricorde... ; » ceci dès 1531. Et *Prisons*, p. 291.

(3) P. Toldo, *Della novella francese*, p. 38, n. 1, signale une prière à sainte Madeleine dans le fonds fr. n° 1723, f. 66 : mais il ne la cite pas, et M. Lefranc ne l'a pas reproduite.

crisie des pratiques pieuses (1). Elle se plaît à nouer avec Dieu seul non seulement des rapports de croyante à Sauveur, mais de mère à fils, de fille à père, de sœur, d'épouse. Son bonheur est si intense de se sentir en communion avec Christ, qu'elle multiplie, pour les enchevêtrer à plaisir, les liens qui l'unissent à lui (2). La haine des œuvres la mène à de véritables violences contre Rome, témoin cette chanson du *Cruel chien* (3), où l'on voit déjà la papauté apparaître sous les traits de la bête de l'Apocalypse.

Ainsi donc, en 1531, date de la première publication du *Miroir*, Marguerite est déjà, aux pratiques près, une réformée ; toute sa vie elle restera une *biblienne* (4). Elle n'en continue pas moins à

(1) *Prisons*, p. 153-155, 167, 228.

(2) Cette allégorie reparaît dans les *Dern. poésies*, p. 318 : « En luy retrouve et père et mère ». De même que l'opposition entre *Rien et Tout* revient, p. 345, dans le *Dialogue de Dieu et de l'homme*.

(3) *Chansons spirit.* (t. III de Franck), semées d'allusions contemporaines : *Complainte pour un prisonnier*, le *Mauvais chasseur*, le *Pélican*, les chansons p. 110 et 111, le *Cuyder* et surtout *Resveille-toy, seigneur Dieu*, cette dernière si violente qu'on pouvait douter si toutes les « Marguerites » étaient bien l'œuvre de la « Marguerite des princesses », tant que M. Lefranc n'avait pas publié les *Dern. poésies*, celles-là authentiques à coup sûr ; dans les *Prisons*, p. 214 et 255, se trouve l'éloge des martyrs.

(4) *Prisons*, p. 277 : « Car l'Evangile est la pierre de touche » ; *Navire*, p. 397. — Toldo, p. 37 et 38, n. 1, écrivait, avant la publication de Lefranc : « Certo nell' ultimo periodo... il suo ascetismo cattolico non può essere revocato in dubbio ». Au fond, tout ce qu'il prouve, c'est que : « Il protestantesimo di Margherita... era qualcosa di indefinito, » — il existait donc, — et qu'il ne faut pas faire de la princesse « una specie di Calvino in gonella, » — ce qui est profondément juste. — Cf. Schmidt, *G. Roussel, passim*, et le *Mysticisme quiétiste en France au début de la Réforme* (*Bulletin du protestantisme*, t. VI, p. 449-461).

être une fille de la Renaissance, témoin ce singulier besoin qu'elle éprouve de jeter sur la doctrine de la grâce le voile d'une allégorie toute païenne, celle des *Nymphes de Diane* (1). Et c'est une influence humaniste, l'influence des platoniciens, qu'elle subira à partir de 1540 (2).

Déjà cependant, en 1531-1535, l'on peut discerner chez Marguerite le point où se sépareront bientôt la Renaissance littéraire et la Renaissance religieuse. L'Evangile, à son avis, n'a pas de plus perfide ennemi, ni Satan de suppôt plus habile que le *cuyder*. Or, « Cuyder », c'est-à-dire la confiance de l'homme en soi, ce n'est pas seulement la croyance que nous serons sauvés par nos propres mérites, c'est encore, d'une façon plus générale, le sens individuel, l'orgueil de vivre et d'agir, le sentiment qu'on est quelque chose : mais tout cela, c'est la Renaissance.

Si l'on veut mesurer toute la distance qui, — déjà, — séparait une Marguerite d'Angoulême d'un de ces humanistes amoureux d'eux-mêmes et du monde, qu'on aille voir dans la chanson du *Vrai chrétien* l'idéal d'ascétisme, de renoncement, d'oubli de soi et de tout qu'elle leur propose, et qui se résume en ce vers :

Aimer la mort comme la vie (3).

(1) T. III, p. 167.
(2) Lefranc, *articles cités.*
(3) Je suis obligé de négliger dans les pages suivantes l'évolution ultime de l'âme de Marguerite, si bien décrite par M. Lefranc, et dont la *Comédie jouée au Mont-de-Marsan* en 1547 est l'éclatant témoignage : au-dessus de la Renaissance (*la Mondaine*), du catholicisme (*la Superstitieuse*), même au-dessus

IV.

Chaque jour devait se marquer plus profonde cette antinomie du *Cuyder* et de la foi.

Tout d'abord un fait brutal intervint, qui fit réfléchir les timides et les indécis : ce fut la persécution. Déjà, en 1525, Briçonnet, accusé par les Cordeliers de son diocèse, s'était montré d'une faiblesse, pour ne pas dire lâcheté, insigne. Ainsi, Jean de Boyssoné, en 1532, eut peur du bûcher.

Cependant, les humanistes ne se sentaient pas encore directement menacés ; les premières victimes étaient des gens de peu ; la mort de Berquin à Paris (1529), celle de Caturce à Toulouse (1532) pouvaient passer pour des accidents isolés ; on espérait encore que le roi protègerait les lettrés. Tout changea après l'affaire des placards : un régent de collège, un principal et Clément Marot étaient parmi les suspects, d'autres gens de lettres furent inquiétés.

de la Réforme, qui s'est transmuée, sous la main de Calvin, en une doctrine de sèche et dure raison (*la Sage*), Marguerite place le rêve d'une religion douce et humaine, d'un platonisme épuré dont l'amour est la seule loi (*la Reine de Dieu, bergère*). Ainsi s'expliquent les contradictions apparentes de sa conduite, ses actes de catholicisme extérieur, qui paraissent à M. Toldo si considérables, etc. Elle accomplit ces actes parce qu'elle les trouve indifférents au regard de l'âme, et, reprenant une parole d'un autre mystique, de Joachim de Flore, elle s'écrie (*Prisons*, p. 224) : « Où est l'esprit, là est la liberté ». Voy. *Revue critique*, 29 juin 1896, l'article de M. P. Courteault et le mien.

Aussi, à partir de 1535, c'est une palinodie générale. Voulté félicite François Ier « d'apporter des remèdes au mal naissant, de faire périr dans les flammes sacrées les chefs des sectes (1) ». M. Buisson a fort joliment noté que Bourbon, en 1538, efface son ode révolutionnaire *A Dieu très bon, très grand*, pour y substituer, en même place et sur le même rythme, une ode aussi orthodoxe qu'insipide *A la Vierge mère* (2). Il serait d'ailleurs fort piquant de comparer l'édition des *Nugæ*, de 1533, et l'édition, beaucoup plus volumineuse, mais plus discrète, de 1538. Les préfaces et épîtres compromettantes ont disparu de cette dernière. Une pièce, autrefois dédiée à Michel d'Arande, évêque très peu catholique de Saint-Paul-Trois-Châteaux, a bien été conservée, sans changements, par un poète avare de ses vers ; mais ces compliments, « dont la fortune a changé l'adresse », vont maintenant à Jean Olivier, évêque d'Angers (3). Ce pauvre Bourbon est d'ailleurs

(1) *Epigr.*, p. 11, pièce qui date de 1535 ou des six premiers mois de 1536.

(2) Le culte de la Vierge était alors, en l'absence de définitions dogmatiques positives, le *schibboleth* qui distinguait le plus sûrement les catholiques des « Luthériens » de toute couleur. Dolet, aussi en 1538 (p. 145 et 148), se croit également obligé d'exécuter deux odes « en l'honneur de la Vierge Marie ».

(3) La dédicace en prose de 1533 : supprimée en 1538. Au titre d'une ode sur le péché originel, il ajoute (p. 178) cette excuse : « Ecrite quand j'étais enfant ». A Pierre Lizet (liv. I, 87) : ajoutée en 1538. — Dédicaces : du Ve livre à W. Boston, datée de 1536, du IVe à Bénestée, datée de 1538, toutes deux dirigées contre ceux qui « estiment le rire indigne du chrétien », c'est-à-dire contre le puritanisme naissant. Il lui faut savoir gré, cependant, du courage avec lequel il a encore maintenu un grand nombre de pièces hardies. — Dans sa préface du livre VI (1538),

plus excusable que bien d'autres, car il a été emprisonné, très certainement pour hérésie (1) ; d'affreux « licteurs » lui ont ravi son modeste mobilier de poète, son rossignol, sa chère bibliothèque ; il a comparu devant des juges pareils à Moloch ou à Rhadamanthe ; son âme de doux lettré n'a pas su résister à ces épreuves. « Je veux ce que tu veux, mon Père, criait-il à Dieu du fond de son cachot, mais je sens ma chair se révolter ». Il est impossible de n'être pas touché des plaintes, si sincères, par lesquelles il demande à Dieu ou la mort ou le courage, impossible aussi d'insulter à la honte qu'il ressent après la suprême défaillance : « Je souffre et j'ignore la cause de ma douleur, tant cette douleur est cachée ; tant elle est profondément enfoncée en mon cœur, attachée à mes entrailles. Je souffre de souffrir... Il ne me reste plus qu'à dire trois et quatre fois : malheureux que je suis ! malheureux ! malheureux ! »

Mais, quelque pitié que l'on éprouve pour ces cœurs trop faibles, il faut bien dire qu'ils ont eu

---

il reprend espoir et croit que le concile fera la Réforme. — Le VIIᵉ est consacré à l'histoire de sa captivité ; la plupart des pièces qui le composent sont antérieures à la dédicace, qui est datée de Londres, mai 1535. — Le livre VIII contient à la fois l'éloge de Roussel et celui de Lizet.

(1) Liv. VII, pièces 93, 97, 105, 108, 116, 143 (à sa plume : elle a écrit des choses « qu'il eût été mieux et plus sûr de taire, » mais elle était « poussée par la vérité »). — Farel jugeait ainsi, en 1540, Bourbon et ses pareils : « Ils ne gagneront rien auprès du roi (d'Angleterre), c'est plutôt le roi qui gagnera sur eux. Je crains qu'il ne nous juge tous d'après ces gens-là ». Du moins ceci prouve-t-il que les réformés considéraient encore, sans enthousiasme d'ailleurs, Bourbon comme un allié.

peur : peur de la mort, peur de la torture qui brise le corps et énerve l'âme, de la prison qui les enlevait au culte des Muses, du pilori qui eût fait d'eux la risée des foules. Avec toute leur culture intellectuelle, déjà si riche et si variée, avec leurs belles théories, renouvelées de l'antique, sur la dignité de l'action, ils n'ont pas la vigueur morale d'un pauvre cardeur de Meaux, d'un savetier paralytique. Découragés d'eux-mêmes, ils abandonnent la lutte après la première bataille, ils viennent demander le calme, le repos et l'oubli aux lettres consolatrices ; ils finissent par en vouloir quelque peu à ces hommes dont l'énergie accuse leur propre faiblesse, dont les actes, les paroles et la mort viennent troubler le silence de leurs *templa serena*. Erudits studieux et paisibles, habitués à vivre dans leur cabinet, au milieu de leurs livres, ainsi que Holbein a représenté leur maître Erasme, ils redoutent comme Erasme les agitations bruyantes ; ils n'aiment pas les révolutions qui font tant de tapage (1). — Sans même parler encore des indifférents, « qui ne comprennent pas plus ceux qui meurent que ceux qui tuent pour un dogme (2), » et qui répètent dédaigneusement, avec Dolet : « Je me donne le spectacle de ces tragédies ; d'un côté, je plains le sort de ces gens et j'ai pitié de leur malheur ; de l'autre, je ris de leur sottise,

---

(1) Ceci est vrai même des esprits supérieurs, tels que Budé ; ce qui ne l'empêcha pas, le danger passé, de renouer avec les réformés et de mourir comme Raminagrobis.

(2) Buisson, p. 85, distingue avec raison plusieurs espèces d'humanistes : les sceptiques, les peureux, les mystiques, etc.

car ils se préparent un danger mortel par leur entê-
tement ridicule et leur insupportable obstination.... »

A côté de la peur, sous les plus laides de ses formes,
et du besoin de tranquillité, — plus fort dans certaines âmes que la peur même, — une autre passion
aussi peu noble ramenait les lettrés à l'ancienne
Eglise : l'intérêt.

On a dit depuis longtemps que les bénéfices ecclésiastiques, distribués à tout venant ou mis en
commende, furent une des causes les plus considérables de l'explosion de la Réforme en France. On n'a
pas assez remarqué que là fut aussi l'une des causes de
son échec final. Trop de gens se trouvèrent intéressés
à ce que le vieil édifice ne croulât pas tout entier (1),
et le hasard voulut que parmi ces gens il y eût précisément beaucoup d'hommes que leurs idées auraient
peut-être poussés vers l'autre parti. Il serait curieux
de dresser la liste des gens de lettres qui, sous François Ier, étaient plus ou moins abbés ou prieurs de
quelque chose. Le roi leur donnait des prébendes,
comme plus tard Louis XIV des pensions (2). Il
ne faut donc pas s'étonner s'ils n'acceptent la
Réforme que jusqu'à l'abolition des bénéfices exclusivement. Briçonnet ne défend pas, contre les Cordeliers de son diocèse, seulement son orthodoxie,
mais son évêché. Poncher, Petit, les du Bellay,
Duchâtel, Monluc, de Selve, Héroët, Pellicier et tant
d'autres prélats humanistes veulent bien favoriser

(1) Hanotaux, *XVIe siècle*, p. 30 et suiv. — Bernard Palissy
signale cette cause dans la dédicace de sa *Recepte véritable*.
(2) Marino Cavalli, 1546 (Albèri, t. I, p 252).

les novateurs ; au fond du cœur, ils souhaitent peut-être leur succès, mais ils sont évêques et n'osent pas encore, comme plus tard un cardinal de Châtillon, se marier à la face de l'Eglise. Voulté est protégé du cardinal de Lorraine, Ducher du cardinal du Prat, et cette protection se chiffre pour eux en cures et en canonicats.

Mais il serait tout à fait injuste de croire qu'à ces motifs ne s'ajoutèrent pas de bonne heure, pour beaucoup de lettrés, des raisons d'un ordre très élevé, et que nous avons déjà fait entrevoir.

Entre eux et les réformés devait se poser fatalement une question de méthode et une question de doctrine. Pour eux, la libre critique était en droit de s'appliquer, sans être limitée par aucune autorité extérieure et supérieure, à tout l'ensemble de l'intelligence et de la volonté humaines. Les réformés aussi faisaient appel au libre examen, mais au libre examen s'appuyant sur la Bible, et s'arrêtant devant elle. Parmi les humanistes, si beaucoup étaient des « bibliens », d'autres ne reconnaissaient à personne qualité pour leur dire : « Tu n'iras pas plus loin », et la Bible, du moins pour les plus hardis d'entre eux, n'était rien d'autre qu'un livre.

Par cette négation radicale du principe d'autorité, ils ne revenaient pas au christianisme primitif, mais bien aux temps qui ont précédé le Christ, c'est-à-dire aux philosophies antiques (1). Or, ces philosophies, par quelques nuances qu'on doive

____

(1) Faguet, p. XIX, XXIX, etc.

les distinguer les unes des autres, se ressemblaient toutes entre elles et différaient toutes de la philosophie du moyen âge précisément en ceci, qu'elles concevaient l'individu comme une force autonome, puisant en soi ses moyens d'action et ses raisons d'agir.

Théoriquement, ces philosophies pouvaient nier la liberté humaine d'une façon aussi absolue que le faisait le christianisme ; pratiquement, elles enseignaient le libre et complet développement du moi, les droits du sens individuel, l'exercice de la vertu considéré comme un mérite, la recherche de la gloire, bref (avec tout ce que ce mot contient de blâme et d'éloge), l'orgueil. La croyance plus ou moins précise à un Dieu unique plus ou moins nettement distinct du monde, la croyance surtout à l'unité de la nature et à la conformité de l'homme avec la nature, telle est la religion des penseurs qui représentent sous sa forme la plus pure l'esprit de la Renaissance. Suivant la diversité des tempéraments, des caractères et des intelligences, cette doctrine aboutissait à l'apothéose monstrueuse du moi, au débridement grandiose de toutes les passions chez un Italien comme Benvenuto Cellini, à la molle tranquillité d'un épicurien satisfait chez Montaigne, enfin, suivant l'expression aussi juste que jolie de M. Faguet, au « stoïcisme gai » d'un Rabelais. De toutes façons, la Renaissance devenait, non seulement étrangère au christianisme, mais proprement antichrétienne, puisqu'elle ruinait le dogme sur lequel repose le christianisme tout entier, le péché originel.

Or, que venait faire la Réforme, sinon précisément restaurer ce dogme dans toute sa plénitude et sa force, affirmer que l'homme, abandonné aux seules inspirations d'une nature à jamais pervertie, n'a de pouvoir que pour le mal ? Les libres penseurs avaient pu être séduits un instant par la rigueur logique de la doctrine ; ils ne pouvaient s'y tenir longtemps, à moins de brûler tout ce qu'ils adoraient. Les uns, sincèrement effrayés de ces contradictions, après avoir tenté une excursion sur les terres de la Réforme et même fait le voyage de Genève, se décidèrent à rentrer, meurtris mais résignés, dans le sein de la vieille Eglise ; c'est le sens des fort belles lettres que Louis du Tillet adressait, en 1538, à son ancien ami Calvin (1). D'autres, plus hardis, restant catholiques en apparence, résolurent d'opposer doctrine à doctrine ; au premier rang de ces derniers était Rabelais.

« Je ne trouve nulle énigme, dit M. Faguet, et, sinon nulle profondeur, du moins nul abîme, dans Rabelais ». Encore le *sinon nulle profondeur* n'est-il mis là que pour nous moins effaroucher ; car plus loin on appelera Rabelais « cet homme très peu singulier, très peu mystérieux et très peu profond (2). »

(1) Herminjard, t. VI, p. 161-165, 186-200.
(2) Lanson, *Litt. fr.*, 250 : « Rabelais n'est pas profond, il faut oser le dire ». Du moins M. Lanson ne traite-t-il plus son livre, comme il l'avait fait autrefois dans la *Revue bleue*, de « conversation d'interne dans une salle de garde ». Il n'est pas profond, dit-on, parce qu'il est optimiste et rationaliste. — Il faudrait pourtant nous démontrer pourquoi il ne peut y avoir de profondeur que dans l'obscur et pourquoi le pessimisme seul

Il était peut-être utile de faire taire les abstracteurs de quintessence qui veulent tout voir dans *Pantagruel* ; mais je me demande si, à son tour, M. Faguet n'a pas cru trop aveuglément Rabelais sur parole, quand celui-ci le détournait « des recherches sibyllines. » Voudrait-il « logicalement inférer » qu'un écrivain n'est profond que dans la mesure où il a cru et voulu l'être, et dit qu'il l'était ? Il est possible que nous n'ayons dans son livre que « les heures digestives » de l'auteur ; mais ce sont les « heures digestives » du docteur Rabelais, et c'était un très grand esprit, même après dîner. M. Faguet après tout, nous signale « une scène *grave et presque solennelle* dans ce livre bouffon » (on en pourrait signaler plus d'une autre) ; et quel magnifique éloge n'accorde-t-il pas à Rabelais dans ce portrait qu'il nous trace de Ponocrates : « Un professeur du xvie siècle qui ressemble beaucoup moins à un Budé ou à un Erasme *qu'à un Buffon, à un Darwin ou à un Spencer* » ? Ce n'est pas pour l'historiographe des Dipsodes un mince honneur que l'on ne puisse parler de lui sans évoquer de tels noms (1).

La question de Rabelais, — comme toutes les questions, — est une question de chronologie.

est une métaphysique. Il est entendu que notre race est atteinte d' « inaptitude métaphysique » ; mais il y a aussi hors de chez nous des optimistes ; est-ce que Leibniz, par hasard, ou bien Gœthe ne sont pas « profonds » ?

(1) La juste mesure me paraît avoir été donnée par M. Brunetière dans la *Revue des Deux-Mondes* (1er mai 1887). — Enfin depuis 1902, ces idées ont été reprises maintes fois par les collaborateurs de la *Revue des études rabelaisiennes*.

Peut-être ses biographes ne l'ont-ils pas assez vu, ou plutôt l'un d'entre eux, l'Allemand Regis ; car les autres n'ont guère fait que le résumer, jusques et non compris Gebhart, qui, le premier, a montré l'importance des dates dans cette œuvre et dans cette vie (1).

Dans la *Pantagruéline prognostication*, qui est de 1532, nous trouvons la doctrine de la toute-puissance unique de Dieu, sans intervention des saints ni des anges, appuyée d'une citation de l'apôtre Paul ; une allusion très nette à la Réforme et à ses progrès « en Allemagne, Suisse, Saxe, Strasbourg, Anvers (2). » — Pour le Ier livre de *Pantagruel*, paru en 1532 ou 1533, et le *Gargantua*, qui semble bien n'être que de 1535, ils forment un ensemble assez cohérent, sauf pour quelques chapitres. Que nous apprennent-ils sur les idées religieuses de l'auteur ?

Je sais bien que les plaisanteries contre les moines sont de tradition au xvie siècle. Il n'en reste pas moins qu'il y a dans ces deux premiers livres tout autre chose encore que des plaisanteries ; il y a des allusions, plus que des allusions (*librairie de Saint-*

(1) *Rabelais*, 1876 ; refondu, pour la *Coll. des classiq. popul.*, en 1895.

(2) « Le monde n'est plus fat ». Le mot se retrouve dans le Ve livre ; mais cela ne prouve pas, au contraire, que ce livre soit de Rabelais. Voy., sur cette question controversée, Söltoft-Jensen, le *V[e] livre de R. et le Songe de Poliphile* (*Revue d'hist. litt.*, octobre 1896). M. Faguet a dédaigneusement écarté (p. 108) cette question si grave. Gebhart semble admettre que les mythes, au moins, de ce livre sont de Rabelais. — On sait que, depuis le moment où j'écrivais ces lignes, la question du Ve livre a été complètement renouvelée.

Victor), à Ortuin et Reuchlin, à Jean Eck et Luther, aux redoutables questions du purgatoire, des indulgences, du pouvoir de la papauté ; le portrait d'un prince qui a sécularisé les couvents de son royaume, et, à l'adresse de François Ier, le conseil non détourné d'en faire autant ; la recommandation de lire chaque jour « quelque pagine de la divine Ecriture » et d'aller écouter « les concions des prescheurs évangéliques », c'est-à-dire (si Rabelais écrit en 1533-1534) les prêches de Gérard Roussel au Louvre. Rabelais aussi les a écoutés, car il est tout près, à cette date, d'accepter le dogme de la grâce : « Dieu éternel, » dit-il de Picrochole, « l'a laissé au gouvernail de son franc-arbitre et propre sens, qui ne peut-être que méchant, si par grâce divine n'est continuellement guidé.... » Il a bien ici effleuré la Réforme ; s'il ne l'eût fait, comment Calvin aurait-il pu écrire : « Rabelais, qui autrefois *a goûté l'Evangile...* (1) » ?

Mais, avant même de terminer son *Gargantua*,

____

(1) Le moine, chez Rabelais, n'est pas seulement gourmand, débauché, etc. : « Il ne prêche ni endoctrine, comme *le bon docteur évangélique* ». — Je ne me charge pas de faire la lumière sur les *Fanfreluches*, mais comment ne pas reconnaître le pape et Luther (ou un autre réformateur) dans la « pantoufle », les « pardons », l' « aumusse » et l' « affecté maroufle » ? Pour parler des scolastiques, Rabelais emploie le mot réformé : *Matéologiens*. — « Et m'ébahis si votre roi les laisse prêcher par son royaume tels scandales [il s'agit du culte des saints]... La peste ne tue que les corps, mais *tels imposteurs empoisonnent les âmes* ». — « A ce moment, écrit Gebhart (p. 114 de l'éd. de 1895), Rabelais incline visiblement au protestantisme ». Et p. 112 : « Plaisanteries de couvent, si l'on veut, mais inquiétantes par leur accumulation même ».

il a reculé. L'abbaye de Thélème est une réfutation du dogme de la grâce, que l'auteur soutenait quelques pages plus haut ; pour cette raison, je croirais volontiers que les chapitres 52-58 ont été écrits à un certain intervalle après les autres (peut-être après l'affaire des placards). Rabelais a pris conscience de ses propres idées. — Il est vrai qu'il se croit chrétien, qu'il annonce le « saint Evangile ; » mais c'est un Evangile nouveau, fondé sur le « franc-vouloir. » Cette doctrine renverse d'avance toute l'*Institution* calvinienne : « Gens libères, bien nés, bien instruits, conversans par compagnies honnêtes, ont par nature un instinct et aiguillon qui toujours les porte à faits vertueux et les retire de vice. » Et déjà, — presque, — il ajoute, comme plus tard Rousseau, que c'est « vile subjection et contrainte » qui seule les rend mauvais. Thélème est une *anarchie* où toutes les volontés sont spontanément d'accord, c'est-à-dire tout l'inverse de la théocratie de Genève.

Le 10 août 1536, le cardinal de Tournon voulait encore faire arrêter Rabelais à Lyon comme zwinglien. Cependant, au début de l'année, maître François avait passé par Rome ; et, si le *Gargantua* de 1537 contient encore des passages suspects, le *Pantagruel* de 1538 et le *Gargantua* de 1542 sont expurgés avec soin (1). — Avant l'exil à Metz s'imprime la première édition complète du *tiers livre*, la première aussi que Rabelais ait osé signer de son

____

(1) Voy. Regis, Ch. Brunet, Brunet et Deschamps, Rathery, Marty-Laveaux, Fleury, Heulhard, Gebhart, Stapfer, Millet.

nom. Ce livre ne contient guère d'autres passages à tendances religieuses que l'histoire de sœur Fessue, la mort hérétique de Raminagrobis et les discours d'Hippotadée. Il paraît que c'était trop, puisque (lettre à Odet de Châtillon, 1552) on alla dire à François I*er* que ses livres « étaient farcis d'hérésie. »

V.

Mais, avant la publication du *tiers livre* (1546), l'influence de Calvin, déjà puissante, a donné à la question religieuse une face toute nouvelle.

Ce qui, malgré tout, perpétuait jusqu'alors les équivoques, ce qui permettait aux humanistes de s'oublier dans une demi-adhésion (et qui n'était pas sans charmes) aux idées nouvelles, c'est que nulle autorité n'avait encore donné aux mots de catholique et de réformé une valeur limitative. Tout chrétien se proclamait membre de l'Eglise *catholique* (1), c'est-à-dire universelle ; il s'agissait simplement de savoir quels étaient les représentants visibles de cette Eglise. Tout bon chrétien désirait une réforme de l'Eglise : on ne différait d'avis que sur la portée de cette réforme, le choix des moyens et celui des réformateurs. Mais, lorsque le concile a promulgué des définitions précises, tout chrétien

---

(1) Sur la permanence de cette habitude, on me pardonnera de me citer moi-même (*François de la Noue*, p. 260).

est mis en demeure d'élire sa voie ; l'Eglise dit à chacun : « Celui qui n'est pas avec moi est contre moi, » et il devient impossible de s'écarter de cette nouvelle orthodoxie sans verser du même coup dans l'hérésie et dans le schisme. Ajoutez que le roi de France, depuis les entrevues de Nice et d'Aigues-Mortes, est décidément revenu au parti conservateur (1).

A l'heure où le catholicisme se cristallise ainsi en formules immuables, déjà Calvin a parlé. — Je ne puis m'occuper ici de la doctrine contenue dans son livre : M. Faguet l'a résumée en quelques pages admirables (l'épithète n'a rien d'excessif) de pénétration et de clarté (2). Je voudrais seulement dégager le vrai rôle de Calvin entre 1536 et 1550, et rechercher comment, suivant le mot de Bossuet, « il a donné un nouveau tour à la Réforme prétendue ».

Dans le sein même de la nouvelle Eglise, il voyait de hardis penseurs s'attaquer au dogme de la Trinité, même à celui de la divinité de Jésus ; dès 1534, un Claude d'Aliod prêchait que « le Christ est tout simplement un homme (3). » — D'autre part,

____

(1) Voy. V.-L. Bourrilly, *Fr. Ier et les protestants* (*Bull. hist. du protest. franç.*, juill.-sept. 1900).

(2) P. 143-188. A la si intelligente analyse de M. Faguet, comparez l'hostilité violente de M. P. Gauthiez (*Etudes sur le XVIe siècle*. Paris, 1894). — M. Faguet a été moins exact sur la vie et le caractère du réformateur que sur sa doctrine. Il ne cite même pas, dans sa préface, le travail si solide de M. Lefranc (paru en 1888), qui est un guide indispensable. — Aujourd'hui, il faut renvoyer sur Calvin à l'œuvre monumentale, encore inachevée, de M. Domergue.

(3) Herminjard, t. III, p. 172.

Luther lui-même allait bientôt pousser la complaisance vis-à-vis des princes jusqu'à faire fléchir, en faveur du landgrave de Hesse, non seulement les exigences de la morale chrétienne, mais les règles les plus élémentaires de la morale des honnêtes gens. — Dans les cerveaux populaires, les idées bibliques subissaient une déformation effrayante ; les paysans d'Alsace et les anabaptistes inauguraient l'anarchie sociale et politique.

Calvin, par un vrai trait de génie, comprit que la Réforme cessait d'être une religion, si elle n'arrivait à maintenir un dogme, à rétablir une autorité, à reconstituer une morale sur la base du péché, et que ces trois choses ne se pouvaient accomplir qu'au prix d'une rupture éclatante et décisive avec la Renaissance. — Il était lui-même un lettré, un helléniste, un hébraïsant, un juriste ; mais il voulait que les lettres fussent un moyen et ne devinssent jamais une fin : « Il faut dans vos études prendre garde à ceci, qu'elles ne vous soient pas seulement un instrument de plaisir, mais qu'elles aient pour objet de servir un jour à l'Eglise du Christ. Ceux qui ne cherchent dans les lettres qu'un moyen de tromper par une distraction honnête les ennuis de l'oisiveté » ressemblent à des gens dont la vie se passerait à regarder des tableaux (1). « A quoi peut bien vous servir de philosopher uniquement pour être savant et en avoir la gloire ?... Faites d'abord que vos

______

(1) Le Platon chrétien n'est pas tendre pour les critiques d'art ; il les bannit de sa république.

études tendent à imprimer une bonne direction à votre conduite, ensuite à vous rendre capable d'aider les autres.... Je sais, ajoutait-il, combien haïssable est à la plupart cette mienne sévérité »; mais il n'était pas d'humeur à se montrer moins sévère (1).

Par un vigoureux effort, il sépare, pour commencer, la Réforme de tout ce qui n'est pas elle. Contre les antitrinitaires, il se croit en droit d'user de cette même intolérance dont ses partisans étaient ailleurs les victimes ; il brûle Servet en toute sûreté de conscience, moins comme hérétique que comme antichrétien (2). Il rétablit la morale du péché en donnant au dogme de la prédestination une rigueur plus effrayante que jamais. Il restaure la notion de l'Etat et reconstruit la cité en même temps que l'Eglise, d'abord dans son épître à François Ier, où il tire, lui premier, toute une politique de l'Ecriture sainte, ensuite en installant à Genève le gouvernement le plus fort, le plus tyrannique et à la fin le mieux obéi qui ait encore existé. Dès lors, certain que l'on n'accusera pas la Réforme d'entretenir des alliances suspectes et de maintenir de louches équivoques, il peut se retourner contre les anciens auxiliaires du protestantisme, devenus ses plus dangereux ennemis, je veux dire les *libertins*.

Ce mot avait plusieurs sens. — En 1538, Bucer, écrivant de Strasbourg à Marguerite, lui dénonçait sous ce nom une secte très bien définie, qui tirait du

____

(1) Herminjard, t. VI, p. 8 ; Buisson, p. 97-98.
(2) Sur Servet, voy. tout le livre de M. Buisson.

dogme de la grâce et de celui de la prédestination toutes les conséquences qu'on en peut déduire. Conséquences très logiques, mais très immorales : si les œuvres ne sont rien, peu importe que nos actes soient bons ou mauvais ; si l'élu est d'avance et immuablement justifié, il ne peut pécher, quoi qu'il fasse. Dès lors, à quoi bon contraindre les indifférentes libertés de la chair ? — C'était la vieille hérésie amalricienne, l'hérésie des *Frères du libre esprit*, qui renaissait, plus forte de tout le travail accompli dans les cerveaux, avec son immonde cortège de mystiques et monstrueuses débauches (1).

Mais la vue de Calvin portait bien au delà du cercle étroit des hérésies particulières. Il savait que le fond de la Renaissance c'était la *libre pensée*, c'est-à-dire l'hérésie par excellence, le péché contre l'Esprit saint. Un livre comme celui de Des Périers, trop clair en ses obscurités voulues (2) (1537), n'allait à rien moins qu'à saper les bases de toute religion fondée sur la révélation, de toute morale fondée sur le devoir.

La gravité de cette crise est exposée dans une longue lettre qu'Antoine Fumée adressait à Calvin (3), de Paris, en 1542 ou 1543, en réponse à une sorte de

(1) Herminjard, t. V, p. 38 ; R. Allier, *les Anarchistes au moyen âge* (*Revue de Paris*, 1er août 1894) ; sur les Loïstes d'Anvers, voy. Frederichs, *Bull. du protest. fr.*, 1892, p. 250 et 502.

(2) Et sur lequel il me semble impossible de ne pas être d'accord avec F. Franck.

(3) *Corresp. de Calvin*, t. II, p. 490 et 494, et Herminjard, t. VIII, p. 228-233. J'ai donné une traduction complète de cette lettre au Congrès des sociétés savantes de 1896.

questionnaire que lui avait envoyé le réformateur.

Il existait alors une secte de « non chrétiens » (ἀχρίστων) assez nombreuse pour que l'on crût nécessaire de demander à Calvin d'écrire un traité contre elle. Elle se recrutait exclusivement dans le monde des lettrés et des savants. Ces hommes sont des humanistes, mais ces humanistes ont passé par la Réforme, puis se sont détachés d'elle, en connaissent le fort et le faible, sont pourvus d'arguments pour la combattre (1). Secte mystérieuse d'ailleurs, leur langage varie suivant le degré de confiance que leur inspirent leurs interlocuteurs : « Religieux avec les gens de foi, savants avec les doctes, bigots avec les bigots (2) »

Fumée les a entendus nier d'abord le caractère révélé du Nouveau-Testament, puis de l'Ancien, qu'on alléguait comme preuve du Nouveau. L'Ecriture, disent-ils, est l'œuvre « d'un érudit de beaucoup d'esprit, de sagesse et d'habileté, un homme quasi divin, une sorte de Platon, nullement un dieu... » Bien des philosophes ont écrit « des choses divines, *plus divines même que l'Ecriture* », et pourtant c'étaient des hommes. Et, après tout, sont-elles si vraiment saintes, ces Ecritures, « toutes pleines

(1) « Sachez qu'on ne peut guère espérer les convaincre par des raisonnements..., car ils ont des connaissances étendues et très variées, et *ils connaissent admirablement notre doctrine ; ce sont des gens qui se sont détachés de nous...* ».

(2) Une secte de ce genre était déjà née en Italie au XIVe siècle. Sur ces Averroïstes, Athées et Epicuriens de Padoue et sur leurs rapports avec Pétrarque, voy. Voigt, *Wiederbelebung*, p. 87. — N'oublions pas que Dolet a passé trois ans à Padoue avec Simon de Villeneuve (Christie, p. 23).

de paroles et de chansons impudiques, par exemple
dans le Cantique, » dont ces hardis commentateurs
rejettent l'explication symbolique ? Ils interprètent
en purs philologues le sens du terme *Fils de Dieu* :
« celui qui suit en tout la sagesse divine ; comme il
est écrit ailleurs *Montagne de Dieu*, c'est-à-dire montagne fertile. » Ils rajeunissent, pour ruiner la divinité du Christ, le vieil argument d'Evhémère (1).
Essaie-t-on de leur opposer la perfection de la vie
du Christ ? Ils nient ses actes ; et pour ses paroles,
elles sont d'un docteur qui n'a pas fait de trop
bonnes études ; la conception en est vulgaire, le tour
en manque d'élégance ; bref, Jésus n'était pas
humaniste.

Jamais attaque plus redoutable, plus froidement
réfléchie, plus radicale n'avait été avec plus d'ensemble dirigée contre le christianisme. C'est la religion tout entière dans ses dogmes fondamentaux,
dans son principe, dans ses preuves historiques, dans
ses preuves morales, que ces nouveaux *libertins*
s'acharnent à renverser ; et leur critique annonce déjà
les travaux des exégètes et les plaisanteries des
impies, toutes les objections de la science, celles de
la raison, celles du bon sens, celles du sens commun,
celles de la sottise, si bien que Richard Simon et
Bayle, Voltaire, Strauss et Renan, tout comme
M. Homais, ont également des ancêtres parmi ces
interlocuteurs d'Antoine Fumée.

(1) « C'est une invention semblable à celle des poètes qui
divinisent les personnages éminents par leurs vertus ».

Il était difficile de s'attaquer avec une telle violence à la religion sans que l'ivresse du triomphe troublât bien des têtes, sans que la morale, jusqu'alors toujours liée à la foi, risquât de sombrer avec elle en un commun naufrage. — Fumée nous présente des délicats, des épicuriens, gros mangeurs et grands buveurs, avides de toutes les jouissances ; s'ils sont mariés, ils retiennent leurs femmes dans les plus étroites superstitions, afin de pouvoir plus librement promener ailleurs l'ardeur de leurs convoitises. Persuadés que tout finit avec la mort, ils cherchent à oublier leurs maladies en se vautrant dans les voluptés.

Ils ont, comme les Italiens, le goût du sang, « et journellement se plaignent qu'on nous ait retiré le droit de tuer nos serviteurs. » C'est que, comme les Italiens, ce sont des virtuoses de l'énergie individuelle : le christianisme, disent-ils, a enlevé aux hommes le désir de la gloire ; il a coupé « les ailes à la *vertu* ». Ils ne sont pas athées, du moins ouvertement, mais ils nient que Dieu ait créé l'homme pour lui infliger en cette vie la contrainte d'une loi, et dans l'autre un éternel supplice. Ils réclament, avec la liberté de penser, la liberté de vivre à leur guise. Pour de pareilles gens, les calvinistes moroses ne sont que des trouble-fête qu'on a bien raison de brûler. — On le voit : leur respect de la liberté de conscience ne s'étend pas à celle d'autrui.

Calvin, dûment averti, lancera en 1545 sa déclaration de guerre « aux libertins qui se disent spirituels », en 1550 son *Traité des scandales* ; il rappellera que Dolet

a toujours « orgueilleusement méprisé l'Evangile »,
que Rabelais et Des Périers, « après y avoir goûté,
ont été frappés du même aveuglement. » Chose grave :
il est suivi sur ce terrain par les plus doux et les plus
tolérants des Réformés. Castellion lui-même se croira
obligé, pour défendre Servet, de dire qu'il ne faut
pas le confondre « avec Rabelais ou Dolet ou Villeneuve, qui n'ont ni Dieu ni Christ (1) ».

Evidemment, ces hommes de combat n'avaient
pas l'art des nuances. — Bien des traits font penser
à Rabelais dans la peinture que Fumée nous trace
de ces gens qui « boivent vaillamment », dont
la devise est « vivre, boire et se réjouir », et dont
on ne sait si l'auteur, en les traitant de πανουργοί,
veut les appeler des scélérats ou bien encore des
Panurges. Cependant, on ne nous fera pas croire
que le *pantagruélisme* (2) ait jamais admis de telles
débauches ni d'esprit ni de conduite. Ce portrait
convient tout au plus à Des Périers et, — peut-être,
— à Dolet. Mais Rabelais n'attaqua jamais ni Dieu,
ni l'immortalité de l'âme, ni même « le divin Serva-
teur », pas plus dans le *quart livre* que dans les précédents (3). C'est même dans ce livre (ch. xxviii)
que se rencontre l'épisode célèbre de la mort du
« grand Pan ».

Je sais tout ce que l'on peut et tout ce que l'on doit
dire sur la portée réelle de ce *quart livre* : il paraît

(1) Buisson, p. 45.
(2) Voy. surtout les livres de MM. Stapfer et Millet.
(3) Brunetière, *article cité*.

à un moment où le roi prohibe l'exportation de l'or français vers Rome et menace, — peu sérieusement, — de créer un patriarche (1). Rabelais faisait donc sa cour en attaquant les décrétales et les Papimanes. Mais ici encore, je l'avoue, certaines plaisanteries me semblent dépasser la mesure ordinaire : appeler le pape « Dieu en terre (2), » ajouter que l'on ne doit point profaner ainsi « le sacré nom de Dieu », c'est faire quelque chose de plus que défendre les « libertés de l'Eglise gallicane. » C'est un gallican, peut-être, qui parle des guerres de Jules II, mais c'est en vrai suppôt de l'Inquisition que Homenaz lui répond, justifiant l'attitude belliqueuse du pontife : « C'était donc contre les rebelles hérétiques, *protestants*, désespérés, non obéissants à la sainteté de ce bon Dieu en terre. *Cela lui est, non seulement permis et licite*, mais commandé par les sacrées décrétales. » — En somme, si Rabelais n'est pas un protestant lui-même, du moins ne peut-il prendre sur lui de regretter que la Réforme, — la Réforme biblique et antipapale, — se soit produite en son temps (3).

Mais, en fait de Réforme, il n'aime guère celle de Genève. Il ne tient pas seulement à prendre sa

(1) Je m'abstiens de citer ici quoi que ce soit du V⁰ livre.

(2) Cette expression se retrouve dans une chanson hugue-note publiée en 1555 (Douen, *Marot*, p. 316, n. 4).

(3) Le petit diable de Papefiguière nous apprend que Lucifer ne peut plus manger d'écoliers depuis qu'ils lisent « les saintes Bibles et leur sainct Paul, » particulièrement « ès contrées boréales ». — Lefranc, *Platonisme*, p. 9 : « La plupart (des modérés) conservèrent des attaches plus ou moins apparentes avec la foi protestante ».

revanche du *Traité des scandales* sur « les démoniacles Calvins, imposteurs de Genève, » mais il déploie, dans le mythe grandiose de Physis, toute l'hérésie de la Renaissance. A moins de vouloir à tout prix ranger le *Pantagruel* « parmi les livres simplement plaisants », il est impossible de nier la portée de cette allégorie. Et peu importe que Rabelais en ait trouvé l'idée première dans Celio Calcagnini. C'est lui qui en fit un magnifique exposé de la foi des temps nouveaux. Antiphysie, que l'on ne s'y trompe pas, c'est toute religion qui prétend que violenter et contrarier la nature « est imitation du créateur de l'univers. » Physis, mère de Beauté et d'Harmonie, c'est la religion de Rabelais, singulièrement élargie et précisée depuis le temps où il la prêchait à Thélème : c'est le *naturalisme*, si l'on veut bien entendre par là une morale fondée tout entière sur la conformité de l'homme avec la nature et sur sa libre et joyeuse adhésion aux lois naturelles. Ce « stoïcisme gai » n'est pas sans grandeur, mais ce n'est pas plus le credo de Genève que celui de Trente ; et Panurge dit le mot de Rabelais, quand il s'écrie : « *Quid juris*, si nous nous trouvions enveloppés entre Andouilles et Carême-prenant ? »

A cette date (1552), les positions sont nettement marquées, et pour longtemps. Non pas pour toujours ; car « la Réforme devait devenir tout autre chose en son développement que ce qu'elle était dans son principe, et, loin de continuer à être une barrière devant l'esprit de la Renaissance, il était dans sa destinée de devenir si philosophique elle-même qu'elle en arrivât à être un auxiliaire de cet esprit et presque à se confondre avec lui (1). » Mais ceci était encore le secret de l'avenir.

Calvin, qui avait à légiférer pour son temps et non pour les siècles futurs, avait merveilleusement aperçu l'étroit mais insondable fossé qui séparait la Renaissance du christianisme, l'antiquité renouvelée de l'Evangile rajeuni. Il n'avait pas vu, ou n'avait pas voulu voir, l'effrayante antinomie qui était au fond de son œuvre même : refaire une autorité, un dogme, une Eglise, en partant du libre examen (2). En réalité, les humanistes étaient seuls conséquents avec eux-mêmes : si le sens individuel pouvait légitimement rejeter les conciles, la tradition, les papes et les Pères, pourquoi devait-il s'arrêter devant Calvin, devant Luther, devant Paul et Augustin, devant l'Evangile ? De quel droit imposer à la liberté chrétienne le joug d'une confession de foi ? Prodigieux mais misérable effort qui consiste à renverser une Eglise, à bouleverser un monde et à déchirer des âmes, non pour affranchir les consciences, mais pour changer d'orthodoxie ! Bossuet, d'un coup d'œil admirable, verra que Calvin n'a pu étouffer le germe de libre pensée qui était enclos dans la Réforme ; par une série de variations fécondes, ce germe ira se développant en elle. Mais, en dépit des efforts tentés par

____

(1) Faguet, p. xiv et xxviii ; Buisson, p. xiv ; Owen, p. 550 Frommel, *Revue chrétienne.* 1er février 1894, p. 81 ; Goyau· *l'Allemagne religieuse* (*Revue des Deux-Mondes,* 1896).

(2) Sans parler ici de la contradiction, — au moins apparente, — que renferme toute morale fondée sur la grâce.

Ramus pour opérer une conciliation entre la Réforme et la Renaissance (1), la main puissante de Calvin a retardé pour près d'un siècle l'évolution du protestantisme, et c'est sa voix encore qui semble, à Dordrecht, prononcer la condamnation d'Arminius (2).

A ceux qui prêchaient la liberté illimitée de la pensée et de l'action, il a répondu audacieusement en rendant le dogme plus implacable et la morale plus sévère (3). Dans cette œuvre impossible, d'« opposer à l'Eglise catholique une Eglise plus catholique », il a réussi, parce que lui et quelques-uns des siens avaient au plus haut degré la vertu qui fait les forts : le caractère. Ils savaient où ils allaient, ce qu'ils voulaient, ce qu'ils pouvaient.

Les humanistes n'en savaient rien ; il leur plaisait de profiter de tout ce que le protestantisme apportait de nouveau, sans renoncer à aucun des avantages que leur garantissait le système ancien. Amoureux avant tout de leur studieuse tranquillité, de leur repos, de leurs chères habitudes, ils auraient sacrifié les libertés de l'âme plutôt que de sortir de leur cabinet et de se mêler aux combattants. De même que, dans l'ordre intellectuel, ces aristocrates de la pensée ont créé une langue à eux, une littérature à eux, de moins en moins comprises du vulgaire, de même, dans « l'ordre de la charité », ils ont cru qu'il fallait une religion pour le peuple, et qui ne fût pas celle des esprits forts. Ils ont perdu

(1) Owen, p. 541.
(3) Bossuet, ch. xiv.
(2) Buisson, p. xiv. Douen, *Marot*, p. 369 et 375.

tout contact avec ce peuple, qu'ils méprisaient, et le peuple, en retour, les a ignorés. Rabelais seul a exercé sur lui quelque influence, parce qu'il était débordant d'une sève toute populaire.

Les humanistes ont, dans le silence, précieusement conservé le trésor de la pensée libre ; c'est à eux que la France a dû de ne pas devenir toute Rome ou toute Genève ; ils ont gardé de se rompre les fils ténus qui nous rattachaient à l'antiquité ; mais ils n'ont su ni prendre parti pour l'un ou l'autre des adversaires en présence, ni revendiquer hardiment pour eux-mêmes la direction des consciences. Ils auraient pu, s'ils l'avaient voulu, assurer le triomphe de la Réforme, ou bien sauver en la purifiant l'Eglise catholique, ou lancer définitivement l'humanité dans des voies nouvelles. Ils ont manqué à leur tâche.

(*Revue historique,* tome LXIV, 1897.)

UN
NOUVEAU TEXTE SUR AIMÉ MAIGRET

UN NOUVEAU TEXTE SUR AIMÉ MAIGRET.

M. Fraikin a publié, en appendice à ses *Nonciatures de Clément VII* (1), une pièce très intéressante pour l'histoire des débuts de la Réforme en France. C'est un bref adressé par Clément VII à Louise de Savoie. Il la félicite d'avoir fait arrêter « un prédicateur impie qui répandait dans le peuple de Lyon les semences d'une détestable hérésie ». Il l'exhorte à user d'une juste sévérité « envers ce faux frère, ou plutôt damnable hérétique ». Il donne plein pouvoir de l'examiner à l'archevêque de Lyon « ou à son vicaire ».

Quel est ce prédicateur ? Pour répondre à cette question, il importe de dater ce bref. Or, il porte chez M. Fraikin la date suivante : « 29 décembre 1525. De notre pontificat, l'an second ».

Cela n'est pas sans nous embarrasser. Clément VII ayant été couronné pape le 25 novembre 1523, le 25 décembre 1525 tombe dans l'an troisième de son pontificat. Il faut donc de toute nécessité que le

---

(1) Archives de l'Histoire religieuse de France. *Nonciature de France, Nonciatures de Clément VII.* T. I, 1525-1527. P. 327-328.

scribe (1) ait fait une erreur : ou il a écrit 1525 pour 1524, ou il a écrit « second » pour « troisième ».

De ces deux erreurs, laquelle est la plus vraisemblable ? Il me semble peu admissible qu'un copiste . ayant sous les yeux une minute *anno tertio* écrive *anno secundo*. Il est bien plutôt croyable que, reproduisant le millésime M. D. XXIV, il ait laissé par mégarde tomber le I devant le V. — Je me contenterai de cette conjecture très plausible, sans risquer une hypothèse plus hardie. Clément VII commençait l'année tantôt au 1er janvier, tantôt au 25 mars, nous dit de Mas-Latrie (2). Est-on bien sûr qu'il ne l'ait jamais fait partir du 25 décembre, comme l'avait fait parfois la chancellerie pontificale ? (3) Si notre bref était un exemple, fût-il unique, de cette façon de dater, il n'y aurait plus la moindre contradiction, même apparente, entre *Die XXIX Decembris M. D.XXV* et *Anno secundo*.

Cependant, M. Fraikin est d'un avis diamétralement opposé à celui que nous soutenons ici : « L'erreur, dit-il, ne peut guère porter sur la date de MDXXV, car l'adresse et tout l'ensemble de ce bref montrent bien qu'il fut fait pendant la régence de Louise de Savoie ».

(1) C'est une copie contemporaine de minute, extraite des Archives vaticanes.

(2) *Trésor de chronologie*, col. 1142.

(3) Pour affirmer que Clément VII commençait l'année au 1er janvier et non au 25 décembre, il faudrait citer des actes de sa chancellerie dont la date fût comprise entre le 25 et le 31 décembre. A-t-on beaucoup d'actes répondant à cette condition ? Il ne me semble pas que j'en aie relevé dans le recueil de Balan, mais je ne puis être affirmatif à ce sujet.

Ce qui donne à l'opinion de M. Fraikin plus de poids, c'est qu'il n'est pas le seul à avoir lu 1525. En effet, Balan (*Monumenta sœculi XVI*) signale, p. 28, un bref *Dominæ Engolismensi. Laudat Pontifex ejus pietatem ac prudentiam, quod quasdam pontificias bullas publicari jusserit ac hæreticum prædicatorem Lugduni capi custoridique mandaverit.* Le bref ainsi analysé est certainement le nôtre ; or, Balan le date « XXIX Dec. MDXXV » ; et il le place après un autre bref (n° 151), adressé le 28 décembre à la même Louise, et qui ne peut être que de 1525, puisque le pape y parle de la délivrance possible de François Ier et encourage la régente à faire la paix.

Mais voyons ce que vaut cet argument de M. Fraikin : le bref est de 1525, *parce qu'il* est adressé à la régente.

Il est adressé, en fait, *Domine Engolismensi.* On pourrait objecter à M. Fraikin que d'autres brefs adressés à Louise régente, portent comme suscription : *Matri Regis christianissimi* ; cependant il en est un, du 27 avril 1525, qui porte *Domine Engolismensi.* Il y avait donc à cet égard un certain flottement dans les formules de la chancellerie et il n'y a pas lieu de s'arrêter à ces vétilles. Au reste, il est bien certain, d'après l'examen intrinsèque du bref, qu'il est adressé à la duchesse d'Angoulême en tant que régente ; le pape la remercie d'avoir fait publier ses bulles (1), il l'encourage à s'appliquer en toute vigilance à ce que l'hérésie ne s'implante point dans ce très chré-

---

(1) Sans doute le pardon mentionné dans la *Cronique du Roy François Ier*, p. 43.

tien royaume confié à ses soins (*in isto christianissimo regno*). Il lui peint les désordres qu'entraîne l'hérésie, non seulement dans les consciences, mais dans l'Etat, où elle est génératrice « de tumultes », de haines et de massacres, « comme le prouve l'exemple de l'Allemagne ». « Mais, ajoute-t-il, dans le pays où la sagesse de Votre Noblesse exerce l'autorité, nous savons que ces malheurs peuvent difficilement advenir ». Donc, Louise de Savoie exerce l'autorité dans le royaume à l'heure où le pape lui écrit.

Mais qu'importe ? C'est par une déclaration datée de Pignerol, 17 octobre 1524 (1), que François Ier a renouvelé les pouvoirs de régente donnés à sa mère (2) en août 1523. Donc, le 29 décembre 1524, Louise est régente aussi bien que le 29 décembre 1525, et par conséquent l'argument de M. Fraikin porte à faux.

Or, si nous admettons la date de 1524, il arrive que les termes du bref coïncident à merveille avec tout ce que nous savons d'un prédicateur qui fut arrêté à Lyon, par ordre de la régente, et qui n'est autre qu'Aimé Maigret. Examinons les documents qui nous renseignent sur ce personnage.

« Les Lyonnais, écrit Farel à Corneille Scheffer (de Bâle, le 2 avril 1524) ont deux prêcheurs (*declamatores*), qui manient chrétiennement la parole ; l'un est un Jacobin et théologien Parisien »,

<hr>

(1) *Catalogue des Actes de Fr. Ier*, 2084.
(2) Et non, comme dit le *Catalogue* à la Reine mère.

c'est Maigret (1) ; l'autre n'a pas encore été identifié. Serait-ce Michel d'Arande, que Marguerite avait fait venir à Lyon en octobre ? Le 17 décembre de la même année, Farel reçoit de de Coct les nouvelles suivantes (2) :

« Vaulgris est venu, lequel dit que Maigret est prins à Lyon. Mais Madame d'Alençon y est : loué soit Dieu ! Sebville est délivré.... » Et de Coct ajoute : « Maigret a presché à Lyon maulgré les prestres et les moynes ».

Le 28, c'est Sebville lui-même qui écrit à de Coct (3) : « Nous glorifions le Seigneur pour la constance de Maigret ». Entre ces deux dates, Maigret avait donné aux presses lyonnaises le texte latin d'une épître adressée au parlement de Grenoble, et le texte français d'un sermon prêché par lui à Grenoble, le 25 avril 1524. Cette publication ne dut pas améliorer son cas.

On voit comme tous ces détails s'enchaînent : la *Collectio judiciorum* de d'Argentré (4) va nous permettre de les préciser encore. Les décrets rendus par la Sacratissime Faculté de Paris sur François « Mesgret » portent « qu'à Lyon, en prêchant, il

---

(1) Voy. N. Weiss, *le réformateur Aimé Maigret...* (*Bulletin* t. XXXIX, 248 n. 1). Maigret avait prêché le carême à Ste-Croix, à la grande satisfaction du chapitre de Saint–Jean. L'année suivante (c'est-à-dire après les poursuites contre le même Maigret) le chapitre recommande de prendre des informations sur celui qui prêchera le carême de 1525.

(2) Herminjard, p. 309.

(3) Ibid, p. 316, sur Sebville, voy. N. Weiss, *Bull.* t., LVI, p. 320-322.

(4) T. II, p. 7-16.

avait avancé plusieurs propositions sentant l'hérésie luthérienne », ce qui est presque la paraphrase d'un passage du bref. Le 8 janvier 1525, c'est-à-dire aussitôt après l'arrivée du bref du 29 décembre, « par l'archevêque de Lyon ou son vicaire » avaient été désignés pour juger Maigret deux maîtres de la Faculté de Paris et deux conseillers au Parlement. Le 20, on avait donné à l'évêque de Paris pouvoir de prononcer la sentence définitive. Enfin le 23, une lettre du conseil de l'Eglise de Lyon à Noël Béda éclairait la Faculté sur le cas du Jacobin ; il a été incarcéré « par ordonnance de Madame et de M. le Chancelier, à cause de plusieurs propositions hérétiques, erronées et scandaleuses, procédants de certaine secte luthérienne, preschées par led. Maigret tant en cette ville qu'à Grenoble (1) ». Procès inquisitorial a été commencé contre lui, mais il « s'est rendu toujours si difficile et proterve à lui faire son procès », que, de son consentement, on sollicite l'avis de la Faculté, et qu'il est envoyé aux prisons de M. de Paris, « à qui M. de Sens (du Prat) écrit par l'ordonnance de Madame ». — Dans toute cette affaire, on voit le rôle joué par la régente ; il justifie pleinement cette phrase de Clément VII : *Cum ergo Nobilitas tua... illum impium predicatorem prave hereseos semina in populum Lugduni jacientem capi custodirique mandaverit....*

----

(1) Le même jour (Weiss, *Bull.* t. XXXIX), l'archevêque de Lyon, François de Rohan, écrivait au Parlement pour lui demander « de prendre à cœur cette matière de grand poids .»

Comme le pape, le conseil de l'archevêque de Lyon croit urgent de s'opposer à l'« exaltation de cette hérésie luthérienne, qui commence fort à pulluler par deça [c'est encore ce que dit le bref] *et jamplures de cineribus Valde* (sic) *renascuntur plantulæ...* » Cette allusion à la perpétuité de l'hérésie vaudoise est de style dans les documents lyonnais. Nous la retrouverons en 1529 dans les documents relatifs à la *Rebeine.*

Maigret ne tarda pas à être conduit à Paris : « Audict an » (1525) dit le *Bourgeois* (1), « le premier jour de février, fut amené en ceste ville de Paris un Jacobin nommé Maigret, et fut amené de Lyon où estoit lors Madame la Régente pendant que le Roy tenoit le siège devant Pavie. Il fut amené par les archers du Roy et mis prisonnier en la cour d'Eglise, parce qu'il avoit presché à Lyon aucunes choses contre les ordonnances de l'Eglise.... »

D'Argentré donne tous les détails du procès, et reproduit des fragments des sermons de Maigret ; ces fragments, d'une langue savoureuse et énergique, mériteraient l'attention des historiens de la littérature française ; il y a là, en dépit de la forme encore toute scolastique de l'argumentation, des accents qui annoncent Calvin (2).

Voici, d'après d'Argentré, quelques-unes des quatorze propositions censurées :

______

(1) Ed. Lalanne, p. 226. -
(2) M. Weiss, art. c., a retrouvé *l'Epître... à Mgrs du Parlement de Grenoble... plus un sermon en français. Lugduni, II cal. déc. 1524,* et en cite un ou deux extraits. Voy. ci-dessus, p. 26.

I. Contre la confession détaillée.

II. Contre le Carême.

IV. *Canones et Decretales sunt traditiones hominum.*

VII. *Quod ille maledicit et est detractor qui dicit* : Que Luther est un méchant homme.

IX. Celle-ci, qui dépasse même le niveau commun des réformés : « Que un payen, qui a intention de suivre la raison, est sauvé, combien qu'il ne soit jamais batisé. »

X. Pas de vœux perpétuels, mais seulement des vœux décennaux. « Tu me demanderas, qui t'a baillé congié et dispense de demeurer hors de ton obédience ? Je te dis que c'est Dieu, le Pape, le monde et le diable ».

XIV. Des trois Maries, et que Marthe ne fut pécheresse [On retrouve ici le pur enseignement de Le Fèvre d'Etaples].

Enfin, dans son sermon imprimé, on relevait, non seulement un passage que nous avons cité plus haut, mais encore ceux-ci :

III : « Je dis que celui qui t'oblige à certains habits de religion et innumérables autres telles cérémonies extériores, usant de puissance coercitive, te commandant telles choses observer sur peine due à péché mortel, et autres peines temporelles ou spirituelles, il te met sous pédagogue, et ne sera de toy véritable ce que dit icy saint Paul, que, puisque la loy nous est venue, *jam non sumus sub paedagogo.*

IV : « Si la loi de Dieu révélée par l'administration des Anges n'a eu puissance de justifier, mais a été tant seulement pédagogue, par plus forte raison toutes autres lois tant soient bien ordonnées et conduisantes à J.-C. ne seront que pédagogiques, soient les lois de saint François, saint Benoît, saint Dominique et autres tant raisonnables que voudrez, instructives, et bien à nous adressantes au chemin de Paradis, si elles sont contraintives, elles sont pédagogiques.

V : « *Inevitabile* est cest *ergo* : Que le législateur soit saint François, saint Benoist ou autre, ton justificateur et Sauveur ou seulement ton Pédagogue vivificateur ne peut-il être ; donc n'est-il que pédagogue. Que si la loy de J.-C. est parfaite, qu'avons-nous affaire de Pédagogue ?

VI : « La prophétie de saint Paul... deux loix contient lesquelles saint Paul nomme diaboliques et hypocritiques :

l'une, de prohibition de mariage, laquelle vous sçavez estre innotablement observée par les gens ecclésiastiques ; l'autre, de la discrétion et abstinence des viandes, observée par tous chrestiens ordinairement.

VIII : « Jeûner ainsi que l'on nous fait faire, ne manger chair le vendredy, vivre en continence, sont d'elles-mesmes très belles choses. Mais qui nous les commande sur peine d'é- ternelle damnation (d'autre commandement ne veux-je parler) nous oste la liberté que J.-C. nous a donnée et nous met en intolérante servitude.

IX : *Declaratio præcedentis* : « L'œuvre est bonne, le com- mandement sur peine due à péché mortel est hypocritique ; l'œuvre est plaisante à Dieu, le commandement satanique ; l'œuvre est juste et louable, le commandement inique et diabo- lique ».

On ne pouvait donner, sous un plus petit volume, une plus parfaite somme de l'hérésie, et l'on com- prend la colère de la sacratissime Faculté.

Pour revenir au bref du 29 décembre, il paraîtra maintenant à tous indubitable qu'il est de 1524, et qu'il s'applique à Maigret. Il nous fait comprendre pourquoi Louise, qui terminait en 1522 son *Journal* par des paroles si hardies contre les moines, a été reprise dès la fin de 1524 par le mouvement de réac- tion catholique ; pourquoi, entre les deux influences qui s'exerçaient sur elle pendant son séjour à Lyon, celle de sa fille et celle du Chancelier, elle a délibé- rément choisi la seconde. C'est que la Réforme est alors apparue à la régente comme un péril politique, bien plutôt que religieux. Déjà, le 22 mai 1524, Clément VII avait écrit à François Ier pour attirer son attention sur ce danger (1). Le 29 décembre, il

---

(1) Ce mouvement de réaction est bien étudié par Sleidan, p. 77 et ss.

avertit la duchesse d'Angoulême, que ces « scélérats cherchent à soulever des discussions, par lesquelles non seulement ils détournent de Dieu les âmes des fidèles, mais encore soustraient l'obéissance aux princes des nations ».

Les circonstances étaient singulièrement favorables pour faire entendre ces paroles : « Au mois de novembre (1524), dit Sleidan (1), quelques paysans commencèrent à estriver contre le conte de Luppfen en Suabe.... Et cela fut le commencement d'une terrible et périlleuse esmotion, qui s'estendit par la pluspart d'Allemagne ». Voilà qui donnait une incontestable actualité aux phrases du pape : « *Quod malum in Germania cernimus evexisse ut nihil illa natione nunc perturbatius et magis calamitosum dici possit..* » Voilà qui devait faire réfléchir la régente, seule chargée, pendant que son fils était au delà des monts, de maintenir l'ordre dans le royaume ; dans les réformés, il était facile de lui faire voir les séditieux. Là encore, le conseil de l'archevêque ne faisait que commenter les paroles pontificales, lorsqu'il dénonçait en Maigret « le fauteur et le héraut du fléau septentrional » — *autor et tubicen omnis mali quod panditur ab Aquilone* —, lorsqu'il demandait qu'on imposât silence au prédicateur séditieux, *ne veniat in nos dira illa vastitas et desolatio, quæ ferme totam nunc opprimit Germaniam.* Cette opportune évocation du *Bundschuh* était faite pour émou-

___

(1) P. 59 v° de la traduction de Jehan Crespin, chez Jacob Stoer, 1597.

voir et pour effrayer une femme, même une femme énergique comme Louise de Savoie. Ajoutez que, pour mener à bien la lutte terrible engagée contre Charles-Quint et Bourbon, il fallait conserver au Roi des amitiés italiennes : la régente ne pouvait mieux s'assurer celle du pape qu'en réprimant l'hérésie.

Ainsi s'explique la réaction dont Maigret fut une des premières victimes. Cette réaction continua, comme nous en avons la preuve dans la correspondance ultérieure du pape avec la régente. Le 29 avril 1525, toujours de Lyon, Louise (Balan, pièces annexes, nᵒ 261) écrit au pape pour lui signaler le progrès des idées luthériennes qui ont pénétré, dit-elle, en Allemagne et en France ; elle se déclare prête, sur l'avis du Parlement de Paris, à faire bonne justice des hérétiques et elle demande à Sa Sainteté· un rescrit portant commission pour les juges. Et le 20 mai (nᵒ 106), le pape félicite Louise de son zèle contre les luthériens ; il insiste de nouveau, comme dans le bref du 29 décembre 1524, sur les périls que l'hérésie fait courir aux Etats et sur l'exemple terrifiant que donne à cet égard la révolte allemande. Dans cette même lettre, sans doute pour récompenser Louise de son active piété, il promet de s'employer en faveur de la paix. Enfin, ce même jour (nᵒ 107), il fait ce que la régente lui demandait ; il écrit au Parlement, qui a désigné des commissaires, et il les confirme par une bulle. Il s'adresse également à l'université de Paris (nᵒ 108).

Tout cet ensemble de documents nous apparaît donc comme un tout dont les parties sont fortement liées. Mais à une condition cependant, c'est que le bref du 29 décembre soit, comme nous avons essayé de le démontrer, de 1524 et non de 1525 (1).

(Bull. hist. et litt. du protest. franç., T. LVI, 1907).

(1) Cet article était écrit lorsque nous avons eu le plaisir de constater que M. Bourilly (*Revue d'hist. mod. et contemp.*, fév. 1907, et *Bull. du protest.*, t. LVI, p. 85) adoptait également la date de 1524.

LA RÉFORME

ET LES

CLASSES POPULAIRES EN FRANCE

AU XVIᵉ SIÈCLE

LA RÉFORME ET LES CLASSES POPULAIRES EN FRANCE AU XVIe SIÈCLE (1).

La Réformation du xvıe siècle eut le double caractère d'une révolution sociale et d'une révolution religieuse. Ce n'est pas seulement contre la corruption du dogme et les abus du clergé, c'est aussi contre la misère et l'iniquité que se soulèvent les classes populaires ; ce qu'elles vont chercher dans la Bible, ce n'est pas seulement la doctrine du salut par la grâce, c'est la preuve de l'égalité originelle de tous les hommes. « Quand Adam bêchait et quand Eve filait, qui donc alors était gentilhomme ? »

En Allemagne, les travaux de Janssen ont montré quel avait été, dans la Réforme, le rôle immense des insurrections rurales. C'est « le pauvre Conrad » — *der arme Kunz* — c'est le paysan révolté qui a fait triompher Luther, en dépit des anathèmes que le prédicateur lança parfois contre ces inquiétants alliés. En Angleterre, c'est une banalité de répéter avec Thorold Rogers (2) que la force de la Réforme fut

---

(1) Cet article avait d'abord paru sous ce titre : *The French Reformation and the french people in the XVI*th *century*, dans le n° de janvier 1899 de l'*American Historical Review*.

(2) *The Economic interpretation of history*, p. 84. Voy. aussi Taine, *Littérat. angl.*, t. II, p. 301.

due « au lollardisme secret, qui semblait éteint et qui était si actif », et que « le mouvement puritain fut essentiellement et originellement un mouvement des classes moyennes, des marchands dans les villes, des fermiers dans les campagnes ».

I.

Les choses se passèrent-elles autrement en France ?

La plupart de nos historiens voient surtout dans le parti huguenot un parti de nobles ; à les en croire, ce sont les gentilshommes qui ont préféré la rigidité du protestantisme à la pompe du culte romain ; l'organisation du parti réformé a été un réveil de l'esprit féodal ; enfin, si la nouvelle religion n'a pas triomphé en France, c'est qu'elle n'avait pas réussi à pénétrer dans les milieux populaires (1). Pourtant Michelet disait déjà : « Au xvie siècle, à Meaux....., dans les ouvriers tisseurs et cardeurs brilla la première étincelle de la révolution religieuse (2) ». Il remarquait aussi que, dans le martyrologe de Crespin, on ne trouve « que trois nobles en quarante années (1515-1555). Les autres sont généralement de pauvres ouvriers, des bourgeois et des marchands (3) ». Un écrivain américain qui a projeté

____

(1) Aug. Thierry, *Hist. du Tiers Etat*, p. III ; Mignet, *Essais*, p. 256-262.

(2) *Hist. de France* (éd. 1876), t. X, p. 155.

(3) Ibid., p. 337, et t. XI, p. 74-78.

une vive lumière sur ce coin de l'histoire de France,
M. N. W. Baird, note que Louis de Berquin,
supplicié seulement en 1529, est le premier en date
parmi les martyrs qui soit un « homme de qualité (1) ». Il rappelle la surprise indignée que
manifesta Henri II en 1558, lorsqu'il apprit que
les Chastillon, de vrais nobles, embrassaient une
religion faite pour des petites gens (2). En 1561,
l'ambassadeur vénitien Giovanni Michiel écrivait :
« Jusqu'ici, à cause de la rigueur des supplices, on
n'a vu se montrer que des gens du peuple qui, hormis
la vie, n'avaient que peu à perdre.... (3) ». L'historien
catholique (mais qui avait été protestant) Florimond de Raemond ne dit-il pas que les premiers
partisans du nouveau dogme furent « quelques
pauvres gens, simples.... », des « gens de mestier »,
et « voire mesme ceux qui n'avoient jamais
manié que la charrue et besché la terre (4) » ? Il
raille avec une mordante ironie ces gens de peu,
ignorants, souvent illettrés, qui « devinrent en un
moment excellents théologiens ». Mais ces railleries
mêmes ne sont-elles pas la reconnaissance involon-
taire d'un fait ? à savoir que c'est parmi les « misé-
rables gaigne-deniers » que la Réforme recruta ses
premiers adhérents.

Une preuve indirecte de cette affirmation se rencontre dans les moyens mêmes que la nouvelle doc-

---

(1) *Hist. of the rise of the Huguenots*, t. I. p. 318.
(2) Ibid.
(3) *Relazioni*, t. III, p. 125.
(4) *Hist. de l'Hérésie...* Rouen, 1623, p. 845, 851, 871-73.

trine employa pour se propager. Si elle avait exercé
son action uniquement sur un public de lettrés et
de savants, elle aurait continué, comme l'avait
commencé le Fèvre d'Estaples, à publier de gros
traités en langue latine ; si elle avait eu pour elle
surtout les nobles, elle eût parlé, dans ses prêches et
dans ses livres, la langue élégante de la cour. Or,
que voyons-nous ? Dès 1525, on reproche à l'évêque
de Meaux d'avoir fait distribuer dans son diocèse
des « livres en françois, qui estoient tout erreur et
hérésie (1) ». Parmi ces livres, se trouvait la traduction de la Bible, si bien que l'on donnait à ces premiers hérétiques le sobriquet de « bibliens ». Puis
se multiplient les petits livrets destinés au peuple,
les *Alphabets* pour « les simples et les rudes » (2),
où, sous couleur d'enseigner aux enfants les éléments
de la lecture, on les initie au dogme de la grâce, les
traductions des petits traités de Luther (3), les recueils de prières protestantes. Ces petits livrets
sortent par milliers des presses clandestines de
Meaux et d'Alençon, des presses protestantes de
Lyon et de Genève, et, bien qu'on les ait souvent
brûlés avec leurs détenteurs, on en retrouve un
grand nombre dans nos bibliothèques. Ils se
glissaient dans la balle du colporteur, sous les

---

(1) S. Berger. *Procès de Briçonnet (Bull. Hist. du Protest.
franç.*, 15 janvier 1895).

(2) *Alphabet ou Institution chrestienne...* Lyon, 1558. Voy.
plus loin une étude sur ce sujet spécial.

(3) Weiss, *Bull. du Protest. franç.*, 1887, p. 664 ; 1888,
p. 155, 432, 500.

coquetteries et les friandises, et circulaient ainsi de village en village ; plus d'un colporteur paya de sa vie le crime d'avoir transporté ces marchandises défendues. Dans une grange, le soir, à la veillée, à la faible lumière d'une chandelle, — car il ne fallait pas attirer les soupçons — ou bien le jour, dans la clairière du bois, à l'« école buissonnière » les illettrés se réunissaient autour de celui qui savait lire. C'était un curé ou un moine gagné aux idées nouvelles, ou parfois le maître d'école, ou un légiste, avocat, procureur ou notaire ; il lisait, et autour de lui les paysans à tête dure, les femmes aux grands yeux étonnés, marmottaient intérieurement les fortes paroles de la Bible ou les exhortations du théologien ; et, ce jour-là, dans un coin perdu du royaume très chrétien, une communauté protestante était née.

Mais le livre ne suffit pas aux imaginations populaires ; le peuple, en France, aime à travailler en chantant. Celui qui ne savait pas lire — et c'était alors la presque totalité des Français des basses classes — ruminait en lui-même ce qu'il avait entendu lire par le savant du village ou du quartier. Durant la longue journée, en poussant la charrue sur le sillon ou la navette sur le métier, il se redisait tout bas les mots qui l'avaient le plus vivement frappé ; ces mots prenaient le rythme de son travail même, et de ses lèvres sortait un chant. L'existence d'une ample littérature de chansons huguenotes suffirait à elle seule à prouver l'existence d'un protestantisme populaire, car ces chansons, à en juger par leur langue, leur style et leur rythme, n'ont pu être écrites que pour le peuple et chantées que par lui (1).

D'où vient donc la persistance de l'opinion contraire ? D'où vient que l'on continue à répéter, en France, que la Réforme française est un fait aristocratique ? Tout au plus concède-t-on, parce que cela est trop évident, que la bourgeoisie des villes, les gens de robe et les maîtres de métiers y jouèrent un rôle important. Mais pourquoi veut-on ne pas voir la part qu'y prirent les classes populaires ?

Cela tient à trois raisons : 1º On n'étudie généralement notre Réforme qu'à partir de 1560, au moment où elle cesse presque d'être une révolution religieuse pour devenir un parti politique, et à cette date elle est pour ainsi dire confisquée par la noblesse ; 2º les historiens catholiques répugnent à reconnaître dans la Réforme française un mouvement populaire, parce que ce serait lui donner de l'importance, avouer qu'elle eut des racines profondes dans le sol national, et renoncer à la considérer comme une importation étrangère, une excroissance superficielle et factice (2); 3º les protestants sont en cela d'accord

____

(1) Bordier, *Chansonnier huguenot*, t. I, p. xiv, xxviii ; Montaiglon, *Recueil de Poésies françaises* ; Le Roux de Lincy, *Chants hist. français.* — A ces divers moyens de propagation, M. H. Patry a montré qu'il s'en ajoutait un autre, le théâtre (*Le théâtre populaire protestant en Guyenne au XVI⁰ s.*, dans *Revue d'art dramatique*, 15 juin 1902), comme l'avait déjà indiqué M. Emile Picot (*Moralités polémiques dans l'ancien théâtre français*, dans *Bull. du protest. fr.*, t. xxxvi).

(2) Cet état d'esprit domine dans le récent volume de M. Batiffol (*Le siècle de la Renaissance*), tandis qu'antérieurement, dans l'*Histoire de France* de M. Lavisse, M. Lemonnier avait accepté, dans l'ensemble, les idées exprimées ci-dessus.

avec les catholiques (1), parce qu'une sorte de pudeur
les empêche d'avouer que la Réforme fut une révolution sociale ; ils voudraient en faire une pure
révolte des intelligences ; ils en écartent les éléments
impurs, aveugles, violents, parfois criminels, que
l'intervention de la foule introduit dans toute révolution. A les en croire, les idées seules auraient agi
dans la Réforme, les intérêts et les passions n'y
seraient pour rien.

II.

M. Hanotaux, après avoir étudié, dans son *Histoire du cardinal de Richelieu*, l'état social des ouvriers
français au début du xvie siècle, note avec beaucoup
de sens « la rapidité avec laquelle les classes ouvrières
ont adhéré à la Réforme (2) ». C'est, en effet, dans
la situation même de cette classe que nous trouverons la raison de son attitude à l'endroit des nouveautés religieuses.

Or, cette situation n'était pas enviable. La découverte des mines d'or et d'argent, en augmentant
considérablement le stock de métaux précieux exis-
tant en Europe, avait amené une hausse des denrées
de première nécessité ; et les salaires des travailleurs

(1) A part quelques exceptions, au premier rang desquelles
je citerai M. N. Weiss.

(2) T. I, p. 473. Voy. Levasseur, *Hist. des classes ouvrières*,
t. II passim.

étaient loin de croître dans une proportion semblable. D'autre part, le régime corporatif, qui avait été dans une certaine mesure, au XIIIᵉ siècle, une protection pour les faibles, tendait de plus en plus à se transformer en une oligarchie oppressive. La direction des industries devenait l'apanage d'une caste riche, et, en fait, héréditaire ; il était presque impossible au simple ouvrier, qui n'était pas fils de maître et pourvu de capitaux, d'arriver à la maîtrise. Aussi les conflits entre le capital et le travail étaient-ils fréquents, coalitions des compagnons pour obtenir la hausse des salaires ou l'amélioration de la nourriture, coalitions des patrons qui voulaient dominer le marché du travail ; et cela malgré les édits royaux qui supprimaient positivement le droit de coalition. La lutte entre les confréries patronales et les confréries ouvrières aboutissait souvent à des grèves, telle cette grande grève qui désola l'imprimerie lyonnaise et parisienne de 1539 à 1542, et qui ne fut vraiment terminée qu'en 1571 (1).

Le milieu ouvrier était donc un milieu mécontent, turbulent, avide de nouveautés, extrêmement propice à la prédication révolutionnaire. Le développement de l'industrie française avait attiré chez nous un grand nombre d'ouvriers du dehors, Allemands surtout, Flamands, Italiens, qui apportaient avec eux des idées étranges. Aussi l'agitation sociale, surtout dans la grande cité mystique de Lyon,

____

(1) Voy. mes *Ouvriers du temps passé.*

était-elle généralement mêlée à une agitation religieuse. Par exemple, lorsqu'à Lyon en 1529, le peuple se révolte à cause d'une hausse extraordinaire du prix du blé (1), tout le soulèvement revêt une singulière couleur religieuse. C'est comme une résurrection des anciens « pauvres de Lyon ».

Mais bien avant cette date les idées réformées avaient pénétré dans les classes ouvrières. A Meaux, en 1525, Gérard Roussel avait pour auditeurs les peigneurs et cardeurs de laine, les foulons et les drapiers : la draperie était la grande industrie de la ville. C'est un de ces foulons qui sera, l'année suivante, à Metz, le premier martyr de la Réforme française. Les prélats, comme Briçonnet, les lettrés, les nobles n'oseront pas offrir leur vie en sacrifice à la nouvelle doctrine, mais l'humble ouvrier « ignorant en lettres » criera sa foi sur le bûcher. En 1528, c'est un batelier de Seine qui est supplicié à Paris ; en 1531, des ouvriers en toile à Valenciennes. Mais c'est surtout dans la grande proscription de 1534-35, après l'apposition dans la chambre du roi des placards contre la messe, que l'on relève en nombre, sur la liste des victimes, des noms d'ouvriers (2). C'est d'abord le fils d'un cordonnier, le jeune paralytique Barthélemy Mollon. Dans l'échoppe paternelle, le pauvre infirme, en tirant l'alène, lisait à la dérobée les livres défendus ; il les commentait à ses camarades, si bien que ceux-ci l'avaient

(1) Voy. plus loin, *la Grande Rebeine de Lyon*.
(2) *Bourgeois de Paris*, p. 441-451. *Chronique de François Ier*, p. III-136. *Bull. du Protest.*, t. XI, p. 252.

surnommé « l'Evangéliste ». Puis c'est un tisserand, un bonnetier, un jeune teinturier, un couturier, un cordonnier, un menuisier, deux rubaniers. Dans le Limousin, ce sont les artisans venus de Flandre et d'Allemagne qui semblent avoir répandu l'hérésie parmi la population industrieuse d'Aubusson et de Felletin (1). Au Puy-en-Velay, ville catholique par excellence, célèbre dans l'Europe entière pour son pèlerinage de la Vierge, un chroniqueur catholique écrit, en 1539, que les trois quarts du peuple sont gagnés à la Réforme ; j'admets que cette évaluation soit très exagérée ; encore n'aurait-il pu même songer à l'avancer si, en fait, il n'y avait eu, dans la classe populaire, un gros noyau protestant (2). A Bordeaux deux artisans montent sur le bûcher en 1541 (3).

Malgré les persécutions de 1525, la semence avait continué à germer silencieusement dans la classe ouvrière de Meaux. On le vit bien en 1545-46, lorsqu'on instruisit le procès qui se terminera par l'exécution des « XIV de Meaux », et dont M. Bower a donné une relation si attachante (4). Sur les listes des suspects on ne lit que des noms populaires, et c'est encore le monde des cardeurs et des tisserands qui fournit à l'Inquisition ses victimes. La preuve que c'est surtout parmi eux que se recrutaient les

(1) A. Leroux, *Hist. de la Réf. dans la Marche et le Limousin* p. 5.
(2) Estienne Médicis, *Chronique du Puy*, p. 502. Il parle dans ce passage du peuple français en général ; mais il mentionne des hérétiques au Puy, p. 387, 509-553.
(3) Gaullieur, *Hist. du Parlement de Bordeaux*, t. I, p. 57.
(4) *The fourteen of Meaux*, Londres et New York, 1894.

réformés, c'est qu'après 1546 la draperie meldoise, jusque là florissante, fut ruinée.

M. Weiss a publié, sous le titre de *La Chambre ardente* (1), les procès d'hérésie jugés par le Parlement de Paris en 1547, 1548, 1549. Là encore les noms sont presque toujours des noms plébéiens. La profession des prévenus est généralement indiquée ; ce sont des tisserands, des foulons, des chambrières et serviteurs, des serruriers, tonneliers, couturiers, pâtissiers, menuisiers, des colporteurs, des potiers d'étain, des maçons, des chapeliers, etc.... Toutes les industries sont représentées.

Bernard Palissy, le « potier saintongeois », appartenait à cette classe, et il nous a décrit lui-même la façon dont les choses se passaient : c'est un pauvre artisan de Saintes qui apprend « l'Evangile » à une dizaine de ses compagnons ; six d'entre eux s'entendent pour prêcher chaque dimanche, chacun de six en six semaines ; comme ils sont fort ignorants, ils écrivent leurs sermons à l'avance, avec l'aide d'un ancien prêtre devenu imprimeur, et ils les lisent : « Voilà le commencement de l'Eglise réformée de la ville de Saintes (2). » C'est une église de pauvres. Lorsqu'ils ont un ministre, ils ne peuvent l'entretenir, « parce qu'il y avoit bien peu de riches qui fussent de notre assemblée, et si n'avions pas de quoy lui payer ses gages. » Mais si l'argent manquait, le cœur y était bien, et le dimanche les « compagnons de

---

(1) Paris, 1889.
(2) Cité par *Bull. du Protest.*, t. I, 83-93.

mestier » se promenaient en troupes par la campagne, en chantant des psaumes.

On peut même noter que la transformation de ces primitives communautés en Eglises proprement dites, organisées à la genevoise (surtout à partir de 1550), n'altéra pas d'abord leur caractère profondément démocratique.

Lorsqu'on informe, en 1562, contre l'Eglise de Beauvais, on constate que, depuis trois ans, elle a pour fidèles des drapiers et des peigneurs (1). A Rouen, en 1560, le parti ouvrier se confond absolument avec le parti réformé : les marchands drapiers, c'est-à-dire les capitalistes, proclament une sorte de lock-out contre les ouvriers qui fréquentent les prêches. Une véritable agitation révolutionnaire fermente dans la grande cité ouvrière, et va se traduire, comme aussi à la Rochelle, par le bris des images saintes (2). A Nîmes, c'est un serrurier, un jardinier, des tisserands, un cardeur, un chaudronnier, un revendeur, des chambrières, qui sont compromis ; à Issoire, un savetier, des tailleurs, des maçons, des boulangers (3) ; au Puy, des bonnetiers, des couteliers, des teinturiers, des meuniers. Plus tard, en 1561 même, il en est souvent ainsi. En 1567, à Cambrai, on soumet à des interrogatoires des tisserands en batiste, des parementiers, chaussetiers, cordonniers, etc. (4).

(1) *Bull. du Protest.*, t. XXIII, p. 73.
(2) *Hist. Ecclés. des Eglises Réf.*, t. I, p. 310.
(3) Puech, *Renaissance et Réforme à Nîmes*, p. 152 ; Bouillet, *Annales d'Issoire.*
(4) *Bull. du Protest.*, t. III, p. 255.

Sous la menace des persécutions religieuses, la classe ouvrière émigre. Rien ne l'attache au sol : quelques outils et ses deux bras, c'est tout le capital de l'ouvrier ; il les transporte dans les pays où il pourra prier Dieu à sa guise et dans sa langue. Ainsi s'explique, pour une large part (1), la ruine des industries françaises pendant la seconde moitié du siècle. Nous avons déjà vu qu'il n'y a plus de draperie à Meaux après le procès des XIV. La teinturerie de Paris perd les 5/6 de sa production ; Amiens ne tisse plus d'étoffes. Lyon n'a plus que 1.800 métiers à soie au lieu de 7.000, et l'imprimerie y végète. Pour une première fois se produisit le phénomène qui devait suivre la révocation de l'Edit de Nantes : le transfert des industries françaises à l'étranger.

Montchrestien, exilé en Angleterre, travaille dans une coutellerie où il rencontre des réfugiés français. « L'Angleterre, dit-il,.... s'est si bien instruite par l'adresse de nos hommes, qui s'étaient jetés chez elle comme en un port de salut, que maintenant elle pratique avec gloire et profit ces mêmes arts que nous avions longtemps gardés comme en propriété (2) ». A la draperie de Hampton (Middlesex), il a été « bien étonné de n'entendre presque en tous les ateliers que la langue française. » Et si la misère, suite inévitable des guerres civiles, a pu chasser de France

____

(1) Smiles, *Huguenots in England* ; Levasseur, *Hist. des classes ouvrières*, t. II. Il ne faudrait pas évidemment exagérer l'importance de cette cause et croire qu'elle a été la seule.

(2) *Traité de l'Economie politique* (éd. Funck-Brentano), p. 48,68 ; Laffemas, *Reiglement général...* 1597, p. 20.

des ouvriers de tout culte, ce sont exclusivement
des réformés qui figurent parmi les réfugiés français
inscrits à Lausanne de 1547 à 1574 (1). Parmi ces
réfugiés, les gens de métier sont très nombreux, et
ils viennent de toutes les parties de la France et
de pays de langue française ; par exemple, un
arquebusier de Saint-Etienne en Forez, un boulanger
du Tardenois, un cordonnier du Velay, un potier
d'étain de Flandre, un menuisier de Joinville en
Champagne, un coutelier d'Annecy, etc. (2).

Le Vénitien Contarini avait donc raison d'écrire
en 1572 : « La majorité de cette secte est formée de
gens de métiers, comme savetiers, tailleurs et semblables gens ignorants... (3). »

III.

Il est incontestable que les opinions nouvelles
se sont beaucoup moins rapidement propagées et
ont trouvé beaucoup moins de faveur dans les classes
rurales que dans la population des villes. Cela s'explique tout d'abord par une raison d'ordre social :
tandis que la révolution économique du xve et du

(1) *Bull. du Prot.*, t. XXI, p. 463-478.
(2) Les réflexions que je présente ici au sujet de Lausanne
sont également vraies en ce qui concerne Genève. Il suffit, pour
s'en convaincre de parcourir le *Livre des bourgeois*, édité par
M. Covelle, et les fragments du *Livre des Habitants* que nous
donnons plus loin en ce qui touche l'Auvergne.
(3) *Relazioni*, t. IV, p. 242.

xvie siècle avait été ruineuse pour l'ouvrier, elle était avantageuse au paysan (1). La rente payable au seigneur par le tenancier, fixée immuablement au xiie siècle ou au xiiie siècle, ne représentait plus, au taux actuel de l'argent, qu'une charge insignifiante, et cette même baisse de l'argent haussait considérablement la valeur nominale des produits du sol, vendus par le paysan. Le prix de la terre baissait rapidement, à l'heure même où la noblesse française, cessant d'être une aristocratie de hobereaux pour devenir une noblesse de cour, était obligée de vendre ses terres pour subvenir à ses dépenses et de mettre, comme on disait alors, « ses moulins et ses prés sur ses épaules ». Quand un seigneur voulait vendre, à tout prix, une partie de ses domaines, il se trouvait toujours au village un paysan qui économisait depuis des siècles et qui, réalisant le rêve des générations disparues, achetait enfin de la terre. C'est ainsi que le paysan français devint propriétaire. Le règne de Louis XII et le début de celui de François Ier fut pour lui une époque de réelle prospérité. Le contraste est grand avec les paysans d'Allemagne qui, à la même date, étaient menacés de retomber en servage. Ainsi s'explique qu'il n'y ait pas eu en France, comme en Allemagne, une révolution paysanne, à la fois sociale et religieuse.

Le paysan, tel qu'il nous apparaît dans la littérature du temps, par exemple dans les *Propos rus-*

____

(1) D'Avenel, *Hist. économ. de la propriété*, t. I, p. 92 et *passim.*

tiques de Noël du Fail, est un être routinier, d'intelligence peu ouverte aux idées neuves, moins accessible par conséquent que les turbulents compagnons des métiers aux grands courants de l'époque ; il est très attaché à ses vieilles superstitions, dont la racine plonge dans l'antique paganisme gaulois, et que l'Eglise a su transformer et adapter à son usage ; il révère le saint local, le saint de la forêt, de la montagne ou de la fontaine ; il a confiance dans les cérémonies bienfaisantes qui amènent la pluie ou le soleil, écartent la sécheresse ou la grêle, protègent le bétail contre les maladies mystérieuses. Il conçoit toujours la religion comme une sorte de contrat entre des êtres supérieurs, à qui l'on doit leur part légitime de messes, de cierges, d' « œuvres », et l'homme, qui attend en retour la protection divine. Dans un pareil milieu, la prédication du culte pur, du culte en esprit et en vérité, la doctrine de la grâce, seule et nécessaire libératrice des âmes, ne pouvait avoir qu'un médiocre succès. Il ne faut donc pas s'étonner si, en 1539, les paysans du Limousin chassaient les prédicants à coups de pierres et la fourche en main, comme on chasse le loup-garou, et si, en 1572, Alvise Contarini pouvait écrire : « Les peuples qui habitent la campagne sont presque tous exempts de ce mal. »

N'exagérons rien cependant. Florimond de Raemond n'a-t-il pas signalé, parmi les premiers hérétiques, « voire mesme ceux qui n'avaient jamais manié que la charrue et bêché la terre » ? Dès 1525, lorsque l'évêque de Paris se plaint au Parlement

qu'il y ait des gens suspects dans son diocèse, il cite
« un laboureur, en un village près de ceste ville (1). »
A la même date on signale comme hérétiques, en
Thiérache, « des journaliers qui étaient allés faire
la moisson en France, (2) » c'est-à-dire des hommes
pris sur le dernier échelon de la classe rurale, de ces
hommes qui vivent au jour le jour, qui n'ont pas
profité de la baisse du prix de la terre parce qu'ils
n'ont pu en acheter, et qui forment dès lors une sorte
de prolétariat agricole.

En Normandie, pour des raisons qui nous échap-
pent encore, le « luthéranisme » rural était si déve-
loppé qu'on donnait à un district de cette province
le nom de « petite Allemagne ». Ce district était
probablement formé des environs de Rouen, car
nous trouvons des hérétiques à Anneville, Sotteville,
Gisors, Aumale, et dans tous les bourgs et villages
du voisinage, dès 1530 (3). Vers la même date, un
protégé de Marguerite d'Angoulême, Etienne Lecourt,
évangélisait la population paysanne de Condé-sur-
Sarthe. En Saintonge, vers 1534, c'est dans un
milieu tout rural, dans les îles d'Arvert, d'Oléron,
de Ré que se forment des communautés, composées de pêcheurs et de vignerons. Ici, comme dans
quelques autres régions, les paysans manifestent

(1) *Bull. du protest.*, t. III, p. 28. Les hérétiques, dit-il, sont
« gens de peu de savoir ».
(2) Par « France », il faut entendre dans ce texte la plaine
à blé de Gonesse. Voy. L. Gallois. *Régions naturelles et noms de
pays.*
(3) *Bull.*, 1887, p. 305.

leur hostilité à l'Eglise en refusant de payer la dîme, l'impôt ecclésiastique ; dès lors un intérêt matériel les attache à la Réforme.

Dans les listes données par M. Weiss pour 1545-48, nous trouvons la preuve de l'existence d'un protestantisme rural (1). En effet, si l'hérésie était un fait purement urbain, on ne devrait trouver mentionnés dans ces registres que des centres de quelque importance ; or nous y relevons les noms de localités qui étaient alors et qui sont restées jusqu'à nos jours d'infimes villages, en Orléanais, en Nivernais, en Blésois, en Puisaye, etc. (il s'agit uniquement du ressort du Parlement de Paris). Lorsque six hérétiques sont découverts à Hérouville, près Pontoise, d'autres à Lécourt, près Langres, d'autres à Salers, Saint-Martin de Valmeroux et « autres lieux des montagnes d'Auvergne, (2) », lorsque vingt-deux hommes et cinq femmes sont arrêtés dans une localité aussi peu considérable que St-Maixent, il est difficile de croire qu'il n'y a pas de laboureurs parmi celles des victimes dont la profession n'est pas indiquée par les arrêts.

A l'époque où se constituent les églises proprement dites, nous en trouvons dans des villages, particulièrement dans le Midi. A Saint-Jean de Gardonnenque, au diocèse de Nîmes, l'église paroissiale est désertée ; le service y est interrompu, la population se presse autour du ministre. Dans l'Agenais, où la

____

(1) *La Chambre ardente.*

(2) Voy. plus loin les documents genevois sur la Réforme en Auvergne au XVIe siècle, qui confirment ce que j'avance.

féodalité était sans doute restée plus oppressive, la révolte religieuse revêt la forme d'une jacquerie comme en Allemagne (1). Autour de Vitry en Champagne, quinze villages demandent des pasteurs (2).

A côté de cette diffusion libre et spontanée du protestantisme rural, il est un autre facteur qui, vers 1560, acquiert une notable importance, c'est l'influence des hobereaux protestants. Le seigneur de la Ferté-Fresnel écrit à l'Eglise de Genève, le 28 octobre 1561 (3) : « Dieu m'a constitué en puissance sur beaucoup d'hommes, et par ce moyen l'un des plus superstitieux pays du royaume pourra · être gagné au Christ. » Il y a eu dans son domaine des conversions en masse, des conversions par ordonnance seigneuriale, et bien qu'ils se soient « esmeus des plus derniers en ceste province », leur église est « ja fort bien encommencée, voire qui donne espérance de s'extendre plus de quinze ou vingt lieues à l'environ. » Ce protestantisme manorial se répand dans « huit paroisses ès environs de son chasteau ». Procédés tout humains, qui n'ont pas été étrangers au succès de la Réforme dans la principauté de Bouillon, dans celle de Montbéliard, dans le Béarn et dans les vallées pyrénéennes.

Quoi qu'il en soit, le protestantisme rural, sans que le développement puisse en être comparé à celui du protestantisme ouvrier, a eu plus d'im-

---

(1) V. L. Bourrilly, *Bull.*, 1895, p. 461 et le *Monluc* de M. P. Courteault.

(2) Voy. Hérelle, *Documents sur le protest. en Champagne.*

(3) *Bull.*, 1897, p. 461.

portance qu'on ne l'a cru. Au milieu même des guerres de religion, on trouve des communautés paysannes dans tout le Midi, surtout dans le Languedoc et les Cévennes, en Champagne, en Saintonge, etc. Jusqu'à la veille de la Révocation, ces communautés avaient subsisté. Les mêmes raisons qui avaient retardé, dans le milieu rural, l'éclosion du protestantisme, lui ont assuré au village, une fois qu'il y a été installé, une vie plus durable. Tandis que l'ouvrier des villes avait émigré de bonne heure, le paysan restait obstinément attaché au sol. Par exemple, en Auvergne où pourtant la Réforme n'eut jamais une très grande puissance, le protestantisme, en 1685, est essentiellement une religion de laboureurs (2).

Dans toute la France, il fut, jusque vers 1560, une religion de petites gens. C'est alors seulement, que, suivant la remarque d'un jeune érudit, « la politique des Guise donne des chefs aux réformés. (2) » Pour résister à l'influence des princes lorrains, la noblesse française, les Condé, les Chastillon, se jettent dans l'opposition politique et religieuse ; les huguenots de religion deviennent des huguenots d'Etat. Dès lors, le grand courant protestant est capté par la noblesse. Le protestantisme démocratique des villes émigre vers la Hollande ou l'Angleterre, et les corps de métiers tombent sous la domination des confréries religieuses, qui interdisent le travail industriel

---

(1) Voy. *Bull.* août-sept. 1898
(2) V. L. Bourilly *loc. cit.*

aux non-catholiques, et qui vont diriger le mouvement révolutionnaire de la Ligue.

Si le protestantisme n'a pas complètcment réussi à s'implanter en France, cela tient peut-être à ce qu'il eut au XVIe siècle, en raison de l'état social d'alors, plus de partisans parmi les ouvriers, classe voyageuse et émigrante, sans attaches au sol même, que parmi les paysans, l'élément stable indestructible et permanent de la nation.

(Revue d'hist. mod. et contemp., t. I, 1899-1900).

ÉTUDE CRITIQUE
SUR LA « REBEINE » DE LYON

1529

ÉTUDE CRITIQUE sur la *REBEINE* de LYON
(1529).

L'attention des historiens a déjà été attirée sur
la sédition populaire dont Lyon fut le théâtre, le
25 avril 1529, et qui est connue dans les textes de
cette époque sous le nom de *grande rebeine* (1).
Henri Martin notamment (*Hist. de Fr.*, t. VIII,
p. 127) a signalé le récit composé et publié, dans le
courant de cette même année 1529, par l'un des
témoins, qui fut en même temps l'une des victimes
de cette émeute, le consul lyonnais Symphorien
Champier, premier médecin du duc de Lorraine (2).

(1) « *Rubayne* ou *Roubayne*, dit Claude de Rubys (*Hist. vérit.
de Lyon*, p. 365), parce qu'elle se convertit en rober et piller. »
La Curne Sainte-Palaye cite simplement le mot. Champier (*la
Noblesse et ancienneté de Lyon*, p. 23 de la rééd. de 1884) appelle
déjà *rebeine* une rébellion qui eut lieu « environ l'an mil
CCCC XXX. « De même Paradin pour les révoltes de 1400 et
1436 (*Mém. de Lyon*, p. 235).

(2) On connaît de l'ouvrage de Champier les éditions suivantes : A. *S'ensuyt ung petit traicté de la noblesse et ancienneté de la
ville de Lyon. Imprimé nouvellement à Paris* (Jean Saint-Denis)
in-8 goth. (Bibl. nat., Lk¹, 4293). — B. *Cy commence un petit
livre...* (*Imprimé à l'Isle gallique, dicte Lyonnoise*), in-8 (Ibid.
4294). Ces deux éditions sont de 1529 et 1530 ; la première a été
rééditée dans les *Archives curieuses*, 1ʳᵉ série, t. II, p. 463-77
(partiellement), la seconde à Lyon (Georg), 1884, in-16 de VII-105
p., par M.-C. Guigue. — C. *Galliae ceticae... campus.* Lugduni

Un biographe de Champier, P. Allut (1), a cité un fragment des procédures engagées contre les rebelles, et MM. M.-C. et F. Guigue, dans leur *Bibliothèque historique du Lyonnais* (t. I, p. 232-296, 358-383, 417-439), ont publié de nombreux documents relatifs à cette affaire, conservés aux archives communales de Lyon (2). Mais tous ces auteurs paraissent avoir vu dans la révolte exclusivement un fait d'ordre économique, un soulèvement des pauvres contre les accapareurs de blé.

Il y a quelque chose de plus dans le récit de S. Champier, à savoir cette affirmation, répétée avec insistance, que la sédition avait un caractère religieux, que les révoltés du xvie siècle étaient les damnables héritiers des Vaudois du xie et les alliés des luthériens d'Allemagne. Cette assertion, qui paraît avoir complètement échappé à H. Martin, MM. Allut et Guigue se bornent à la signaler à titre de curiosité (3). Il m'a semblé qu'elle méritait d'être

(Trechsel), 1537, petit in-fol. ou gr. in-4 (Brunet).—D. *Discours de l'antique origine...* Lyon (Testefort), 1579, in-8 (Brunet).— E. *Histoire des antiquités de Lyon...* Lyon, 1648, in-4° (Bibl. nat., 4295).

(1) *Étude biogr. et bibliogr. sur S. Ch.* Lyon, Scheuring, 1859, in-8, xxiv-430 p. Voy. aussi le résumé de Péricaud, *Notes et documents*, p. 51.

(2) Lyon, 1886, in-8. — Dans la *Vie de Philippe Strozzi* par Laurent Strozzi (trad. fr. par Requier, La Haye, 1762), on trouvera quelques détails sur l'attitude correcte des négociants italiens pendant cette crise, et sur le rôle que s'attribue Strozzi lui-même.

(3) Allut, p. 40, remarque la complaisance de Champier à parler des Vaudois à propos de cette révolte. Chose curieuse, M. le pasteur Moutarde (*Étude historique sur la Réforme à Lyon*, p. 41) signale en note le récit de Champier, mais sans même mentionner ce point.

examinée de plus près. Même fausse, elle aurait
encore son intérêt, puisqu'aussi bien elle nous apprend
quels milieux et aussi quels moyens un catholique
instruit jugeait le plus favorables à la diffusion de
la foi nouvelle. Vraie, elle éclairerait d'un jour très
vif, et peut-être assez inattendu, l'histoire des premiers temps de la Réforme française. C'est pourquoi
je me propose de la discuter avec soin, en rapprochant du récit de Champier les autres textes du même
temps.

I.

Pour Symphorien Champier, la disette de grains
qui sévit à Lyon en 1529 ne fut que la cause occa-
sionnelle de la *rebeine*. Pourtant de son propre aveu,
la situation était des plus graves. En effet, le prix du
bichet de blé, qui, en temps ordinaire, se vendait
de 8 à 10 sols tournois, était monté à 25 sols (1). Le
bruit se répandit dans le peuple que cette hausse
n'était pas due seulement à des causes naturelles,
mais que les gros marchands de la ville avaient
accaparé (2) tous les grains pour rester maîtres des

____

(1) La Curne, au mot *bichet*, renvoie à Du Cange, qui dit :
« Bichetus Lugdunensis est 60 librarum ». Cela s'accorde avec
ce que dit Paradin, p. 285, qui fait du bichet la sixième partie
d'une ânée ou charge de 360 à 400 livres, ce qui donne 63 ou 66
livres par bichet.

(2) L'accusation d'accaparement n'était pas aussi vaine
que le prétendent les historiens du parti riche, puisque le roi,
dans une déclaration du 28 octobre 1531, se crut obligé de
sévir contre les spéculateurs. Il décida que, dans chaque marché,

prix. C'est alors que des « tilletz » ou placards furent « mys et affichez par les places et carfourcz, là où il y avoit escript que le dimenche, jour saint Marc, se trouveroient quatre cens en la place des Cordeliers pour bouter ordre aux blez... »

Champier ne réfute nulle part, au moyen d'arguments en forme, l'accusation d'accaparement lancée contre les principaux bourgeois de Lyon et contre lui-même. Mais, dans tout son récit, il cherche à nous persuader que ni chez lui ni chez les autres victimes de l'émeute il n'y avait de provisions de blé de quelque importance (1). Il croit, ou il veut nous faire croire, que la hausse des blés vint, non pas de l'accaparement des grains, mais de la réduction des emblavures, et, à grand renfort de considérations historiques, morales et religieuses, il expose que la culture des céréales avait été de plus en plus abandonnée pour la culture plus rémunératrice de la vigne. De là procèdent les famines, qui sont de plus en plus fréquentes. Au reste, pour lui, la famine n'est pas la seule, n'est pas la principale cause de la révolte. Les émeutiers n'étaient point, pour la plupart, des affamés ; la preuve en est que, dans les

les deux premières heures seraient réservées au populaire (Isamb., XII, p. 355). Ce régime subsista jusqu'au 20 février 1535 (Ibid., 403). — Cette disette de 1529 paraît avoir été assez générale. Pierre Driart (éd. F. Bournon, *Mém. soc. d'hist. de Paris*, t. XXII), p. 138-140, signale la cherté à Paris. A Dijon (Arch. comm. B 173), il y eut, comme à Lyon, bruit d'accaparement, et même une petite émeute devant Notre-Dame à cette même date du 25 avril, bref une *rebeine* en miniature.

(1) Il reproche même (Cimber, p. 473) aux riches de ne pas accaparer assez.

maisons qu'ils pillèrent, ils visitèrent moins soigneusement les greniers que les caves, prirent peu ou
point de blé, « mais force de bons vins, lesquelz ils
aymoient mieux que le blé ». D'ailleurs, les chefs de
l'émeute étaient des taverniers et vignerons, et
« aucuns maistres d'artillerie vineuse et bons bibe-
rons hantans les tavernes plustost que les églises ».

Pour expliquer ce qu'il avance, Champier nous fait
connaître la cause de la haine des taverniers contre
l'oligarchie municipale et contre lui-même en particulier. — Deux ans auparavant, le roi avait envoyé
aux Lyonnais l'ordre de parfaire leurs remparts. La
municipalité avait décidé de subvenir à cette dépense
au moyen d'une taxe d'entrée assise sur les blés et
farines ou sur le vin (1). Champier, qui était l'un des
douze consuls, s'était énergiquement prononcé contre
tout droit sur le blé, car un tel droit risquerait d'amener la famine ; et, sur sa proposition, ses collègues
et les notables avaient décidé que chaque poinçon
de vin venant en la ville, payerait trois blancs, pendant une durée de six ans. « Alors, dit-il, ung tas
de vignerons et taverniers murmurèrent.... » Ainsi,
c'est lui qui aurait été, — il le répète pompeusement
à toute page, — l'ami du peuple ; c'est lui qui aurait

____

(1) *Catal. des Actes*, 2891. Lettres contenant remise faite
aux consuls de Lyon de la somme de 15.000 livres su e prix
de la ferme des aides pour l'employer aux fortifications ; St-
Germain-en-Laye, 2 mars 1528. 2482, Lettres portant continuation pour six ans de l'octroi accordé à la ville de Lyon par
lettres du 19 janv. 1523 ; St-Germain-en-Laye, 30 nov. 1526.
Ces lettres avaient donné (n° 1733) au consulat le droit de lever
pendant six ans l'octroi des cinq espèces, pour en employer
le produit aux réparations des murs de la ville.

fait tous ses efforts pour empêcher le blé d'atteindre des prix de famine. Sans lui, les marchands de vin auraient obtenu une taxe sur les grains, et ce seraient eux qui, pour détourner les colères du peuple, l'auraient désigné comme un accapareur de blés. L'émeute, dont le mot d'ordre était : « Du blé à 16 sols le bichet, » ne serait plus en réalité qu'une vengeance des taverniers et des vignerons, des partisans d'une taxe sur le blé. Pour étrange que nous paraisse cette explication, Champier nous la donne à plusieurs reprises, et nous verrons qu'il n'est pas le seul à la prétendre exacte de tout point.

Mais tout cela n'est encore pour lui qu'une explication superficielle et tout extérieure des choses. Historien moraliste, — moraliste plus qu'historien, — il est tenté de voir dans les faits historiques, même ceux dont la cause apparente est déterminée et connue, l'effet momentané et la manifestation visible d'une évolution générale des mœurs ou des idées. Si le peuple de Lyon s'est révolté, sous prétexte de famine et à l'instigation des taverniers, c'est que ce peuple était depuis longtemps mûr pour la rébellion. Dès 1505, il y avait eu un mouvement de ce genre : alors, dit-il, « se eslevèrent un tas de populaire et se nommèrent artisans, comme si les autres plus gros fussent gentilzhommes non artisans ny marchans ». Expressions remarquables à double titre : cette épithète de « plus gros », employée pour désigner la haute bourgeoisie, évoque l'idée de ces luttes entre le *peuple gras et le peuple maigre* qui troublèrent si longtemps les républiques italiennes ; même la comparaison a bien pu se présenter à l'esprit du médecin lyonnais, qui avait vu l'Italie à deux reprises, et qui était docteur de l'Université de Pavie. D'autre part, ce nom d'« artisans de Lyon (1) », par lequel les gens des métiers essayérent de se distinguer du reste de la population, nous fait encore penser à un véritable antagonisme social. Champier voit très bien que ce vocable est un signe de ralliement, destiné à constituer une cité dans la cité ; il nie qu'il soit légitime de le réserver ainsi aux « hommes de art mécanicque, c'est de artifice manuel », car « tous marchans de soye, drap et tous aultres vivant de opération manuelle se peut (*sic*) dire artisant par art, et fust-elle libéralle ». De même, aujourd'hui, quand nos socialistes revendiquent pour les masses ouvrières le nom de « travailleurs », on leur oppose qu'à côté des travailleurs de l'usine il y a ceux du bureau et du cabinet. — Le pouvoir central ne fut pas moins que le Consulat inquiet de voir les « artisans de Lyon » s'organiser en un corps distinct. Aussi, en 1520, « le Roy contraignit iceulx artisans venir à rayson, laquelle chose fut faicte, et lors deffendu de ne plus parler de celle secte artisanne... » Depuis ce temps, les mécontents « n'osoient élever la creste de artisan » ; mais, en réalité, « ils attendoient toujours occasion de trouver moyen faire quelque mal ausditz conseilliers et à la chose publicque ». C'est donc à ces deux dates de 1505 et de 1520 que remonte l'agitation qui se traduira par les scènes

_____

(1) P. 459, « artisans aud. Lion ».

de 1529. On ne saurait établir cette liaison plus clairement que ne le fait notre auteur : en 1505, dit-il, les artisans « se émeurent contre les conseilliers, sy playdèrent longtemps contre eulx, *qui fut l'origine et prévision de ceste mauldite rebaine*, laquelle a esté ceste année ». Et, à la date de 1520, après avoir rappelé les défenses que l'on fit de parler de la « secte artisanne », il ajoute : « Et eust esté gros bien que oncques n'eust esté parlé d'icelle, *car sa esté le commencement de ceste commotion populaire* ».

Mais comment la « noble cité » de Lyon est-elle devenue une ville de perdition ? Tout simplement parce qu'elle est devenue riche. Du temps que les nobles y régnaient (on sait que Champier se fabriqua une généalogie qui le rattachait à la fois à une famille de la noblesse dauphinoise et au cardinal Campeggio) et que les foires étaient à Genève, le peuple lyonnais était bien gouverné. Ainsi, cette création des foires de Lyon, où nous voyons la principale origine de la grandeur de cette ville, Champier y découvre la cause de tous ses malheurs : « Par ainsi la noblesse fut transfigurée en marchandise, là où habitent gens de toutes nations, comme Italiens, Florentins, Genevoys, Luquois, Allobroges, Alemans, Espaignolz.... » Ces marchands de toutes races, qui, en certains cas, peuvent même arriver au consulat, ont corrompu le gouvernement de la cité, et la tourbe cosmopolite qui remplit les ateliers est une armée prête à tous les excès.

Ces ouvriers étrangers ne sont pas seulement des gens sans aveu, qu'aucun intérêt n'attache à la ville ;

ce sont souvent des mal sentants de la foi ; et, lorsqu'il veut nous exposer « la cause principalle de la rebaine nouvellement faicte à Lyon », Champier n'hésite pas à nous dire que c'est « la venue de ceste faulce secte nouvellement non trouvée mais renouvellée de ces mauldictz Vaudoys et Chaignartz (1) venans de septentrion, *unde omne malum et iniquitas....* » Il les appelle Vaudois parce que, Lyonnais, il pense aussitôt, dès qu'il s'agit d'hérétiques, à la vieille ·hérésie née, comme il dira plus loin, « entre les deux rivières » ; parce que, historien érudit, très fier de son érudition, auteur de trois ouvrages sur l'histoire de Lyon, il tient à faire montre de sa connaissance des antiquités locales. Mais, ces Vaudois, il nous avoue que, si leur secte n'est pas nouvelle, elle a été du moins « renouvelée », et qu'ils viennent « de septentrion » ; c'est assez clairement les désigner comme luthériens (2). Voyons cependant

(1) « Chaignartz, dit-il,est le nom qu'on donne aux Vaudois chez les Allobroges ».

(2) Si l'on hésitait à accepter cette interprétation, je renverrais aux textes suivants : 1º Dans son Epître dédicatoire à Bartolomeo Castelli, médecin de Côme (reproduite à la page 2 de la réimpr. de 1884) : « Me etenim hec ipsa scribentem quamquam multa pro singulari amore meo erga Belgas *ob Valdentium nephariam sectam* conturbarent, tamen illa ratio consolatur, quod et si res tunc maxime adversas Gallia Belgica perpessa fuit, ad extremum tamen superatrix *externarum heresum* cum fide ecclesie catholice potentissima remansit ». Ce qui est ainsi résumé dans le texte français : « Et si ceste année nostre Gaule Belgique a esté troublée *par la faulce secte vauldoyse* en plusieurs lieux, ce nonobstant Dieu a tousjours deffendu son Eglise et est permanente et victorieuse. » Il entend par Belgique (p. 5) le pays d'entre Escaut et Seine ; il fait donc peut-être allusion à la mort de Berquin, 17 avril 1529. —

quelles ont été, à son estime, les conséquences de leur venue : depuis lors, « le peuple a prinse une élévation et malice en luy, qui ne veult estre corregé ne de maistre, ne de seigneur, ne de prince, si ce n'est par force, et les serviteurs veullent aussi bien estre traictez que les maistres. Et, en lieu que de nostre temps les serviteurs étoient humbles aux maistres et estoient soubres et boutoient force eau au vin...., mais de présent veullent boire du meilleur vin, comme les maistres, sans eaue ne mistion aucune, qui est chose contre toute raison ». On saisit quelle est l'argumentation : si les rangs sont confondus, contrairement à l'ordre de Dieu, qui « veult qu'il y ait différence entre le maistre et le serviteur », la faute en est à l'hérésie, et c'est seulement depuis la diffusion de l'hérésie que les famines engendrent des rébellions. Lorsqu'il était catholique, le bon peuple souffrait sans se plaindre. En veut-on la preuve ? « Environ l'an mil cinq cens et quatre se vendoit le blé 26 solz, et si mouroit le peuple de fain par les rues, et, nonobstant cette famine, le peuple de Lyon estoit paisible et sans murmuration aulcune.

2º Dans *la Noblesse et ancienneté...* p. 26 : « les Vauldoys que l'on dict : *Pauperes de Lugduno*, inventeurs d'icelle secte mauldicte *dont est de présent infecté une partie septentrionalle...* ». — 3º *Hyérarchie de l'Eglise Saint-Jean*, p. 96 : « Pour deffendre les droys d'icelle église des faulx infidelles et hérétiques dont l'Eglise a esté et est à présent infestée de plusieurs hérésies, tant orientales, comme machométiques, que *septentrionales et vaudoises* », et il développe cette idée : Mahomet règne chez les Arabes, « l'opposite septentrion est infect par la secte vaudoyse », et dans le Midi a dominé autrefois une secte « demy-judaïque ».

Mais, depuis la venue de ceste faulce secte, etc... »
Assertion d'autant plus piquante qu'elle est fausse.
Il n'est pas vrai que la famine de 1504 n'ait été suivie
d'aucune « murmuration ». populaire. Non seulement cela est faux historiquement, mais Symphorien
Champier lui-même, quelques pages plus haut, a
d'avance enlevé toute solidité à son raisonnement,
lorsqu'il nous a raconté, précisément, le soulèvement de la « secte artisanne », en 1505. La faim a
donc été mauvaise conseillère avant comme après
l'apparition de l'hérésie ; mais, dans son inexacti-
tude et presque en raison d'elle-même, l'argument
de Champier nous est un témoignage, et de l'importance qu'il attribue déjà, à cette date de 1529, au
groupe des réformés lyonnais, et de l'influence qu'il
accordait à la Réforme dans les mouvements sociaux.

Il revient sur cette idée un peu plus loin, lorsque,
à propos du pillage de l'Ile-Barbe, il juge nécessaire
de nous décrire l'abbaye, la coupe qu'elle renferme,
qui « fut celle où beust N.-S. en Galylée, chez Simon
le Pharisien, » et subsidiairement de nous exposer
les mystères du « saint sacrement de l'autel, lequel
les nouveaulx Berenguères et séducteurs de peuple
dényent contre l'oppignion de tous les sainctz qui
ont escript depuis quinze cens ans en sa ; dont sont
procédez des maulx sans nombre aux terres septentrionales, dont Dieu nous veuille garder et deffendre
par sa grâce. » Nouvelle et très claire allusion à
l'hérésie germanique et aux fléaux qu'il l'accuse
d'avoir déchaînés. Si l'on se souvient que cette page
est de 1529 et que la terrible jacquerie allemande

était un fait presque contemporain, on comprendra
sans peine quel genre de « maux » Champier redou-
tait de voir apparaître en France à la suite de la
Réforme ; sur le Rhône comme sur le Rhin, l'agitation religieuse pouvait déchaîner une révolution
sociale, ici parmi les ouvriers comme là-bas parmi
les paysans, et la « secte artisanne » de Lyon pouvait devenir un *Bundschuh* (1).

Cependant, sur quels faits s'appuyait-il pour établir cette liaison entre la sédition et l'hérésie ? Sur
un seul, en vérité, mais dont la valeur serait considérable si nous pouvions en établir la réalité en toute
certitude. — La maison de Champier, qui fut la
première pillée, était l'une des plus belles de la ville ;
elle se trouvait sur cette place des Cordeliers où les
émeutiers s'étaient donné rendez-vous. Il paraît
que son propriétaire, en bon chrétien qu'il était,
l'avait ornée de statues de saints, qui décoraient la
façade du rez-de-chaussée ; en bon médecin, il y
avait aussi mis les images de quelques savants de
l'antiquité (2). Or, pendant qu'il menait les chefs
de la sédition de chambre en chambre, pour leur
montrer qu'il n'avait pas de blé, « les aultres, et
bien deux cens femmes, desrompoient le bas de sa

----

(1) Champier est médecin des princes lorrains, c'est-à-dire
des vainqueurs de Saverne.

(2) Le P. Colonia (*Hist. litt. de la ville de Lyon*, 1730, t. II.
p. 487) croit que les statues profanes étaient « dans son cabinet »,
Il écrit en marge : « On voit encore aujourd'hui de saintes
figures sur la face de cette maison qu'on a rebâtie. » Allut
reproduit un dessin pris avant la démolition de la maison, mais
à une époque où il n'y avait plus de statues.

mayson, là où estoient les figures sainct Pierre et
sainct Paul, d'une part, et de Nostre-Seigneur, de
l'autre part. Ilz desrompirent la face de Jésus, celle
sainct Pierre et sainct Paul. » Cett^ fureur icono-
clastique sent déjà très fort les fagots. Mais il y a
mieux ; un détail nouveau ne permet pas de voir
dans ces dégradations l'œuvre d'une fureur aveugle.
Ces mêmes rebelles, qui brisaient les statues des
saints, respectèrent les statues profanes, sans doute
parce qu'elles n'étaient pas susceptibles de recevoir
un culte, à leurs yeux, idolâtrique : « Et y en avoit
d'aultres, comme Pythagoras, Democritus et Ypo-
crates, *esquelles ils ne touchèrent nullement.* » Pour
Champier, il n'y a aucun doute ; ces bris d'images
sont l'acte d'une bande d'hérétiques, et, si nous
voulions bien l'en croire, il ne se serait pas gêné pour
le leur dire : « Et alors que ledit Campèse veit la
ruyne d'icelles figures, dit : « Au ! mauldicte secte
vauldoyse, tu prins ton commencement entre les
« deux rivières et tu veulx rénover la malice et
« cruaulté en *destruysant les sainctes imaiges...* » Puis,
après un petit discours érudit sur Julien l'Apostat,
il jure « de ne plus habiter entre les deux rivières
que justice n'y règne, » il monte à cheval et s'en va
vers son maître le duc de Lorraine, tout en maugréant
contre ce vilain peuple, qui le maltraitait ainsi, lui,
le protecteur des pauvres, le fondateur du collège
de la Trinité, le docteur de Pavie, l'auteur des trois
livres sur la cité de Lyon. — Il n'alla pas cependant
jusqu'à Nancy, car, « sur les chemins, trouva aulcuns
de ses amys qui le retindrent longtemps, faisant

bonne chière. » Si bonne chère qu'ils le ramenèrent à Lyon, où il parlait de nouveau dans une assemblée de notables, et toujours sur cette malheureuse question des blés, le 25 octobre 1530 (1).

Remarquons sans plus attendre que le récit qu'on vient de lire contient au moins une erreur, pour ne pas la qualifier d'un autre nom. Les registres munîcipaux (2), en nous relatant le pillage de la maison de Champier, nous disent qu'il aurait été tué « s'il ne se fust mussé » ; ce qui ne permet guère de lui attribuer la fière attitude qu'il se prête. Et s'il adressa à la « secte vaudoyse » cette belle apostrophe, il faut croire que ce fut en quelque coin, et sans que personne l'entendît. — Il n'en reste pas moins qu'il affirme que les saintes images qui ornaient sa maison ont été rompues, et elles seules, — et qu'il en conclut lui-même que les pillards étaient des iconoclastes.

Entrons un peu dans les détails de son récit, peut-être y trouverons-nous d'autres données encore. — Ce qui frappe tout d'abord, c'est l'importance extrême que Champier attache à tout ce qui touche à sa propre personne. Lui seul est visé par la sédition ; il est la victime de l'inertie de ses collègues, qui, dès qu'ils eurent lu les « tilletz » provocateurs, auraient dû faire garder les avenues de la place des Cordeliers

---

(1) Arch. commun., BB 49, fol. 216 v°. Contrairement à la conjecture de M. Aliut, qui ne le faisait pas rentrer à Lyon avant 1532. Peut-être cependant, à la fin de 1529, alla-t-il en Lorraine et en Allemagne, puisqu'il se dit dans le titre de son livre : « demourant en l'ancienne cité de Trième. »

(2) Ibid., 46, fol. 101 v°, et Guigue, *op. cit.*

par 40 ou 50 hommes d'armes ; tous les incidents où il n'est pas mêlé lui paraissent insignifiants, quand il n'oublie pas de les mentionner. Par exemple, il fait commencer l'émeute par le sac de sa chère maison (1). Nous verrons, au contraire, que cet évènement avait été précédé d'un acte bien autrement grave, l'invasion du couvent lui-même. De même, il ne paraît pas savoir que les blés de la ville furent livrés au pillage dans l'après-midi du dimanche. — Par contre, il nous a conservé, à la date du lundi, un tableau bien vivant et d'une indéniable vérité ; on dirait, toutes proportions gardées, une scène de juillet 1789. Le lieutenant du roi Jean Du Peyrat, « homme doux et gracieux », tâchait d'apaiser les émeutiers, ne se sentant pas sans doute encore assez fort pour les écraser. « Si leur demonstroit gracieusement, comme il sçavoit bien faire, *car alors ne failloit prendre par menasse, mais par douceur*, si leur dit : « Messieurs, qu'esse que quérez ? » Ils respondirent qu'ilz voulloient du blé », et qu'il y en avait dans l'abbaye de l'Ile-Barbe (2). Non seulement Du Peyrat ne fit rien pour les empêcher d'y aller, mais, comme plus tard Flesselles, il s'offrit à les y conduire : « Alors, il leur dit gracieusement : « Messieurs, je veux aller avec vous... » Et, toujours aussi « gracieux », le pauvre lieutenant du roi les

(1) Nous parlons ici de la première version, celle de l'édition de Paris.

(2) Voy. sur ce lieu Le Laboureur, *les Mazures de l'abbaye de l'Isle-B. lès Lyon*, qui ne donne que l'histoire intérieure du couvent.

mena ou plutôt les suivit dans leurs perquisitions à travers les greniers de la ville, et parvint ainsi à perdre tout un jour. Mais, le mardi 27, il « fut contraint mener ce peuple à l'Isle, là où il ne fust pas tousjours maistre (1) ». L'abbaye souffrit beaucoup durant cette visite, car, si l'on n'y trouva pas le blé qu'on y cherchait, « plusieurs desroboient les religieulx de plusieurs choses. » On est peut-être en droit de croire, mais Champier ne le dit pas, que les émeutiers étaient venus à l'abbaye dans une intention sacrilège. Ce qu'on voit tout au moins, c'est qu'ils n'avaient peut-être pas tort de soupçonner les religieux d'y tenir du blé caché, « car icelle abbaye est toujours fournye de blé pour les religieulx officiers bien rentez, lesquelz ont de leurs offices beaucoup blés de rentes et revenu.... » Aussi, n'ayant fait qu'un maigre butin, la foule était-elle assez mal disposée, et il fallut toute la douceur de Du Peyrat pour éviter un nouveau malheur. Voyant « qu'ilz estoyent tous délibérez de mal faire, si leur dit gratieusement : « Messieurs, vous voyez que messieurs « les religieulx sont de bon vouloir et qu'ils vous « ont montré tout ce que vous avez voulu veoir et « délivré des bledz, selon leur faculté et puissance ; « ilz vous prient, et moy aussy, que soyez contens ». Et, pour ce qu'il n'estoit pas temps de user de force, de menasses ne de justice, par gratieuses parolles fist tant qu'il les admena et retourna en la ville de Lyon.... »

(1) Nous verrons plus loin que Champier a quelque peu corrigé ce passage.

Pendant ce temps, le conseil avait déjà pris les premières mesures pour organiser la répression. Symphorien Champier passe absolument sous silence le rôle du gouverneur Trivulce, il consacre quelques lignes à la mission spéciale dont le roi chargea le seigneur de Boutières, prévôt de l'hôtel, et il termine par des réflexions qui montrent bien que, dans toute cette affaire, la préoccupation religieuse n'a jamais été absente de son esprit. Il disserte précisément sur le dogme qui divisait les réformés et les partisans de la vieille église, celui de la prescience divine. Et, après avoir déclaré qu'une telle matière dépasse le savoir des plus habiles, il se décide à « délaisser théologie aux théologiens », et à conclure ainsi : « Trop s'enquérir d'icelle [matière] est signe de curiosité, ignorance et fragilité d'entendement, qui est une partye cause des rénovations des présentes hérésies dont le monde est troublé, car se temps est venu que les hommes et femmes, ignorans sans lettres, veulent disputer de prédestination, providence, prescience divine, laquelle cognoissance et sçavoir Dieu seul a parfaicte. »

C'est sans doute à Lyon qu'il avait entendu ces « hommes et femmes, ignorans sans lettres », parler théologie, et c'est eux, qu'à tort ou à raison, il avait cru reconnaître dans la foule qui, si rudement, maltraitait les saintes images.

Tel est le récit contenu dans la première édition qu'il a donnée de son livre, à Paris, chez Jean Saint-Denis, très peu de temps sans doute après les évènements. Mais, au début de 1530 (1), parut à Lyon une seconde édition, « avec plusieurs additions, depuis la première impression faicte à Paris, et corrections, jouxte le vray exemplaire composé en latin par messire Morien Piercham.... » Ce titre n'est pas menteur, comme on va pouvoir en juger par les variantes ci-dessous :

(1) L'Epître terminale adressée par Jean Canappe à Antoine, fils de l'auteur, est datée de Lyon, *XVI cal. jan. 1529.* — L'ouvrage de Champiêr fut-il écrit d'abord en français ou en latin ? La première édition porte au premier feuillet : « Composée en latin par messire Morien Piercham... translaté en langue gallicaine par maistre Theofile du Mas... » La seconde reproduit cette même formule. Cependant Allut et, après lui, Brunet, croient à l'antériorité du texte français. Je serais tenté d'admettre le contraire, d'après ce passage de l'épître de Jean Canappe à Antoine Champier, p. 104 : On lira, dit-il, cette réédition avec plaisir, « quia fideliore prælo excussum longe aliud quam quod erat videbitur, ob celebres emendationes gravioresque sententias tum additas, tum in pristinum candorem restitutas, sed profecto *qua scriptum reliquit author linga legi mallem.* Non quod de interpretis fide (quæ nimirum syncæra est) queri videar, verum quia politiorum literarum elegantiorumque doctrinæ studiosos latina magis quam vulgari æditione oblectari palam est... » Quant à « Theofile du Mas de Saint-Michel en Barroys », il semble bien que ce soit la même personne que « Morien Piercham, chevalier, natif de Sinoil en Gaule celtique, demourant en l'ancienne cité de Trière en Gaule belgique. » D'autre part, Brunet dit que cette édition de Lyon B 1529 [1530] est une édition bilingue ; or, il n'en est rien, du moins à en juger d'après l'exemplaire Lk⁷ 4291. Ce qui a pu faire croire à Brunet que le texte latin y figurait vis-à-vis du français, c'est que le volume s'ouvre par une préface en latin et en français. Mais aussitôt après commence le texte déjà publié à Paris.

A. Texte de la réimpression des *Archives curieuses*
(Paris, 1529)

B. Texte de la réimpression M.-C. G.
(Lyon, 1530)

P. 462. Il y a environ deux ans ou plus que le roi manda... [qu'on achevât les remparts].

P. 463. Ordinairement que le blé a cousté huyt et dix solz que c'est bon marché...

P. 464. Quant ilz furent à la place des Cordeliers, voyant la maison dud. Campèse.

P. 468. [Cimber et Danjou notent ici l'absence de l'anecdotes du baron d'Yoin, racontée par Paradin.]

P. 470. Le mardi, M, le lieut. fut contraint mener se peuple à l'Isle...

P. 472. Quand led lieut. du Roy et le conseil vit la malice du peuple, — il leur dit gratieusement.

Ibid. Alors que led. lieut. estoyt à l'Isle...

Ibid. Et les prindrent à gaiges par moys, et donnèrent à entendre au peuple...

P. 49. Il y a environ quatre ans ou plus que le Roy manda...

P. 52. Ordinairement que le blé a cousté huyt ou dix solz le bichet, et dyent que si ne passe dix solz, que c'est bon marché...

P. 53. Quant ilz furent à la place des C., aucuns entrèrent dedans les C. et montèrent au clocher et sonnèrent les cloches, comme si le feu eust esté en la ville en plusieurs lieux, que fut cause de la plus grosse émeution d'iceluy peuple insensé. Les aultres et la plus grosse flocte voyant la maison dud. Campèse...

P. 62-63. Monsieur le baron Doyn [suit l'anecdote].

P. 67. Le mardi, M. le lieut. fut contraint faire conduire par le maistre des portz ce peuple à l'Isle.

P. 72. Quand le maistre des portz et le conseil veit la malice du peuple, — il leur dit gratieusement...

P. 73. Alors que led. maistre des portz estoit à l'Isle...

Ibid. Et les prindrent à gaiges par moys, et fut fait capitaine et ordonné pour conduire ces six vingtz hommes par M. le gouverneur de Lyon, M. Pomponie de Trevulse, noble Anthoyne de Varey, baron de Maleval, seigneur de Belmon, qui fust cause que le peuple refréna sa colère et malice, et fust bien ordonné par led. seigneur gouverneur, car le peuple luy avoit voulu faire force en sa maison. Mais comme seigneur magnifique et sçavant, non dégénérant, mais ensuyvant la prudence, Trevulse mist si bon ordre à la justice que celle furiosité populaire feust abbatue et aulcunement remise, qui fust chose plus divinement faicte que par sapience humaine et donnèrent à entendre au peuple...

P. 473. Ce temps pendant que le lieut. et la justice de Lyon...

P.77. Cet empspendant que M. le gouverneur Trevulse et le lieut. et la justicede Lyon.

Ces additions et corrections sont loin d'être insignifiantes. 1º L'auteur avoue que l'émeute a commencé par l'invasion des Cordeliers ; 2º l'attitude qu'il prêtait à Du Peyrat devient un peu moins piteuse (1) ; 3º le principal rôle dans le rétablisse-

---

(1) Elle ne paraissait pas telle aux contemporains. Champier, dans une note marginale (p. 63), la trouve au contraire héroïque : « Iste dictus est du Perat, alius Decius qui in bello sese devovit, id est morti obtulit pro patria, vir benignus ac magnanimus ». Même comparaison dans un *Hexastichon* de Canappe (Ibid., p. 105), où Champier lui-même est comparé à Tite-Live :

Sic tibi, Lugdunum, Decio sub judice florens,
Seditio fracta est...
... Morinus Livius alter adest.

ment de l'ordre est rendu à Trivulce et on nous apprend qu'il a failli être victime de l'émeute. — Sans doute, quelques amis lyonnais, frappés des inexactitudes du premier récit, les firent remarquer à l'auteur, qui s'empressa de publier une édition amendée. — Dans cette édition et dans les subséquentes, il laisse subsister intégralement l'épisode du bris des images (1).

II.

En 1573 parut un second récit de la *grande rebeine*, dû à Guillaume Paradin de Cuyseaulx, doyen de Beaujeu. Il se trouve aux pages 282-285 de ses *Mémoires de l'histoire de Lyon* (2). D'un examen même peu approfondi de ce texte assez court, il résulte évidemment que Paradin avait sous les yeux le récit de Champier et qu'il n'a guère fait que le résumer. Comme le médecin du duc de Lorraine, il croit que tout le mal vient de la présence à Lyon de

(1) La Bibl. nat. ne possède pas les éditions de Lyon 1537 (première édition latine) et 1579 (C et D) signalées par Brunet. Quant à celle de 1648 (Lyon, J. Champion, 4295), M. Chavannes, professeur au Collège de France, a bien voulu prendre la peine de la collationner à mon intention. Elle ne présente avec celle de Lyon 1530 que des variantes de style, destinées à éclaircir, alléger et rajeunir la langue un peu raboteuse de Champier. — De cette identité entre le texte de 1648 et 1530 B, il me semble que nous pouvons inférer l'identité des textes intermédiaires C. et D.

(2) Lyon, Antoine Gryphius, 1573, in-fol. de 444 p.

toute une foule cosmopolite : « Qui considérera que
la cité de Lyon est composée de plusieurs et diverses
pièces et que, entre ces petits artisans et basse popu-
lasse, il n'y a quasi point de Lyonnois, ains sont
venus de diverses contrées, il n'en accusera la nature
des Lyonnois, qui sont de nature paisibles et obéis-
sans. » Il admet aussi que la sédition fut une vengeance des taverniers et de leur clientèle contre
ceux qui avaient taxé les vins pour épargner les
blés, et il intitule son chapitre : « D'une sédition
du menu peuple de Lyon, à cause de l'impost faict
sur l'entrée du vin pour les fortifications. » Mais,
pour nous persuader plus complètement que Paradin s'est livré sur le texte de Champier à un véritable travail d'abréviateur, il suffira de comparer
quelques passages des deux ouvrages.

Texte de Champier (édit. des *Archives curieuses*).	Texte de Paradin (édit. de 1573.)
P. 464. Le peuple, comme forcené, le nombre de deux mille...Et bien deux cens fem-mes.	P. 283. En nombre de deux mille, et deux cents femmes de telle farine.
P. 475. O peuple insensé, — ton malifice sur celluy qui a tousjours esté pour toy et pour la chose publicque..., lequel tint tousjours pour le peuple et fut cause que appoinctas avec ceulx de la ville... Et encore, depuis deux ans, il a esté cause que tu as colliège...	P. 283. L'amour qu'il portoit à sa patrie... C'est luy qui avoit reconcilié le discord estant entre les artisans et les conseillers et par la voix du-quel le menu peuple avoit tousjour parlé, et qui fut le premier qui inventa et con-seilla... l'érection de ce beau collège...
P. 464. Après vindrent chez	P. 283. De là prindrent ces

ung honorable marchant et homme prudent [Gymbre], lequel n'estoit pour lors conseillier de la ville, mais l'avoit esté l'année de devant, hommé riche et bien famé d'un chacun...lequel avoit deux filles prestes à marier, et comme le bruit estoit avoit tout prest l'argent pour les marier.

P. 469. [Du Peyrat], homme doulx et gracieux... si leur démonstroit gracieusement comme il sçavoit bien faire... « Messieurs, quesse que quérez ? »

[Ils disent] que ung tas de gros marchans avoient gros guerniers cachez et mussez, et que en l'abaye de l'Isle-Barbe, il en avoit plus de trois mille charges de cheval.

Alors il leur dit gracieusement : etc.

pillars leur volée vers la maison d'un sage, riche et honorable citoyen et marchant de grande réputation et d'état consulaire qui lors avoit deux belles filles prestes à marier. desquelles l'on disoit le mariage estre tout comptant léans...

P. 284... leur demanda d'un visage doux et populaire (comme il estoit humain et gracieux) qu'ils quéroyent ?

... qu'il y avoit des marchans qui en avoyent fait grand amas..., que aucuns en avoient retiré en l'abbaye de l'Isle-Barbe plus de trois mille asnées.

Lors le lieutenant (qui n'avoit que miel en la bouche)... [et le discours résumé en style indirect....].

Même parallélisme dans le récit du pillage des maisons de Morin et de Laurent de Courval, de celui de l'abbaye, etc. C'est d'ailleurs la seconde version du livre de Champier que Paradin a utilisée. En effet, il a soin de nous décrire le premier acte de la sédition : « ... et avec grand bruit et rumeur montèrent au clochier de celle église (des Cordeliers), et, avec horrible effroy, sonnèrent un toquesain et alarme... » De même, il indique, au moins en passant, le rôle de Trivulce, mais il ne choisit pas absolument

entre les deux versions en ce qui concerne Du Peyrat.
Il nous paraît, d'ailleurs, qu'il a eu à sa disposition
une autre source, car il donne quelques détails omis
par le premier narrateur, celui-ci, par exemple,
dont la signification pourrait être considérable :
« Entre autres fut prins un prestre estrangier,
lequel, passant par la ville, fut convié d'aucuns de
boyre d'un tonneau défoncé ; ce que ne voulant
faire, de peur de la justice, fut menacé de mort s'il
ne beuvoit. Ce qu'ayant fait, y estant forcé, fut prins
et condamné à estre pendu. » Le malheureux ne
mourut pas, parce que la corde cassa. — Si l'on
admettait, selon l'interprétation de Champier, que
la révolte fut une sédition hérétique, cette petite
scène acquerrait une manifeste importance : les
émeutiers, voyant passer un prêtre, auraient voulu,
précisément parce qu'il était prêtre, lui imposer la
complicité de leur crime. Quand on pense à la peine
atroce à laquelle il fut condamné, il semble que sa
faute devait être plus grave que celle qui eût consisté
à boire par force quelque peu d'un vin volé par
d'autres ; dans les procédures que nous avons conservées, nous voyons que les hommes et femmes
simplement coupables d'avoir eu part au butin ne
sont frappés que de peines très légères ou même
seulement condamnés à restitution (1). Pourquoi
donc traite-t-on notre prêtre avec cette excessive
sévérité ? Peut-être, sous la contrainte des meneurs,
avait-il consenti à une parodie sacrilège du sacrifice

____

(1) Voy. plus loin.

de la messe ; peut-être avait-il donné aux émeutiers la communion sous les deux espèces. — Ce ne sont là que des conjectures.

A quelles sources a puisé Paradin ? Il se peut qu'il ait eu communication des procès-verbaux officiels. Dans une épître aux consuls de Lyon, il nous dit qu'il a bâti son œuvre « par pièces rapportées, et par loppins, de plusieurs pancartes eschappées du gast et bruslement des librayries, trésors et archives des églises ruinées, » c'est-à-dire de documents ayant survécu aux désordres religieux de 1562. En particulier, le lieutenant général Nicolas de Langes lui a fourni de nombreux secours. — Mais il est essentiel de remarquer que, précisément, l'incident relatif au prêtre étranger ne figure pas, actuellement, dans les pièces des archives communales. Faut-il en conclure que Paradin avait à sa disposition une troisième série de sources ? ou, ce qui est plus simple, que notre collection de pièces authentiques présente quelques lacunes ? — Nous noterons également que Paradin, dans son très court résumé, est loin d'avoir tiré des documents officiels, si tant est qu'il les ait connus, tout le parti désirable.

Une autre observation qu'appelle forcément cette étude, c'est que, si Paradin a fait au récit de Champier quelques additions, il n'a pas intégralement conservé la narration de son prédécesseur. Au reste ces différences portent uniquement sur un point, sur le pillage de la maison de Champier lui-même et sur les réflexions qui s'y rattachent. Il ne nie pas expressément que Champier fût chez lui pendant l'émeute, mais il ne dit pas qu'il y était ; il ne lui prête pas un discours aux séditieux, il se contente de dire : « Ce que l'*on* remonstra lors à ceste tourbe insensée... » Mais voici qui est plus curieux : en nous racontant comment cette « tourbe brutale, ayant rompu les portes et les huis des greniers et caves, porta grand dommaige audict seigneur », il ne souffle mot des fameuses statues. De même, il ne lui arrive pas une fois de reproduire, pour les approuver ou les combattre, les réflexions de Champier sur la renaissance de l'hérésie vaudoise. La chose est assez singulière. A en juger par ses deux épîtres dédicatoires au seigneur de Mandelot et aux consuls, il semble bien que lui aussi voie dans les « nouvelles religions » l'origine des malheurs de la ville ; mais il ne cherche pas à faire à des cas particuliers l'application de cette remarque générale, et, lorsqu'il résume le récit de Champier, il répète avec la dernière exactitude toutes les assertions de son prédécesseur, sauf, précisément, celles qui ont trait à la question religieuse.

J'inclinerais fort à croire qu'il y a là un parti pris. — Dans tout son livre, ce n'est jamais qu'avec une extrême réserve que le doyen de Beaujeu touche aux choses de la religion ; il semble que ce sujet l'effraye. Il rappelle quelque part un présage apparu à Lyon à Pâques 1528 et il ajoute que la guerre s'ensuivit, dont « endurèrent les villes de Gaule, mesmement la cité de Lyon, d'estranges calamitez. En ceste mesme année se mirent sus de grandes nouvelletez en la religion, mesmement en Suysse

et aucuns lieux d'Allemagne. » Mais nous pourrions
lire tous ses *Mémoires* sans soupçonner la présence
à Lyon même d'un groupe de protestants, si, de place
en place, il n'était forcé de rappeler des édits royaux
destinés à éviter des scandales le jour de la procession du Saint Sacrement (p. 363, année 1561) ou à
réprimer les séditions faites sous couleur de religion (p. 364). Il est bien obligé d'avouer que le maréchal de Vieilleville fut envoyé à Lyon, en 1563, pour
« pacifier premièrement les esmotions qu'il cognois-
soit estre entre ceux de la religion, qu'on prétend
réformée, et les catholiques pour raison des temples... », bien qu'il ne nous ait encore parlé ni des
réformés lyonnais ni de leurs temples. Et, ce qui est
à peine croyable dans une soi-disant histoire de
Lyon, il ne mentionne ni la prise de Lyon par les
huguenots (30 avril 1562), ni les quatorze mois de
domination protestante, à la suite desquels eut lieu
cette mission de Vieilleville (1). Il nous expose,
quand il ne peut absolument pas s'en dispenser,
les conséquences des troubles religieux ; on dirait
qu'il a peur de raconter ces troubles eux-mêmes.
C'est à peine s'il y fait quelques allusions obscures

---

(1) Ce n'est pas, comme bien l'on pense, qu'il ignore ces
faits ; car, dans sa dédicace au sire de Mandelot, il écrit à propos
de Lyon : « ... et en ceste inclination, en laquelle on l'a veu
réduite et humiliée par les *héritiers de Valdo*, et espris turbulens :
qui par leurs pernicieuses nouvelletez et exonomanies ne nous
ont laissé autre fruict que ruines... ». Mais on ne voit rien de
pareil dans son récit. Il publie son livre un an après la Saint-
Barthélemy, et veut sans doute éviter de réveiller les haines
religieuses.

et si, après 1563, il se décide à en parler un peu plus hardiment. Même dans son dernier chapitre, où il traite « des causes des troubles de France avec récapitulation des accidentz de l'ire de Dieu », ce n'est que d'une façon vague et en termes très généraux qu'il se prononce sur les matières religieuses ; au fond, tout catholique qu'il est, il déclare qu'« en ceux de l'une et l'autre partie » les intérêts privés se sont bien souvent couverts « du manteau de la religion... Quant à la plus grande partie, mesmement les gens de guerre, la dévotion qu'ils ont au butin les y attiroit autant les uns que les autres. » C'est peut-être dans cet esprit d'humanité, d'équité et de douceur, dans cette horreur que lui inspire la guerre civile, que nous devons chercher la raison du mystérieux silence de Paradin. Il craindrait, à trop rappeler les souvenirs des luttes religieuses, de réveiller des haines mal endormies : « Au demeurant, dit-il, je suis fort desplaisant de n'avoir plus joyeux objet, pour la conclusion de ces mémoires de l'histoire de Lyon, que tant de calamitez publiques, desquelles je ne puis reprendre les brisées sans frissonner par tout le corps et sans les larmes aux yeux pour les lamentables misères dont nous avons été si longtemps et sommes encore affligez. » Peut-être le bon doyen a-t-il voulu s'épargner, — et à ses lecteurs, — quelques frissons et quelques larmes.

Quoi que vaille cette explication, on ne peut trouver étrange qu'un historien qui ne dit pas un mot des évènements de l'an 1562, et qui ne nomme même pas le baron des Adrets, ait jugé bon de passer

sous silence le bris de quelques statues devant
la maison d'un médecin ; de ce silence, il est
impossible de tirer aucun argument contre la réalité
et le sens des incidents rappelés par la victime de
l'émeute.

Postérieurement à Paradin, nous rencontrons
encore une mention de la *rebeine* dans la très plate et
très vague déclamation de Claude de Rubys, inti-
tulée *les Privilèges... de la ville de Lyon* (1). L'auteur,
procureur général de la ville, a lu l'ouvrage de Paradin, paru l'année précédente, et aussi celui de Champier ; il reproche à ce dernier d'avoir cédé à un sentiment de colère contre ses ennemis et d'avoir injus-
tement rendu la ville entière responsable du crime
de quelques-uns. Avant tout désireux de démontrer
que les Lyonnais, en dépit des apparences, sont les
moins enclins à révolte de tous les Français, il énu-
mère les soulèvements qui se sont produits dans
d'autres villes, et ajoute : « Que si quelqu'un nous
mettoit en avant pour une rébellion (comme a fait
feu M. Champier, *plustost par colère et passion et parce
qu'il y fut particulièrement intéressé*, que pour la
vérité du faict) la sédition appellée la Rubeine,
advenue en ladite ville en l'année 1529 pour la cherté
des bleds, ou bien ces deux autres qui y advinrent
durant le règne du roy Charles VIe, ès années 1400
et 1402, ce seroit chose du tout hors de propos,
attendu que lors le peuple ne s'esleva point ny contre
le Roy ny contre sa justice, mais seulement contre

(1) Lyon, Gryphius, 1574, in-fol. de 116 p.

sès citoyens, en sorte que ce furent simples querelles des citoyens contre citoyens et du menu peuple contre les riches habitants de la ville... » Ce ne sont pas ces *distinguo* qui nous permettront de faire la lumière.

Il est vrai que Claude de Rubys est également l'auteur d'une *Histoire véritable de la ville de Lyon*, écrite vers 1600 et publiée en 1604 (Lyon, Bonav. Nugo, in-fol.), et qui porte ce sous-titre plein de promesses : *contenant ce qui a esté obmis par maistres S. Champier, Paradin et autres... Ensemble ce en quoy ils se sont forvoyez de la vérité de l'histoire...* Allons-nous trouver ici une narration critique de la *rebeine* ? On est en droit de l'espérer, quand on songe que l'auteur était, à cette date, conseiller au présidial, depuis trente ans procureur de la ville, qu'il avait été deux fois premier échevin, et qu'il reproche à Paradin d'avoir « ignoré ce qui estoit du plus important de l'histoire de Lyon... dressant la pluspart de son histoire sur des mémoires et sur des panchartes non authentiques ny tirées d'aucunes archives publicques ny collationnées à aucun original ». En dépit de ces belles déclarations, Rubys n'a fait que résumer assez lourdement l'œuvre de ses prédécesseurs, en y ajoutant quelques nouveaux détails, mais surtout en donnant libre carrière à son mépris pour les « arts mécaniques », pour les maîtres comme pour les compagnons. Sur la *rebeine*, il est aussi sec et aussi terne que possible. Il ne voit dans cet évènement qu'une scène très incolore de pillage et d'orgie. Son récit est si court (et d'ailleurs assez rare),que nous le reproduisons ici presque en entier (1) :

« Et sous ce prétexte (de l'accaparement des blés) se mirent par trouppes ensemble, se ruarent par force dans les maisons de ceux qui avoyent le bruict d'estre riches, et, sous umbre de chercher des bleds, se mirent à rober, piller et saccager meubles, habits, vaisselle d'argent et tout ce qu'ils rencontroyent de beau et de bon. Ils sortoyent les tonneaux de vin hors les caves et les deffonçoyent en plaine rue, contraignant les passants de boire, voulussent-ils ou non. Entre les principales maisons où ceste canaille exerça sa fureur fust celle de Me S. Champier... size en la place des Cordeliers, et celle d'un épicier, fort riche, nommé Imbert Gimbre, aussi eschevin Ils furent jusques à l'abbaye de l'Isle-Barbe, qu'ils n'espargnarent non plus que les lieux prophanes, et fallut que le magistrat filât doux à l'endroict de ces trouppes de voleurs, jusques à ce que le gouverneur... et le sieur de Boutières... ayant mis leurs forces ensemble, firent pendre autant de ces robeurs et pillards qu'ils en rencontrèrent, et par ceste dance finist la feste (2) ».

On ne voit pas ici de quel profit ont pu lui être ces « panchartes authentiques, tirées d'archives publicques, collationnées à l'original », dont il faisait naguère tant de bruit.

(1) P. 365.

(2) Lui non plus ne parle guère des réformés lyonnais qu'en 1560. C'est un catholique fanatique ; il vante (*Privil.*, p. 17) « l'heureuse et louable exécution faicte à Paris le jour feste Saint-Barthelemy. »

III.

Les archives communales de Lyon nous ont heureusement conservé des documents d'origine officielle qui, sur plus d'un point, complètent, confirment et corrigent les récits contemporains. Ces documents appartiennent à trois séries distinctes : 1º les actes des assemblées consulaires tenues entre le 25 avril 1529 et la fin de cette même année ; 2º l'enquête faite sur les vols de blé commis au détriment de la ville ; 3º les procédures suivies contre les coupables. Il convient d'y ajouter les pièces comptables qui établissent les frais de l'émeute, de la répression et ceux du ravitaillement de la ville. En toute rigueur, ces divers documents devraient être étudiés parallèlement dans l'ordre chronologique. Mais, pour plus de clarté, il nous a paru nécessaire d'analyser d'abord la première de ces trois séries de textes et, en second lieu, les deux autres (1).

(1) Voici l'énumération de ces pièces, dont nous donnons le détail à cause des omissions et inexactitudes de l'inventaire imprimé : BB 46 (registre d'actes consulaires), fol. 101-105 v°, et BB 47 (registre d'expéditions), fol. 237 et ss. Récit de la *rebeine*. — BB 47 (expéd.), fol. 240 v°, 241, 244, 245 r° et v°, 246. 247-48, 287. Assemblées consulaires du 27 avril au 28 mai. Les procès-verbaux originaux sont au BB 49. — BB 49, fol. 100, 173, 176, assemblées du 16 déc. 1529 au 20 juin 1530. — AA 136 (carton), lettre à l'archevêque. — FF (liasse, série non classée), documents judiciaires. — CC 189 (cahiers et liasses), comptabilité. — M. Guigue a publié toutes les pièces contenue dans les séries CC et FF et, de plus, dans la série BB, les fol.

Sous la date du 25 avril 1529, les registres consulaires renferment un récit détaillé de l'émeute. Nous avons là des renseignements puisés aux sources les plus sûres et rédigés par un secrétaire de la ville, c'est-à-dire l'écho fidèle des opinions et des préoccupations du corps consulaire ; c'est de cette façon, à n'en pas douter, que les notables lyonnais désiraient que l'on crût que les choses s'étaient passées. Mais, avant tout, le scribe municipal nous a conservé un document du plus haut intérêt, le texte même de ces placards, qui, durant « la sepmaine précédent ledit dimenche... furent trouvez affichez en plusieurs carrefours d'icelle ville ». Nous y voyons ce que voulaient les émeutiers, ou, du moins, le prétexte que, publiquement et à l'avance, ils produisaient pour justifier leur sédition. Ce prétexte, c'est la cherté des blés, et cette cherté est l'œuvre « des faulx usuriers, » c'est-à-dire des accapareurs qui gardent « leurs greniers plains de blez, lesquelz ilz veullent vendre à leur dernier mot, ce qui n'est de raison. Et, se Dieu n'y met la main, il faudra en

101-105 v° du reg. 46, 274-48 du reg. 47. — J'ai directement collationné tous ces textes. J'ai utilisé en outre BB 37 (expéd.) les actes au BB 38), fol. 299, année 1519 ; 39 (expéd.), fol. 112 v°, 1521 ; 49, fol. 203 v°-204 v°, 209-210 v°, 214-216 v°, 223-227 v°, 237, 265, 276 v°, années 1530-31. (L'inventaire imprimé est muet sur les faits compris entre le 15 mai 1530 et le 17 nov. 1531). — La ville de Lyon s'honorerait grandement en publiant intégralement cette précieuse série BB ; M. Guigue n'a pu qu'amorcer cette publication pour une partie du xve siècle. — Aidé de toute l'obligeance et de toute la science de M. Guigue, je n'ai pu trouver aux archives départementales qu'un seul registre de la sénéchaussée pour 1529, mais où je n'ai rien rencontré qui eût rapport à la *rebeine*.

gecter à l'eau, tant y en a. » Contrairement à ce que prétendront les historiens du parti riche, ils affirment que « la bonne disposition du temps » et ce fait, « qu'il ne se faict nulz amaz de blez pour la guerre, » devraient normalement amener une baisse de prix. Mais il n'en est rien, parce que « justice favorise avecques gouverneurs et conseillers usuraires et larrons, [sans] y mectre ordre, faignant user d'équité. » On voit comme l'accusation se précise ; ce sont les consuls eux-mêmes, c'est Champier et ses collègues qui sont désignés à la colère populaire, et avec eux les gens de justice, qui les couvrent de leur partiale protection. Pour résister à cette oppression du pouvoir municipal, les auteurs du placard font appel à « toute la commune. » La commune, c'est-à-dire le commun, le menu peuple, est invitée à imiter « l'exemple des aultres bonnes villes ; » phrase curieuse, car elle tendrait à nous faire croire qu'avant Lyon plus d'une cité avait eu sa *rebeine* ; il est inutile d'insister sur l'importance d'une pareille allégation, qu'il serait essentiel de vérifier. — Aux Lyonnais, on prêche ouvertement l'action violente et, comme nous dirions aujourd'hui, révolutionnaire. Quant au sort que l'on réserve aux gros marchands, il est indiqué par une comparaison assez claire : « Que toute la commune soit délibérée y mectre ordre, telle que l'on fait au blé avant que l'on l'oste de la paille : *c'est que l'on le bat et escoux.* Il nous fault faire ainsi à ces maulditz usuriers et à ceulx qui ont greniers et enchérissent le blé. » Puis le placard se termine par un audacieux appel à l'insurrection, une sorte de rendez-vous menaçant et hardi publiquement donné aux adversaires comme aux amis. Le scribe paraît avoir mis ses soins à conserver la disposition typographique (1) de ces dernières lignes du placard. Nous les reproduisons ci-dessous telles qu'elles existent dans les registres :

« Sachez que nous sommes quatre à cinq cens hommes que nous sommez alliez. Faisons assavoir à tous les dessusd. qu'ilz aient à se trouver dimenche après midy aux Courdelliers pour donner conseil avec nous d'y mectre ordre et police. Et ce sans faulte, pour l'utilicté et proffict de povre commune de ceste ville de Lion et de moy

Et ainsi soubscrit :

Le povre (*et une sphère surmontée
d'une croix à double barre*).

Ce qui ressort de cette pièce (2), c'est que la *rebeine* ne fut pas un mouvement dû au hasard, mais une révolte préparée de longue main par un parti savamment organisé. Ce parti était nombreux, puisque le placard parle de 4 ou 500 hommes qui se sont entendus pour se trouver à heure dite aux Cordeliers et probablement y diriger la manifestation. Ces 500 croient avoir pour eux une fraction notable de la population et espèrent un succès, puisqu'ils osent faire connaître la date et l'heure

(1) Nous supposons que ce placard était imprimé. Voy. plus loin le rôle joué par les compagnons imprimeurs dans toutes les émeutes lyonnaises. Le signe apposé au bas de cette pièce a servi de marque à plusieurs maîtres imprimeurs de Lyon.

(2) Déjà publiée par M. Guigue, mais je la reproduis en raison de son importance.

qu'ils ont fixées. Champier écrira que « Messieurs
de la ville, par bonne provision et prudence, deb-
voient mettre 40 ou 50 hommes d'armes ou plus
pour garder les portes d'icelle place et autant en
la place des Jacobins... » Je doute que telle précaution eût été efficace. Ces gens, qui s'intitulent eux-
mêmes « povre commune », doivent avoir formé
une association redoutable et, qui plus est, secrète.
Ils disent eux-mêmes qu'ils sont « alliés. » Ils signent
« le povre, » suivi d'une sphère, ce qui se traduit
évidemment par *le pauvre monde* ; mais l'emploi de
ce rébus symbolique fait involontairement penser
aux formules mystérieuses au moyen desquelles se
reconnaissent entre eux les membres d'une même
confrérie. Il semble bien, surtout si nous rappro-
chons ce fait de tout ce que nous savons du rôle
considérable que les confréries d'artisans jouèrent
à toute époque dans l'histoire lyonnaise, que nous
ayons affaire, sous le nom du « povre monde », à
une vaste confrérie formée de l'agglomération de
toutes les confréries de corps de métiers, bref, à un
menaçant avatar de la fameuse « secte artisanne »,
morte seulement en apparence depuis huit ou neuf
années (1). La « commune » n'est sans doute aussi
qu'un synonyme de ce mot, qu'il était défendu de

---

(1) M. Guigue, *op. cit.*, met très bien en lumière le rôle des
confréries lyonnaises. Il croit que c'est ce mot « le povre » qui
a suggéré à Champier l'idée que cette révolte était fomentée par
les hérétiques, les pauvres de Lyon. Je le veux bien. Mais qui
nous permet de refuser toute valeur à l'induction de Champier ?
Il savait assurément mieux que nous à quoi s'en tenir.

prononcer. Il ne faut pas oublier que, le 12 juin, six semaines après l'émeute, le Consulat voulut supprimer les confréries ; c'est qu'il savait à quoi s'en tenir sur leur rôle et leurs intentions.

Ajoutons que ces expressions, la « *povre commune de ceste ville de Lion* », et ce même adjectif, « le *povre* », suivi d'un signe dont le caractère religieux et mystique ne saurait être négligé, évoquent pour nous et peut-être évoquaient pour les contemporains le souvenir de ces « *povres de Lyon* », dont on parlait toujours dans le pays d'entre Saône et Rhône.

Le récit de l'émeute elle-même est, dans les registres consulaires, naturellement plus riche en détails que dans aucun des auteurs que nous avons étudiés. Nous y trouvons d'abord la composition précise de la foule qui se pressait, vers midi, devant les Cordeliers, « menu peuple, povres mesnagers, serviteurs, femmes et enfans de quinze à vingt ans ». Ils n'étaient pas, dès le début, 2.000, comme le disent Paradin et Champier, « mais mil ou douze cens ; » faut-il croire que la terreur éprouvée par Champier lui a fait voir plus d'émeutiers qu'il n'y en avait, ou que le narrateur officiel juge que l'intérêt de la ville commande de ne pas grossir les choses ? Bien plus clairement que Paradin, il nous montre que tout débuta non seulement par l'invasion, mais par le pillage systématique de l'église : « Premièrement entrèrent par force au couvent desd. Courdelliers de Sainct-Bonavanture, rompirent les portes dedens led. couvent et, de la sacristie, montèrent les aulcuns au clocher, sonnèrent le tocquesain l'espace d'une heure ou deux heures ; les aultres entrèrent aud. couvent par force, rompirent portes, fenestres, pillèrent et emportèrent leurs meubles comme quelque vesselle d'estaing et autres choses... » Ainsi, bien que le placard ne parlât pas des gens d'église, c'est contre eux que l'émeute se dirige d'abord ; non seulement les rebelles entrent au couvent pour se saisir des cloches, afin de donner sans doute un signal convenu à leurs associés disséminés dans la ville (plus tard, dans la journée, ils recommenceront dans le clocher de Saint-Nizier, où ils sonneront le tocsin durant deux ou trois heures), mais ils pillent le couvent lui-même, et, malgré le laconisme du narrateur (*et autres choses*), il paraît bien que les pillards sont animés d'intentions sacrilèges. Aussi s'attendrait-on, lorsqu'on arrive au récit relatif à la maison Champier, à rencontrer la mention du bris des images. Cependant, il n'en est rien :

« Della vindrent en tumulte en une maison de maistre Simphorien Champier, docteur médecin, faisant le coing devant le grand portal desd. Courdelliers, qui est la maison plus aparante dud. lieu, rompirent la première porte et conséquemment toutes les autres portes, fenestres, verrines, coffres, buffetz, armoyres, pillèrent et emportèrent les biens, habillementz, livres, papiers, lictz, linge et autre ustensile, et le voulsirent tuer s'il ne se feust mussé, et ne laissèrent [chose] qui guières vaulsit en lad. maison, depuys la cave, où ilz prirent et dérobèrent le vin, jusques es greniers. » On le voit, les détails circonstanciés ne manquent pas, mais le détail essentiel fait défaut.

Même récit que chez nos deux historiens du pillage des maisons de Morin et de Laurent de Courval, même histoire du tonnelier, nommé ici Pierre Chastillon, à qui, par grand hasard, « une pierre tomba sur la teste. » Même prétention de la part de la foule de se substituer aux gens de justice, de mener prisonnier à « Roanne » le pauvre Laurent, qu'elle accuse d'avoir été l'auteur de l'accident. Chose étrange, les gens de « Roanne » reçoivent ce singulier prisonnier et ne le relâchent que deux jours après, « comme mal avoir esté prins. »

Mais, ce qui est nouveau, c'est que, dans ce récit, apparaît très nettement chez les rebelles la volonté non seulement de se venger de tels ou tels consuls en particulier, mais d'engager la lutte contre le Consulat lui-même. C'est une émeute qu'ils font, mais c'est peut-être une révolution qu'ils rêvent. Deux bandes successivement visitent la maison du secrétaire du consulat, puis celle du procureur de la ville, toutes deux vainement. Enfin, ils vont en la maison de ville, et là se passe une scène dont il faut reproduire le récit :

« Ilz furent en la maison de ville et hostel commun, où ilz trouvèrent Jacques Collaud, consierge, et sa femme et enfans, et feirent ouvrir toutes les chambres et salles du consulat à force ; finablement feirent ouvrir l'archiere où sont les tiltres, dont la porte est ferrée et garnye de fer, et voyant led. Collaud qu'il estoit contrainct la ouvrir, ou aultrement ilz le vouloient tuer et rompre lad. porte, il ouvrit et s'agenoilha devant, plorant et leur criant piteusement miséricorde, disant : « Messieurs, je suis « perdu et affolé s'il se pert quelque chose, parquoy « ayez de moy pitié » ; entrèrent dedans et après en partirent boyre et manger des biens dud. Collaud [et *ajouté postérieurement*] : et néantmoings rompirent la porte de la chambre des papiers et ung armoire. » Ce qu'ils étaient venus chercher dans l'hôtel commun, ce que le brave concierge défendait, au péril de sa vie, avec une douleur touchante, ce n'était pas « à boire et à manger, » c'étaient les « tiltres, » les « papiers, » les instruments et les secrets du gouvernement consulaire, les preuves de sa légitimité. N'oublions pas qu'en 1516 les « artisans » avaient fait un procès aux consuls, par-devant le Parlement, pour réclamer une nouvelle forme d'élection ; mais la cour avait décidé que l'élection se ferait, comme anciennement, « par les terriers et maistres de mestiers. » Les révoltés de 1529, — ou du moins leurs chefs, — s'attaquaient directement à cette oligarchie échevinale.

L'historiographe du Consulat veut, lui aussi, nous persuader que la faim joua dans la sédition un rôle beaucoup moins important que l'ivrognerie et le vol. On a remarqué que, s'il dit qu'on a pris du vin dans la cave de Champier, il n'ajoute pas qu'on ait pris du blé dans ses greniers. Il reconnaît que chez Morin on a pris environ six ânées de blé, mais il fait suivre cette constatation d'une peinture de l'orgie à laquelle on se livra autour des tonneaux

défoncés : « Et la pluspart beuvoient et emportoient
en seaulx et autres utilz, et le reste gectèrent en la
cave et par la rue. » Chez Laurent, on cite pêle-mêle
« biens-meubles, utencilles, *farines*, vin, or, argent. »
Chez les frères Humbert et Henri Gimbre, les émeutiers auraient surtout jeté leur dévolu sur les riches
marchandises et les denrées rares, « les meubles et
utencilles qui estoient fort egregies et riches robes,
grant quantité de fer, acier et plomb et de rix en
balles, dont ils [les Gimbre] faisoient le train, grant
quantité d'or et argent, bagues, vesselle d'argent
et d'estaing extimé à plus de dix mil livres... » L'auteur croit même nécessaire d'interrompre son récit
pour établir que la disette des blés n'était qu'un
vain prétexte à révolte : « Et ne fault entendre
que ce fust par faulte de blez, car la ville et Consulat
en avoit encores plus de unze cens asnées [suit la
description des mesures prises]... Aussi est-il [à]
considérer qu'ilz ne le faisoient par faulte de blez ne
de pain, car, comme dit est, ilz ne prenoient pas les
blez, mais les biens, marchandises, or et argent,
pour les piller et desrober, comme ilz feirent, ainsi
que larrons et brigans, à la persuasion d'aucuns
meschans qui les ont à ce suscitez. »

C'est là un plaidoyer que la « ville et consulat »
présente elle-même pour sa défense. Plaidoyer des
plus maladroits, car il est suivi, sans transition aucune
et ligne à ligne, d'un récit qui en renverse le principal argument. On vient de nous dire qu'« ilz ne
prenoient pas les blez », et voici qu'on nous raconte
qu'« ilz vindrent à un grenier du corps commun

estant sur le poix des farines, devant la place des Carmes, où il y avoit environ sept ou huit cens asnées de blé froment... Ilz entrèrent, rompirent les portes, prirent, pillèrent et emportèrent led. blé, hommes, femmes et enfans, sans ordre et sans respaict, ains quant quelcun s'en vouloit aprocher et remontrer qu'ilz faisoient mal le vouloient batre et tuer. » Et, comme la distribution n'allait pas assez vite à leur gré, ils démolirent la poutre qui soutenait le grenier, le blé tomba sur le sol et chacun vint en prendre au tas. « Et continuèrent jusques à la nuyt. » Est-ce là le tableau d'une émeute où la question des blés n'aurait pas joué le moindre rôle ?

Une chose qui frappe et qui, en dépit des réticences plus ou moins officielles, nous en dit long sur la puissance du parti rebelle, c'est l'impuissance des autorités. Ainsi, dans une ville comme Lyon, dont l'organisation consulaire était célèbre par sa solidité, où chaque quartier avait sa milice, on peut se saisir de deux des principales églises, piller une demi-douzaine de riches maisons, envahir l'hôtel de ville, détruire le grenier municipal, et tout cela impunément. Durant une après-midi entière, l'émeute est victorieuse dans tous les quartiers situés entre les deux rivières. « Pendant lequel temps et toute la nuyt.», avoue amèrement la chronique municipale, « lad. ville fut en mervelheux effroy, car n'y avoit apparant ne de la justice qui se voulsist exhiber ne rendre apparant ».

Mal en eût pris d'ailleurs à quiconque eût osé résister. On ne respecta pas même le représentant du pouvoir royal, le gouverneur Pomponio de Trivulce, qui « fut par aucuns dud. populaire chassé à haquebuz, arbalestes et autres bastons, et cuyda estre tué dès led. dymenche environ vespres et fut contrainct gagner le couvent des Jacopins et saillir sur les murs dud. couvent et des Célestins, traverser la Saône et gaigner le cloistre Saint-Jehan. »

C'est aussi dans ce cloître, à l'abri de l'église primatiale, que s'étaient réfugiés tous ceux qui se sentaient en danger, gens du roi, « gens de la justice ordinaire, » consuls et « apparans » de ladite ville. C'est dans l'église, « au lieu où se tient le conseil de Mgr l'archevesque, » que siégea l'assemblée du 26, où l'on décida de « faire justice forte. » Les notables rougirent sans doute de leur lâcheté, car ils promirent d'aller en ville avec des serviteurs armés et des bandes soldées. C'est de la maison du chantre qu'ils écrivirent au roi pour le tenir au courant des évènements.

Il ne faudrait pas, — par désir de rendre aux évènements des 25-26 avril la couleur religieuse que leur prête Champier, — tirer le moindre argument de cette assemblée tenue « au lieu où se tient le conseil de Mgr l'archevesque », et à laquelle assiste le vicaire de celui-ci. Les assemblées du 27 et du 28 se tiennent aussi « en l'hostel commun de l'archevesque de Lion, » « en l'hostel archiépiscopal (1) »; et, à une date que nous ne pouvons fixer exactement, mais qui est contemporaine des premières

____

(1) **BB** 47, fol. 240 v°, 241.

poursuites, les consuls écrivent à l'archevêque la lettre suivante, dont nous avons la minute (1) :

« Monseigneur, pour ce que monsr le maistre des requestes de vostre hostel s'en va devers vous, nous l'avons prié nous recommander très humblement à vostre bonne grâce et vous mercier de par nous le mandat qu'il vous a pleu octroyer à voz officiers contre les délinquants qui se trouvèrent à l'esmotion et pillerie de nostre ville. Et autrement, comme il vous dira, vous supplions, Monseigneur, nous mander voz bons plaisirs pour les accomplir de tout nostre pouvoir... De Lion ce [blanc].»

Il n'y a rien là qui doive nous surprendre. L'archevêque-comte de Lyon possédait « la justice ordinaire. » Ce droit sera momentanément suspendu en 1531, mais le roi ne le rachètera définitivement qu'après la grande aliénation de 1563. Il est donc naturel que le prélat ait chargé ses officiers de coopérer effectivement à la répression de l'émeute.

Cette répression fut organisée avec vigueur. Dès le 27, une assemblée est tenue « pour donner ordre es inconvéniens survenuz aud. Lion depuis dix ou douze jours en ça contre ceulx qui ont pillé et sacaigé les maisons de Mgr maistre Simphorian Champier, docteur en médecine... [suit l'énumération des pillages]. » On décide de convoquer pour le lendemain les maîtres des métiers, « afin d'obvier à plusieurs assemblées et murmurations par aulcuns mal vivant de lad. ville de Lion... et pour requérir justice. » Cette réunion a lieu le 28, sous la présidence de Trivulce. On y nomme une commission

(1) AA 136. Le repli porte la date 1529.

spéciale. L'avocat de la ville réclame l'ouverture
d'une procédure contre les coupables. Les maîtres,
sans doute dans une pensée de conciliation, proposent
de faire une visite des maisons et greniers et de
distribuer du blé aux pauvres. Cette question préoc-
cupe les conseils tenus les jours suivants, notamment celui du 1er mai, qui ordonne « que nul ne gecte
blé, farine et pain de lad. ville, et faire garder le
passage de la Roche et aussi de soy prandre garde
es assemblées, si aucuns en faisoient, pour enconti-
nant en advertir mond. sieur le gouverneur et mesd.
sieurs les conseillers (1). » On voit qu'ils veulent
faire marcher du même pas l'alimentation de la ville
et le rétablissement de l'ordre. Le 4 mai, on décide
l'érection de plusieurs potences (2). Le 5 mai, arrivée
de M. de Boutières (3), prévôt de l'hôtel, envoyé
par le roi « avec commission pour prendre et pugnir
les malfaicteurs qui feirent l'esmotion et saccage-
ment le dimenche xxv d'avril. » Le roi l'a autorisé
à faire venir à Lyon, si besoin est, 3 ou 4.000 lansquenets. Mais les consuls, le 6 mai, s'empressent de
remercier le roi de ce dangereux cadeau et déclarent
qu'ils ont des forces suffisantes.

En effet, la répression va dès lors sévir pleinement.
Le crime que les consuls regardent comme le plus
punissable, c'est l'acte initial de la révolte, la com-

---

(1) BB 47, fol. 244. Noter qu'on parle de troubles remontant
à dix ou douze jours.

(2) Ibid., 245.

(3) Ibid., 245 v°-248. Guigue publie les lettres patentes.

position et l'apposition des placards révolutionnaires. On va jusqu'à promettre l'impunité à ceux
des séditieux qui dénonceraient les coupables :

« Ordonné faire crier que tous que sauront, revelleront
et exhiberont ceulx qui ont faict et affigez les placards auront
de don xxv escus sol. et seront absoultz à pur et à plain du
cas et tenuz secretz. »

Enfin, — et voici, dans ce long récit, le premier
mot qui semble confirmer dans une certaine mesure
l'opinion de Champier, — on lance contre les émeutiers une accusation nouvelle : ce sont des « blasphémateurs. » Cette accusation est formulée, d'ailleurs,
de la façon la plus vague, sans qu'on sache à quelle
espèce de blasphèmes il est fait allusion, peut-être
dans l'intention de confondre des délits de nature
fort différente :

« Item, par lad. criée sera deffendu à toutes personnes, de quelque qualité qu'ilz soient, qu'il n'ayt
à blasphémer ne jurer en nom de Dieu, sur peine
de cent solz d'amende... » et la fleur de lis en cas de
récidive, la langue percée à la troisième fois. Ces
mots, « de quelque qualité qu'ilz soient, » peuvent
bien viser plus haut que les hommes du peuple simplement coupables d'avoir, dans un mouvement
d'impatience, « juré en nom de Dieu. » Mais le Consulat tient à garder à son action le caractère d'une
simple défense de la moralité publique, car cet article
est suivi d'une interdiction de tenir « berlant public. »

Enfin, on a réussi à trouver « le principal auteur

de la sédition et sacaigement faict en ceste ville »,
Jean Musy, et, après de difficiles négociations, on a
pu le ramener du territoire savoisien, où il s'était
réfugié. Un notaire, qui a opéré cette capture, vient
réclamer la prime promise (1) :

Le 28 mai, « Me Anthoine du Bussy, notaire, est
venu requérir messeigneurs les conseillers le con-
tanter de la promesse que luy fut faicte par le Consulat : c'est que, s'il pouvoit trouver moyen de
prendre Jehan Musy, que on luy donneroit une bonne
somme d'argent, de quoy il auroit cause se contan-
ter et l'amener prisonnier, et qu'il l'a faict et prins
soubz umbre de lad. promesse ainsi à luy faicte, et
le print à la Grange du pape qu'est rière le pays de
Bresse, où il mena douze personnes avec luy, esquelz
il avoit promiz à ung chacun ung escu soleil, qu'il
leur a baillé... » Il prie les consuls de le rembourser
« et d'avoir regard en luy sur ce qu'il se mist à l'ad-
venture de faire lad. prinse et de nuyt, qu'il mena
en ung bateau... » Les consuls estiment que cette
prinse est de la plus haute importance, puisqu'ils
accordent au notaire une somme de 2.800 livres.
On se rendra compte de la colère qui les animait
encore six mois plus tard, en voyant avec quelle
hauteur ils refusaient, le 16 décembre, de recevoir
l'amende honorable d'un des complices de Musy :

« Pierre Davey du Corbillon, l'un des sédicieulx, a ce jour-
dhuy esté condempné venir faire esmende honnorable à messgrs
les conseillers, une torche en la main, en l'ostel commun, où

(1) BB 47, fol. 287.

il a esté admené par le lieutenant du prévost des maréchaulx et ses sergens jusque devant led. hostel, laquelle esmande mesd. seigneurs n'ont voulu accepter (1) ».

Nous résumerons ainsi les observations que suggère la lecture des registres consulaires :

1º L'émeute est l'œuvre d'une association secrète, fortement organisée, probablement identique à la « secte artisanne » de 1520, peut-être liée à un groupe d'agitation religieuse.

2º En dépit des dénégations du chroniqueur officiel, le désir de se procurer du blé fut un des plus puissants motifs qui poussèrent le peuple à suivre les meneurs du mouvement.

3º Ces derniers paraissent avoir eu des visées politiques, le projet de s'emparer du Consulat et d'écraser les « plus gros. »

4º Le nombre et la puissance des révoltés sont attestés par l'éclipse des autorités de tout ordre au moment décisif, la retraite de tout le parti riche à droite de la Saône, la vigueur de la répression, la haine avec laquelle on poursuit les coupables.

5º Rien absolument ne corrobore les affirmations de Champier sur le bris des statues. Par contre, on décrit en détail le pillage du couvent de Saint-Bonaventure.

6º Il n'est fait aucune allusion au pillage de l'abbaye de l'Ile-Barbe.

(1) BB 49, fol. 100.

IV.

Quel que soit l'intérêt des documents émanés du
Consulat, leur origine les rend quelque peu suspects.
Il est certain que nous y trouvons, non pas absolument l'histoire vraie des évènements, mais l'histoire
telle que les consuls ont voulu nous la faire connaître.
Fort heureusement, les archives communales de
Lyon contiennent d'autres documents dont la véra-
cité est moins discutable, les témoignages recueillis
au cours des enquêtes ou des procédures.

Ces documents nous renseignent sur la profession
des émeutiers. Parmi les dix-sept personnes incar-
cérées à Roanne (1) avant le 25 mai, nous rencontrons d'abord Jean Musy et son fils ; le chef de
l'émeute est qualifié de « joueur d'épée, » sans doute
un spadassin, un *bravo* ; les Italiens, si nombreux à
Lyon, avaient dû y apporter leurs mœurs. Il nous
apparaît comme un homme d'action, un meneur
énergique et prêt à tout risquer. Une femme lui dit :
« Gentil capitaine des malfaisans, vous en deussiez
avoir honte de faire les maulx que vous faites, il
vous coustera cher. — Par le sang Deu, répond-il,
vous n'en aurez pas moins ». Et, terrifiée, la pauvre
femme rentre se blottir chez elle. Son langage est
celui d'un chef de bande qui a l'habitude du pillage :

(1) Série FF. Voy. Guigue et Allut.

« Il est tout fait là-dedans, dit-il, lorsque le sac d'une maison est terminé, allons-nous en cheuz Me Laurens, nous mangerons force pastez. » C'est le personnage sans scrupules qu'on trouve à la tête de toute émeute. — Mais avec lui sont détenus un arquebusier, un boucher, un émouleur, un menuisier, sans doute simples compagnons, quatre boulangers, et, enfin, détail à retenir, un clerc. Dans les autres pièces de même nature, nous trouvons bien quelques vignerons et vinaigriers, ce qui confirmerait les dires de Champier sur le rôle de cette classe, mais avec eux des charpentiers, menuisiers, maçons, cordonniers, des serviteurs, et aussi un seigneur de Saint-Vincent, avec un notaire et sa femme ; ces derniers ne sont probablement que des pillards d'occasion. Les femmes sont très nombreuses parmi les personnes poursuivies, le 2 mai, pour avoir « prins et sacaigé du blé de la communaulté au grenier du poix des farines, » femmes mariées ou « relaissées, » c'est-à-dire veuves, et aussi les enfants : un cordonnier de quinze ans, et Benoît Jacques, qui a douze ans.

Les témoins affirment que les émeutiers étaient parfaitement organisés, qu'ils obéissaient à un chef. Antoinette, veuve de Pierre Raillard, a vu 2 ou 300 hommes piller la maison de Jacques Lyénot pendant que Musy gardait la porte. Pierre Guynet l'a entendu, après le pillage de la maison Lyèvre, crdonner à ses complices d'aller chez du Courval. Etiennette Chavette nous apprend qu'en sortant de chez Champier, « Muzi... marchoit devant et en capitaine, et ceux qui le suivoient lui cryoient après : *capitaine, capitaine.* » Une ordonnance du 28 décembre 1541, qui est précisément relative à Lyon, nous apprend que les confréries d'ouvriers, lorsqu'elles se révoltaient, donnaient à leur chef ces titres militaires de capitaine ou lieutenant (1).

Il est indubitable qu'il n'y avait pas, parmi les émeutiers, rien que des gens cherchant du blé. Chez les Gimbre, en particulier, il y a eu toute une série de pillages qui ressemblent fort à des vols purs et simples. Deux prêtres ont reçu en confession, de deux pénitents, une série d'objets, parmi lesquels nous relevons, d'un côté, « une robbe noyre, deux bonnets noyrs, en l'un desquelz il y a une ymaige ; » de l'autre, « deux sacs en laine, esquelz sacs il y a une robbe à usaige de femme, de soye, doublée de samyz, bourdée de veloux, de laquelle les manches sont doublées de velloux, ung bonnet noir... etc. » Une femme apporte elle-même « trois platz d'estang, ung linceul et trois toilles, ung mantel, etc. » — Mais il n'en reste pas moins que, chez Lyénot, on a pris « quantité de blez et farines ; » chez Lyèvre, le boulanger, Jean Ratier a vu emporter « blez et farines, etc., » et la ville ouvre une enquête spéciale sur les vols de blés dont elle-même a été victime. — C'est du blé que cherche la majorité des rebelles, mais il est bien croyable qu'ici, comme dans toute émeute (et, avec la composition très hétéroclite de

____

(1) Voy. nos *Ouvriers du Temps passé*, ch. X (p. 381 de la 3e éd.).

la population lyonnaise à cette époque, la chose est des plus explicables), il a dû se glisser parmi eux un certain nombre de malfaiteurs d'habitude qui ont profité du désordre pour faire quelque mauvais coup.

A côté de ces « robeurs » de profession, nous voyons figurer un assez grand nombre de pillards occasionnels. Les témoignages contenus dans l'enquête du 2 mai fournissent un intéressant chapitre à la psychologie des foules. Evidemment, beaucoup des gens poursuivis ne sont pas des émeutiers. Ils ont entendu du bruit, ils sont sortis dans la rue, ou bien le hasard d'une promenade les a conduits sur le lieu des désordres (l'un d'eux, qui relevait de maladie, faisait une marche hygiénique) ; les uns se sont laissé intimider par les menaces des émeutiers, les autres se sont laissé gagner par l'exemple de ceux qui les entouraient, ils ont été regarder le pillage des blés en curieux, en badauds, puis, voyant que tout le monde prenait des grains, ils ont fait comme tout le monde. C'est textuellement ce que dit à son maître Antoine Pognet, un serviteur savoisien, Pierre Carron : « Maistre, j'ay apporté du blé... que j'ay prins au grenier de la ville. J'ay veu que tout le monde en prenoit, j'en ay prins comme les autres. » Il est même entré chez Champier et chez Jean des Vignes, mais « il n'y alloit pour faire mal. » — Une femme allant à vêpres a vu prendre du blé, elle en a pris. Berthélemy Berne a suivi tous les pillages en curieux, sans entrer dans les maisons, mais, quand il a vu qu'on emportait le blé de la ville, il a fait

comme les autres. C'est aussi le cas d'un notaire :
« Dit qu'il oyt sonner la cloche et tocquesaint aux
Cordeliers. Il y alla pour voir que c'estoit ; néant-
moins, voyant qu'il y avoit mutinacion et qu'il ne
savoit pourquoy, touttefois qu'il oyt dire que c'estoit pour assembler le peuple, s'en retourna en sa
maison, et, voyant et adverty que le grenier dud.
poys avoit esté rompu et que chacun en emportoit,
trouva au bas dud. grenier espanché d'un sac qu'il
amassa et l'emporta... » N'est-ce pas là une physio-
nomie bien vraie et bien vivante de bourgeois inoffensif, tranquille et même un peu peureux et qui,
ne sait comment, s'est fait ramasser dans une ba-
garre ? « Benoist Monyer, blanchier, » détaille aussi
soigneusement ses impressions pendant cette journée et nous fait assister à l'évolution morale qui,
en quelques heures, d'un badaud fait un émeutier :
« Quand il oyt sonner le tocquesin aux Cordelliers‘
alla veoir que c'estoit, et, voyant le bruyt des gens
amassez qui illec estoient et le bruyt qu'ilz menoient,
s'en retourna en sa maison... » Comme le tapage
continuait, il ressortit ; il vit, toujours en simple
curieux, le pillage de la maison Champier. Près de
lui, un homme cria : « Enfans, au blé, au blé ! » —
Respondit led. Monyer : « Où ? ». — Ledit ainsi
cria « au blé, » respondit « au grenier des farines. »
— Voilà notre homme entraîné, il va au grenier, il
prend, et, maintenant, il offre honnêtement aux
consuls de verser quatorze sous, « qui est, sur sa
conscience, la valeur dud. blé. »

Presque tous font comme lui, ou même, s'ils ne

l'ont pas encore employé, ils rapportent le blé qu'ils ont pris. « Berthélemye, femme Jacques Faze, courratier, » veut même faire croire aux consuls que, si elle a pris du blé, c'était avec l'intention bien arrêtée de le rendre.

Ceci est d'une trop belle âme. Aussi bien ne devons-nous pas accorder une foi trop entière à ces explications, évidemment inspirées aux prévenus par le désir de faire toute petite leur part de responsabilité. Mais, si elle n'était pas toujours vraie, cette explication n'a pas dû non plus être toujours fausse.

On remarquera que, dans ces pièces, on ne relève aucune trace d'informations ouvertes sur les délits d'ordre politique : invasion de l'hôtel de ville, pillage des archives du consulat, ni sur les voies de fait dont avait failli être victime le gouverneur ou celles dont Laurent du Courval, Gimbre et autres ont été officiellement victimes. A part sur la question des blés du poids de ville, on ne constate même pas d'action directement engagée par le consulat ; en effet, la procédure ouverte « par autorité de Mgr le gouverneur... et du prévost de l'hostel... à l'encontre de Jehan Muzi, joueur d'espée, et autres ses complices, » est ordonnée « ez dénonciations et plaintes de honorables hommes Humbert et Henrys Gimbre, Hiéronyme Lyèvre, P. Morin, Laurens du Courval et honorable homme Me Symphorien Champier, docteur en médecine... et aux requestes des procureurs du roi... » De même, il n'est nulle part question des incidents de l'Ile-Barbe.

On pourrait peut-être inférer de ce silence que

la ville cherchait autant que possible, le danger passé et les précautions une fois prises, à ne pas donner à l'émeute d'avril une importance qui aurait attiré sur Lyon l'attention du pouvoir royal et qui aurait pu valoir à la ville une garnison de lansquenets. Mais il ne faut pas oublier que la série FF, d'où sont tirés ces documents, n'est pas constituée, comme la série BB, par des registres complets ; elle est formée de pièces détachées, dont plus d'une a pu disparaître par perte, destruction ou soustraction depuis le xvıe siècle. Nous n'avons malheureusement pas le moyen de combler ces lacunes avec les registres de la sénéchaussée.

Telle qu'elle existe, la série FF ne contient rien qui vienne à l'appui de l'assertion fondamentale de Champier : à savoir que l'émeute était dirigée par une secte religieuse. Etiennette Chavette et Benoît Monyer ont asisté au pillage de la maison Champier ; ni l'un ni l'autre de ces deux déposants ne dit qu'on y ait brisé des statues. Aucun non plus ne rappelle l'incident du prêtre qu'on aurait, d'après Paradin, forcé à boire du vin. Il est vrai que, parmi les détenus de Roanne, il y a un clerc ; faut-il y voir ce prêtre ? est-ce au contraire un de ces hommes d'Eglise que l'on retrouve, au xvıe siècle, à l'origine de presque toutes les agitations protestantes ?

V.

En résumé, on ne peut s'appuyer, pour voir dans l'émeute de 1529 une manifestation sociale d'un grand mouvement religieux, sur aucun autre témoignage positif que celui de S. Champier. Il est donc essentiel d'en mesurer exactement la valeur.

Il est clair que Champier n'est pas un historien digne de toute confiance. Ses ouvrages historiques n'ont qu'un très médiocre prix ; ses généalogies montrent à quel point l'esprit critique lui faisait défaut. Il prend pour un récit véridique le roman de Garin le Loherain ; il compte plus de quarante rois avant Pharamond, « à partir de Marcomir, fils d'Anténor, roi des Scythes, autrefois Troyens, » fait descendre de Turnus les habitants de Tournon, et le cardinal de Tournon du roi Clodion. Catholique très ardent, arrière-neveu d'un cardinal évêque du Puy, lié à Metz avec l'évêque de Toul, en Italie avec le cardinal Campeggio, il a peut-être une tendance à voir partout des hérétiques. Il ne faut cependant pas oublier que Champier a reçu une forte éducation à Paris, à Pavie, à Montpellier, qu'il est médecin, qu'il est l'ami de plusieurs humanistes et l'un des fondateurs du collège de la Trinité de Lyon, qu'il recherche les vieilles inscriptions et les vieilles médailles. S'il divague dès qu'il touche à l'antiquité, son *Histoire de Bayard* n'est pas sans mérite, du moins là où il se résigne à ne parler que de son héros. Enfin, c'est un témoin contemporain, un témoin oculaire (s'il n'a pas vu toute l'émeute elle-même, il en a au moins vu les résultats), resté en relations, après son départ de Lyon, avec d'autres témoins oculaires.

Mais serrons la question de plus près. Nous savons qu'après avoir édité une première fois son livre à Paris, Champier le réimprima presque, la même année, à Lyon, non sans lui avoir fait subir quelques modifications. Croit-on que si le passage relatif aux statues, tel qu'il figurait dans la première édition, avait contenu un mensonge, personne à Lyon n'aurait protesté ? et alors aurait-il osé le reproduire intégralement dans une nouvelle version, soi-disant plus correcte (1) ? On m'opposera qu'un autre détail, manifestement faux celui-là, a passé de la première édition dans la seconde : je veux parler du passage où il se montre conduisant lui-même les émeutiers de chambre en chambre et les sermonnant avec éloquence. Mais les choses ne sont pas égales. Que Champier se soit ou non caché, c'est un fait sur lequel le public ne pouvait guère avoir de grandes lumières ; seuls les émeutiers étaient en mesure de dire toute la vérité ; or, ils avaient tout à gagner à se taire. La vérité, elle était écrite aux registres de la ville, mais ces registres n'étaient pas portés à la connaissance du public et le Consulat

(1) Et même dans les éditions subséquentes (voy. plus haut sur celle de 1648).

n'avait pas intérêt à donner ouvertement un démenti à l'un des siens. Il en va tout autrement avec l'affaire des statues. Il était loisible à tous et à chacun, lettrés ou non, Lyonnais ou gens de passage, de voir si, de six statues qui ornaient une maison située sur la place la plus fréquentée de la ville, trois avaient été mutilées et les trois autres respectées. On n'imagine pas comment, sur ce point de fait, une assertion mensongère aurait eu chance de s'établir, et encore moins de se maintenir.

Voilà pour les preuves directes ; mais il existe des preuves négatives qui ont bien aussi leur poids. Paradin, Rubys dans ses deux ouvrages, omettent le détail caractéristique. Mais comment admettre que cette omission n'est pas voulue ? Comment surtout Paradin, qui suit Champier pas à pas, n'eût-il pas réfuté l'affirmation du médecin, s'il avait pu en démontrer la fausseté ? D'où vient qu'il passe systématiquement sous silence, non seulement ce passage, mais tous les passages où Champier parle de l'hérésie ? Mais d'où vient que, non moins systématiquement, il efface de son histoire les traits relatifs aux progrès de la Réforme à Lyon ? Il obéit à un mot d'ordre, — je n'ai pas dit à une consigne, — sans doute à un mot d'ordre qu'il s'est donné à lui-même, de parler le moins possible de ces questions brûlantes, d'accorder aux massacreurs et aux martyrs des deux sectes une véritable amnistie (1).

Ces raisons sentimentales ne suffisent certaine-

____

(1) Pour Rubys, il a simplement suivi Paradin.

ment pas à expliquer le silence bien plus étrange du narrateur consulaire, lequel n'avait pas sous les yeux le récit de Champier et n'a donc pas eu à se demander s'il en effacerait ou non tel détail. Pourquoi donc, si l'on a brisé les statues, n'en a-t-il rien dit ? Pourquoi, si l'émeute avait un caractère religieux, a-t-il, sur ce point, gardé le silence ?

On nous permettra, avant de répondre à cette question précise, de rechercher si, d'une façon générale; les registres consulaires nous renseignent sur les mouvements religieux qui agitaient la ville. — M. Moutarde a déjà remarqué que le mot « luthérians » se rencontre pour la première fois, dans ces registres, le 22 juin 1546 (1). Or, il est impossible de soutenir que le groupe des réformés lyonnais, tout puissant en 1562, n'existait pas avant 1546. Sans entrer à mon tour dans le détail d'une discussion qui me paraît épuisée, je rappellerai que, le 15 janvier 1520, « un inquisiteur, frère Valentin Levin, se présente à l'Hôtel commun muni de lettres-patentes qui lui confèrent des droits exorbitants pour combattre les *maraus et hérétiques* ». Ainsi il y a des hérétiques à Lyon ; il y en a depuis 1519-1520, et les registres consulaires n'en disent rien ! Ils n'ont pas conservé la trace des lettres-patentes de 1520. De leur silence, peut-on conclure qu'en 1520, il n'y eut d'hérétiques parmi « les maraus » de Lyon ? Non, assurément. Mais alors, de leur silence en 1529,

(1) Moutarde, *Etude hist. sur la Réf. à Lyon*, 1520-1563. Genève, Schuchardt, 1881, in-8 de 94 p.

peut-on, pour cette autre date, tirer cette conclusion ?
Pas davantage.

Y avait-il, demandera-t-on, quelque analogie
entre les troubles de 1519-1520 et ceux de 1529 ?

Les consuls ne nient pas qu'il y ait eu des troubles
à Lyon en 1519-1520 ; ils omettent seulement de
donner à ces troubles leur véritable caractère.

Le 10 septembre 1519 « est survenu M. le vicomte
Du Pré, qui a dit et récité les bateries et insolances
qui se font journellement en ceste ville, assemblées
et bandes de gens les ungs contre les autres, mesmement puis huit ou dix jours en ça en la maison dudit
Barullin Chausson, où certains entrèrent et batirent
ung marchant logé en icelle maison, qui sont choses
de mauvaise conséquence, de quoi mesd. seigneurs
les conseillers devroient faire plainte (1)... » Les
consuls répondent que « c'est affaire de justice...
et que voyrement, à cause des divisions, questions
et particularitez qui sont en ladicte ville eulx-
mesmes ne se sentent pas tropt asseurez en ladicte
ville... » C'est l'image réduite et anticipée de ce
qui se passera dix ans plus tard. C'est un mouvement social causé, cette fois, non par une famine,
mais par une peste : c'est une révolte de la « secte
artisanne. » Nous avons même une preuve de la
forte organisation de la secte, dans ce fait que ses
chefs portaient le titre de « procureurs des artisans. » Voici une délibération consulaire du 5 mars
1521 :

____

(1) Arch. commun, BB 37, fol. 299.

« Après que lecture a esté faite de l'arrêt donné dernièrement à Montferant, touchant la tombe de Jehan Gautier, par lequel dict a esté que lad. tombe sera remise sans ces motz *procureur des artisans*, et subséquens qu'il avoit fait mectre et graver sur lad. tombe, et néantmoings que messeigneurs de Saint-Nizier et mesd. seigneurs les conseillers joincts ensemble feront remestre lad. tombe sans led. motz. Et pour ce que led. Gautier a faict faire commandement ausd. de Saint-Nizier de faire remectre lad. tumbe, a esté ordonné que led. messire Jean de Chaponnay, avec quelque autre desd. conseillers, assisteront ausd. messeigneurs de Saint-Nizier pour faire oster lesd. parolles et remectre lad. tumbe. »

Ce mouvement de 1519-1520 a donc très sérieusement agité Lyon. Si nous n'avions, pour le connaître, d'autres sources que les registres consulaires, nous pourrions penser que ce fut uniquement un mouvement social : c'est le hasard qui, en nous conservant les lettres patentes de 1520, nous en a révélé le caractère religieux. Ce caractère, non seulement les consuls ne le mettent pas en lumière, mais ils font tout pour le cacher, puisqu'ils ne mentionnent pas l'arrivée à l'hôtel commun de frère Valentin Levin ni les lettres qui l'installent comme inquisiteur à Lyon. Or, si nous remarquons les ressemblances qui existent entre le mouvement de 1519 et celui de 1529, nous avons le droit de penser que le silence des consuls est intentionnel dans le second cas comme il l'était dans le premier.

Entre ces deux dates, l'agitation religieuse n'a

pas cessé de couver à Lyon. « Un grand nombre de peuple, » écrit le roi en 1524, « a été séduit et dérouté de la vraie et saine doctrine ». En effet, Lyon, ville d'imprimeurs (dès 1477, peut-être même avant 1473, on y publie un Nouveau Testament français), toute pleine de maîtres et d'ouvriers allemands (Trechsel, Schenck, Wensler, Gryphe, etc.), perpétuellement visitée par les étrangers qui venaient à ses foires, Lyon, voisine de Genève, de Montbéliard, de la Suisse, des vallées vaudoises, est alors le centre des libres esprits ; à quelques années de distance, on y voit passer ou séjourner Erasme, Rabelais, Marot, les Estienne, Gryphe, de Tournes, Dolet, des Périers, Agrippa, Servet, sans parler des maîtres à demi hérétiques du collège de la Trinité. En 1524, tandis que le seigneur de Tournon est chargé de surveiller les « maraus, mauvais garçons et autres, » Marguerite est à Saint-Just, entourée d'un véritable état-major de prédicateurs et de prosélytes, d'Arande, du Blet, Papillon, Sebville, Maigret (1). A cette date, Jean Vaugris reçoit d'Annemond de Coct la mission de « collecter de l'argent parmi les frères de Lyon, pour faciliter la diffusion des Evangiles. » Il y avait donc à cette date, en dépit du silence des consuls, des « frères » à Lyon, et, pour eux, l'on demandait à Farel une traduction du Nouveau Testament. Le 14 février 1525, c'est de Saint-Just-sur-Lyon que la régente lance une ordonnance remettant en

---

(1) Sur la prédication de Maigret à Lyon, en 1524, voy. ci-dessus, p. 69 et ss.

vigueur les édits contre les « blasphémateurs ». Les
hérétiques lyonnais sont si nombreux que le
clergé croit nécessaire, en 1527, de faire contre eux
appel au miracle : on interroge l'esprit d'une religieuse à qui son inconduite avait valu d'être enterrée
en plein champ ; elle répond qu'il y a un purgatoire,
qu'elle s'y trouve, et que ses peines sont allégées
par les bonnes œuvres faites à son intention. « Par
cette réponse, » — écrit l'aumônier du roi, qui croit
utile de publier dès 1528 un récit détaillé de l'aventure, — « par cette réponse, est confuse et damnée
la damnable assertion des faux hérétiques luthériens.... » Enfin, le 21 mars 1528, se tient le concile
provincial pour la répression de l'hérésie (1).

C'est juste treize mois après cette date que va
éclater une émeute, qui débute par le pillage d'un
couvent et qui continue par le bris de saintes images
et l'invasion d'une abbaye.

N'est-il pas légitime de penser que cette émeute,
comme celle de 1519, a une couleur hérétique ?

Nous ne pouvions nous permettre à cet égard,
en 1896, qu'une conjecture. En effet, dans la chaîne
de nos arguments, il manquait un anneau : à savoir
des lettres-patentes qui, là comme en 1520, auraient
suppléé au silence de la municipalité (2).

Il est vrai que nous croyions tenir, du moins, un

____

(1) Moutarde, p. 28. Voy. aussi F. Buisson, *Sébast. Castellion*,
t. I, p. 14-27.

(2) C'est ce qui faisait dire à la *Historische Zeitschrift* (1896),
77 Bd, 3 H., p. 547) : « H. Hauser... neigt sich zu der (*allerdings
nur schwach begründeten*) Ansicht... »

fragment de cet anneau intermédiaire. M. Moutarde avait en effet signalé, sous la date du 4 sept. 1524 (1) des lettres-patentes de Chantilly, rendues à la requête de l'abbé de l'Ile-Barbe.

Ces lettres décrivaient une agitation religieuse, et contenaient des détails qui rappelaient, par plus d'un trait, l'histoire de la *rebeine*. Mais, elles étaient de 1524 ! Tout ce que nous pouvions faire en 1896 était de noter l'analogie, et de tirer de cette analogie même l'hypothèse extrêmement vraisemblable que le mouvement de 1529 ressemblait à celui de 1524.

Or, il est aujourd'hui avéré que M. Moutarde a mal lu, et que les lettres ne sont pas de 1524. Le 4 septembre 1524, François Ier ne pouvait signer des lettres à Chantilly, puisque ce jour-là il était à Caderousse (2). En outre, M. Weiss a vu le document lui-même, les lettres-patentes, ou du moins un *vidimus* délivré par le sénéchal de Lyon aux moines de l'Ile-Barbe (3). Or ce *vidimus* est du 27 octobre *1529*, et les lettres patentes sont *de Chantilly, « le quatriesme jour de septembre, l'an mil cinq cens vingt neuf et de nostre règne le quinziesme »*.

---

(1) *Ouvr. c.*, p. 20. M. Moutarde, dit qu'il nous donne une copie. En réalité c'est un simple résumé, probablement établi, non par M. Moutarde lui-même, mais par le pasteur Puyroche.

(2) *Catalogue* n° 21020.

(3) *Bull. hist. du protest. franç.*, 1890, p. 254, n° 2, où le document était simplement signalé. *Ibid.*, 1900, p. 270. Mais à ce moment, M. Weiss avait égaré sa copie, et on n'était pas absolument certain de l'identité de ce document avec celui qu'avait utilisé Moutarde. Depuis, M. Weiss a retrouvé cette copie, et, avec sa coutumière obligeance, il a bien voulu me la communiquer. Il est à noter que le *Catalogue* ne mentionne cette pièce ni sous la fausse ni sous la vraie date.

La question est désormais tranchée. — Or, que disent ces lettres-patentes ?

Le clergé du diocèse de Lyon s'est plaint au roi « sur et touchant le fait du payement des dixmes ».

Car voici que

> « puys cinq ans ença que la secte luthérienne a pullulé en la ville de Lyon, le pays et diocèse de Lyonnois, et que plusieurs faulces doctrines ont esté semées et divulguées tant par prédications d'aulcuns pernicieux mal sentans de la foy catholique, que par communication de certains livres resprouvés, compillés par ceux de ladite secte, grand nombre de peuple a esté séduict et disverti de la vraye et saincte doctrine et créance évangélique en mal sentant et croyant des saincts sacrements de l'Eglise... »

Depuis cinq ans en ça (1) : cette allusion à l'activité d'Aimé Maigret (2) est des plus nettes. Malgré la condamnation du semeur, la semence a germé. Et la désaffection du peuple à l'égard de l'Eglise s'est manifestée de la manière la plus tangible, le refus de payer les dîmes.

Mais comment ce refus s'est-il exprimé ? Est-ce par une simple résistance individuelle opposée aux prétentions des décimateurs ? Non pas : c'est « par monopolles, assemblées illicites *à sonnement de toque-saint* » ; les mal sentants de la foi ont « conspiré, » se sont « muthinés de ne payer plus aulcunes dixmes, disans qu'ils ne sont tenus payer lesd. dixmes sinon à leur vollonté, qui est de ne rien payer, proférans

---

(1) Dans le système de M. Moutarde, cela nous reportait à 1519-1520.

(2) Voy. ci-dessus, p. 69.

paroles hérétiques et mal sonnantes... » Enfin,
pour frauder les décimateurs de leurs droits, ils
ont eu recours à ce qu'on appellerait aujourd'hui
l'action directe, « emportans de nuit et clandesti-
nement les fruits des terres. » C'est une insurrection
contre la dîme, contre l'Eglise.

On a sûrement remarqué le détail relatif aux
assemblées illicites et aux sonneries de tocsin. Le
roi ordonne d'informer « sur les dites assemblées,
monopolles, séditions, sonnements de toquesaint. »
Je ne sais si j'ai l'ouïe mauvaise, mais il me semble
reconnaître dans ce tocsin celui que nous entendions
résonner « l'espace d'une heure ou deux », à la date
du 25 avril, dans le clocher de Saint-Bonaventure.
Le roi s'émeut de ce tocsin séditieux ; il s'émeut aussi
du non paiement des dîmes, parce qu'il tient à tou-
cher les quatre décimes qui doivent « subvenir au
recouvrement de nos très chers et très aimés enfans »,
retenus comme otages en Espagne ; il veut lutter
contre les mauvaises doctrines qui se répandent,
« puis cinq ans en ça », dans le diocèse de Lyon. Et
voilà pourquoi il ordonne, contre ceux qui se sont
« desviés de l'obédience ecclésiastique et saincte
foy catholique », de procéder par prise de corps
« soit en lieu sainct ou hors lieu sainct » ; de les ajour-
ner personnellement à trois brefs jours, sur peine
de bannissement, et nonobstant toutes appellations
ou oppositions ; et, de « parfaire lesdits procès des
délinquans pour lesdites assemblées, monopolles et
conspirations, sonnemens de toquesains, et pour le
crime d'hérésie, si aucun en y a... »

Cela est clair. — Les sonneurs de tocsin sont des
hérétiques. Hérétiques, par suite, les pillards de
l'Ile-Barbe, et voilà pourquoi l'abbé tient à se faire
délivrer un *vidimus* contre les gens qui ont mis à
sac ses greniers. Les lettres du 4 septembre viennent
ainsi prendre leur place parmi les mesures de liqui-
dation de la *rebeine*, à côté des nombreuses mesures
par où l'on essayait de mettre un terme à la famine (1).

Il ne faudrait pas croire, d'ailleurs, que la terrible
répression de 1529 ait purgé Lyon de tous les éléments de désordre. Vienne un incident qui accroisse
la misère du peuple, et de nouveau tout va s'agiter.
Le 17 octobre 1530, c'est la peste qui désole la ville ;
aussitôt, « il y a plusieurs assemblées de gens parmy
la ville, portant espées nues, hallebardes, picques,
rondelles et hacquebutes », et déjà le 11 un lieutenant de Théodore de Trivulce a été tué (2). Ces bandes

(1) *Catalogue* : 3378 (11 mai), lettres autorisant les Lyonnais
à tirer 3.000 ânées de blé des pays de Dauphiné, Viennois,
Forez, Vivarais, et Velay ; 3379 et 3380, pour faciliter la sortie
des blés de Bourgogne ; 3389-3393 ; 3471-3473, autorisant à
tirer 500 émines de Bourgogne, 800 ânées du Dauphiné, 1500
d'Auvergne et Forez ; 3477-3478 ; 3530-3531, enfin 3558 (11 décembre).

(2) BB 49, fol. 203 v°, 17 oct. 1530 : «... Aussi que journellement plusieurs gens, imprimeurs, serviteurs de mestiers vont
à bandes jour et nuyt, [armés] desd. bastons, à quoy la justice
ordinaire ne donne aucune provision, quelque instance que l'on
en ayt fait envers eulx. A ceste cause et pour garder ceste ville
en seurté et bonne garde, laquelle garde le roi nostre sire et ses
prédécesseurs ont baillée en fidélité au consulat de lad. ville,
a esté conclud en presence de Mgr de Belmont, cappitaine de
lad. ville, que toutes les personnes qu'il trouvera portans parmy
lad. ville espées à deux mains et autres dagues, hallebardes,
javellines, picques, demy picques, hacquebutes et autres bastons
invasibles, s'ils ne sont gens de justice, de les desbatonner, et

sont toujours composées par des « serviteurs de mestier, » et la direction du mouvement appartient à la redoutable confrérie des imprimeurs. Encore une fois la police est impuissante. Le 23 octobre, les rebelles, imitant l'exemple donné l'année dernière, composent un « placard » et l'affichent précisément à la porte de ce couvent de Saint-Bonaventure dont le pillage avait été le signal de l'émeute. Pour des raisons qu'on ne dit point, on n'insère pas dans les registres le texte de ce placard ; on se borne à relater qu'il « contient, entre autres choses, menaces

iceulx bastons invasibles et hacquebutes remectre en l'ostel commun soubz la main du Roy et de la ville, et les porteurs d'iceux bastons emprisonner et remectre es mains de justice et des gens du Roy, à quy la cognoissance en apartient, pour ce qu'il est question de la garde de lad. ville, où ilz seront poursuiviz par le procureur de lad. ville, joint monseigneur le procureur du Roy, comme de raison, qui sera en ensuyvant l'auctorité qu'il a pleu au Roy nostre sgr et ses prédécesseurs donner au consulat et cappitaine de lad. ville touchant la garde d'icelle ; et pour faire observer les lettres patentes sur ce puys naguières octroyées et déclaratives [celles de mai 1529] par led. seigneur et aussi de ses ordonnances sur ce faictes. Et si led. sr de Belmont, cappitaine, a besoing de gens, l'on luy fournira d'une, deux, troys ou quatre dixaines et plus, si besoing faict, des estables de lad. ville. — Et a esté ordonné au premier jour que aucuns desd. sgrs conseillers se transporteront [à] la justice ordinaire et remectront les insolances, larrecins, bateries, monopoles sur les vivres et pollitique qui se font en lad. ville, tant au port d'Estienne Salamon touchant les derrières des bastimens que sur le port du Rosne et ailleurs, où il n'est point provision, si n'est force cries que n'ont point de suyte. Parquoy en feront protestation d'en recourir ailleurs. — Item remonstreront plusieurs gens, compaignons imprimeurs, gens de mestier et autres vacabons qui journellement vont par la ville jour et nuyt pourtans espées, dagues, albardes, rondelles et hacquebutes, disans les aucuns qu'ils ont congé et permission de justice, qui est contre l'intencion du Roy... — Item, le jour ou lendemain, en feront autant à la cour du Roy. »

à messeigneurs de la Justice et conseillers, avec grosses parolles injurieuses. » Le 24, réunion des conseillers avec l'official et les gens d'église ; on donne de nouveau lecture du factum, qui est trouvé « scandaleux et des parolles de mauvaises conséquences. » On ne se dissimule pas que, « par telles voyes, l'année précédente, la sédition et saccaigement se feit et commença en ceste ville (1). »

Faut-il croire que ce texte mystérieux n'est pas reproduit sur les registres précisément parce qu'il s'exprimait plus clairement que le premier sur certaines matières que les Lyonnais évitaient d'approfondir ? En tous cas, nous savons que les émeutiers étaient surtout de ces ouvriers étrangers, dont les autorités locales ne connaissaient ni le nom ni le domicile ; on força les maîtres, surtout les imprimeurs et les teinturiers, à répondre de tous les ouvriers qu'ils employaient. Or, c'est parmi ces ouvriers d'origine diverse que se recrutaient les adeptes des nouvelles idées religieuses (2).

Mais, peu à peu, et comme malgré eux, les registres deviennent plus explicites. Le 25 octobre, on donne

---

(1) Id., fol. 209, 23 oct. — Ibid, 24 oct : Réunion avec « l'official de la primace et tous officiers monsgr de Lyon, esquelz mesd. sgrs les conseillers ont fait exhibition dud. placard ainsi hier trouvé de matin à la porte des Cordelliers, duquel a esté faict lecture ; et après, pour autant que led. placard est scandalleux et des parolles de mauvaise conséquence... [on décide de] s'enquérir par tous moyens s'il est possible trouver le personnaige qui a fait led. placart, afin que pugnition en soit faicte ».

(2) Ibid., fol. 210 v° ; « Item, de mander les maistres tainturiers et imprimeurs qui tiennent grand nombre de gens, tant estrangers que autres, quelz gens ce sont ; et qu'ilz n'ayent à les tenir s'ils ne veullent respondre d'eulx. »

positivement aux « vacabons mal vivans » le nom de « blasfémateurs. » Le 30, encore un dimanche, de nouveaux « placardz » sont apposés à cette même église Sainct-Bonaventure, et ils contiennent « plusieurs parolles blasfématoires *mesmement contre messeigneurs de l'église* et aussi contre la justice et conseillers de la ville. » Le 3 novembre, on traite les rebelles de « séducteurs ; » ce mot, au xvie siècle, est couramment employé pour désigner les propagateurs d'hérésie. On les accuse d'afficher « journellement » des placards « tendant à sédition et émouvoir le peuple *contre les gens d'église*, de justice et conseillers de la ville. » Nouveaux placards le 10 mai 1531, et, de ceux-là aussi, on se garde bien de donner le texte (1).

Mais, dans tout ce qui précède, on voit combien,

(1) Ibid., fol. 214, 25 oct. « Item, comme dimanche dernier furent mis et apposez certains placars blasphématoires contre les gens de justice et conseillers, et comme par telles voyes l'année précédente la sédition et sacaigement se feit et commença en ceste ville par certains sedicieulx qui pillarent plusieurs bonnes maisons et aussi les blez que le corps de la ville avoit achapté pour la provision de la ville, où il y a eu grosse perte. Et comme au moyen desd. placars ils ont peur et doubtent à l'advenir d'inconvénient à la ville. A ces fins se retirarent le jour d'hier par devers messgrs d'esglise et conseil de monsgr de Lyon, esquelz l'auctorité et justice apartient en ceste ville, lesquelz ilz ont prié de faire administrer justice comme ilz y sont tenus, et de eulx enquérir des gens vacabons malvivans en ceste ville, blasfémateurs, et les pugnir pour obvier à tous inconvenians. » — 215 v°. On reproduit l'obligation aux maîtres de répondre de leurs ouvriers. — 216 v°. S. Champier propose des mesures sur les blés. « Et que par ce moyen le peuple aura cause de soy tenir quoy et sanz se esmouvoir, et que l'on doit requérir messrs de la justice de faire leur debvoir de faire pugnir les malfaicteurs. » — 221, id. — 223, 30 oct. : « Ce jourd'huy de rechef ont esté trouvez placardz à la porte de l'église Sainct-

peu à peu, à travers les réticences officielles, l'accusation se limite et se précise. Il nous paraît comme certain que cette agitation de 1530-1531 était une agitation religieuse ; précisément en 1530, Baudichon était à Lyon et déjà inquiété pour avoir tenu des conversations suspectes avec des négociants lyonnais. Or, si les auteurs des placards de 1530-1531 appartenaient à un groupe d'hérétiques, à n'en pas douter l'on doit en dire autant de ceux de 1529, puisque le second mouvement n'est que la continuation ou la reprise du premier.

Nous ne voudrions assurément pas qu'on nous accusât de faire de l'histoire avec des conjectures. — Mais, si nous attendions, pour étudier les origines de la Réforme française, de trouver un texte qui nous dît en quelle année, dans telle ville et dans telle classe, les idées nouvelles ont apparu pour la première

Bonaventure, qui ont esté veuz et leuz au présent bureau, contenans plusieurs parolles blasfématoires mesmement contre messg^{rs} de l'église et aussi contre la justice et conseillers de la ville. A ceste cause ont mesd. sgrs ordonné eulx trouver demain après disner en l'ostel commun... » En réalité, cette séance n'eut lieu que le 3 nov., fol. 227 : « Pour ce que journellement aucuns séducteurs mectent des placards parmy la ville, tendans à sédition et esmouvoir le peuple contre les gens d'esglise, de justice et conseillers de la ville [la suite n'a pas été écrite]. » — L'agitation continue ; 227 v°-228 v°, 8 nov.: des Florentins ont battu les gens de justice ; 237, 28 fév. 1531, poursuites contre Etienne Savary, accusé d'être un des auteurs de la *rebeine*. 265, 13 avril : 20 sols au bourreau « pour avoir banny et fustigné Gourson Pallatier, qui fut des sédicieulx... » ; 276 v°, 10 mai : « Mgr Pompone de Trivulse a mandé parler à luy les conseillers... esquelz il a dit que Mgr le mareschal gouverneur luy a dit qu'il est besoin faire un crie, que celluy qui déclarera qui a planté et affigé ung placard... aura cent escuz d'étrenne. Ce que e consulat a ordonné... »

fois, autant vaudrait nous résigner à ne jamais rien savoir. Si, quelque part en histoire, la méthode divinatrice a sa légitimité, c'est assurément dans les recherches de cet ordre. C'est ici ou jamais que « la perfection... serait l'impression polychrome, où chaque région d'une page et même d'une phrase serait imprimée avec des encres diversement teintées, depuis l'encre la plus noire, marquant la certitude, jusqu'aux teintes les plus évanides (1)... » Les temps où se place la *rebeine* ont beau être moins éloignés de nous que ceux des patriarches ou des Juges, les documents ont beau être plus nombreux et plus variés, il n'en reste pas moins que, si l'on ne veut construire l'histoire de ces temps qu'avec des matériaux à l'épreuve de toute critique, il faut renoncer à décrire et même à soupçonner des phénomènes dont la réalité cependant n'est pas niable. Pour revenir à cette ville de Lyon, où non seulement les registres municipaux, mais même l'historiographie protestante, ne placent l'apparition de la Réforme que vers 1546, il est absolument impossible de rien comprendre aux évènements de 1560, si l'on se refuse

---

(1) Au fond, le principe qui donne la valeur à ces demi-certitudes, c'est le principe de causalité : l'existence, à une date donnée, dans telle classe et dans telle ville, d'une communauté religieuse constituée, suppose et exige toute une lente histoire de prosélytisme obscur, de conquêtes latentes, de propagation inaperçue des contemporains. Le seul point qui reste en suspens, et que nous allons tâcher d'établir, est de savoir si la *rebeine* appartient effectivement à cette série d'antécédents insaisissables de la Réforme lyonnaise. — Voy. dans le même ordre d'idées, Leroux, *Réf. en Limousin*, p. 48 ; Gaullieur, *Réf. à Bordeaux*, p. VII.

à imaginer le mouvement religieux antérieur à la dremière de ces deux dates. 1546 est la date de la naissance, en quelque sorte officielle, de l'église de Lyon. Mais les communautés religieuses ne naissent pas à jour fixe ; quand on enregistre authentiquement leur apparition, elles ont déjà dépassé le premier terme de leur évolution. Le jour où quinze personnes se réunissent autour d'un prédicateur, il y a des années déjà que, secrètement, mystérieusement, sûrement, les idées nouvelles se sont frayé leur voie parmi la foule. Ce qui nous apparaît comme un point de départ n'est qu'un point d'aboutissement ou, plutôt, un arrêt nécessaire avant d'aller plus loin (1).

Il est évident que cette méthode est un instrument dangereux, qu'il ne faut manier qu'avec une extrême réserve. Pour pouvoir dire que Champier avait raison de prêter à la révolte de Lyon un caractère religieux, il me semble qu'il fallait prendre la précaution d'établir soigneusement trois points : 1º que le témoignage porté par Champier, sur le fait du bris d'images, est recevable, encore qu'unique ; 2º que l'interprétation qu'il propose de ce fait se justifie par l'analogie qui existe entre ce mouvement, dont le caractère religieux est à établir, et d'autres mouvements lyonnais qui se sont produits dans les mêmes classes, et dont le caractère religieux n'est pas contestable ; 3º qu'on peut

_____

(1) L'*Hist. ecclés.* signale, en oct. 1546, 14 ou 15 personnes autour de Fournelet. Et pourtant le même texte a déjà parlé des prédications de Canus, exécuté à Paris en 1535.

expliquer, par des raisons déterminées, le silence des autres textes et peut-être celui des historiens postérieurs.

Il semble que nous avons satisfait à ces trois conditions : 1º quelque faible que soit la valeur historique de Champier, il n'est guère possible de nier la réalité de ce qu'il avance au sujet des statues ; 2º sur le second point, nous pouvons être beaucoup plus affirmatif qu'il y a treize ans. Nous disions simplement alors : « les mouvements de 1520 et 1524 sont, nous en sommes sûrs, des mouvements religieux ; le mouvement de 1529, qui leur ressemble par tous les autres points, peut difficilement ne pas leur avoir ressemblé aussi par celui-là. Quant aux mouvements de 1530-1531, cela paraît même un peu plus que probable. Le mouvement de 1520 est suivi, à très peu d'intervalle, par des lettres-patentes contre l'hérésie ; il en est très exactement de même du mouvement de 1529. De cette parfaite identité des conséquences n'a-t-on pas le droit d'induire au moins l'analogie des causes ? » Nous savons aujourd'hui que les lettres-patentes de septembre 1529, où sont dénoncés les hérétiques, visent très directement les évènements du 25 avril. Il faut ajouter qu'à Lyon toujours l'agitation religieuse se lia étroitement à l'agitation sociale. Un témoin qui n'est pas suspect de parti pris contre la Réforme, Claude Baduel, avoue en 1551 que le chant des psaumes dégénère souvent en sédition, surtout à cause de l'intervention des ouvriers imprimeurs, ces mêmes imprimeurs qui menaient le mouvement de 1530.

3º Reste à expliquer l'étrange silence des autorités municipales. Il semble que ce soit chez elles une consigne de ne rien dire. — En 1524, François 1er veut faire arrêter les marchands espagnols et allemands établis dans la ville, sous prétexte qu'ils sont « usuriers et hérétiques » ; les consuls demandent qu'on les relâche, « mêmement ceux qui seroient chargés du soupçon d'hérésie ». En 1531, au moment où se passent les faits, d'une certaine gravité, auxquels nous faisions allusion tout à l'heure, le Consulat écrit au roi que la ville est très calme ; c'est le contraire qui est vrai.

En réalité, les Lyonnais désirent que le roi se mêle aussi peu que possible de leurs affaires ; ils redoutent d'attirer chez eux les agents de l'inquisition ou même les commissaires du Parlement de Paris, comme ils redoutent de se voir envoyer par le roi quelques milliers de lansquenets. Ils ont un intérêt majeur à ne pas laisser dire qu'il y a chez eux des hérétiques, parce que ces hérétiques, ce sont les imprimeurs allemands ou français, les marchands génois ou lucquois, les ouvriers de toute nation qui font la richesse de la ville, les étrangers qui fréquentent les foires, les érudits qui enseignent dans le collège. Qui sait même si les consuls n'avaient pas des raisons plus personnelles encore de se taire ? En 1562-1563, le Consulat montrera aux réformés une indulgence quelque peu suspecte ; il existait peut-être déjà des tendances de ce genre dans le corps consulaire de 1529.

Ce n'est pas seulement pour Lyon que se posent

des questions de ce genre. Nous avons signalé plus haut le grand nombre de « martyrs » que la classe ouvrière donnera à la Réforme. Nous avons essayé d'expliquer pourquoi l'on nous montre si rarement les idées nouvelles pénétrant dans ces classes et les poussant à l'action ; comment catholiques et protestants, si divisés sur tout le reste, se sont ici entendus pour se taire. Trop de faits affirment l'éclatant succès des idées réformées dans les milieux ouvriers pour qu'on n'admette pas l'explication de Champier. Traduite en langage moderne, elle peut se résumer ainsi : ce sont les souffrances matérielles, c'est le caractère de plus en plus oppressif du système des corporations, ce sont les velléités d'opposition politique et sociale contre l'oligarchie urbaine qui ont jeté les masses ouvrières dans les voies nouvelles. La révolte des pauvres de Lyon apparaît alors comme un fait analogue à celle des paysans d'Allemagne. Peut-être même, si d'autres recherches permettaient de relever dans d'autres villes industrielles des phénomènes à la fois sociaux et religieux du même genre, trouverait-on là une confirmation des vues par lesquelles nous terminions une précédente étude.

Si même le lecteur consentait à voir dans nos inductions autre chose que des conjectures, y aurait-il lieu d'en être scandalisé et de croire que cette alliance avec les révoltés ait sali les origines de la Réforme ? Nullement. Il n'y avait pas, en tous les cas, que des réformés dans la sédition de 1529, puisque trois des pillards ont été se confesser à un prêtre. Rien ne nous dit même que ceux qui, la lutte commencée, prirent la direction de l'émeute et se livrèrent aux pires désordres, les Musy, les Davey, les Savary, rien ne prouve qu'ils fussent protestants ; toute émeute, quel qu'en soit le prétexte, fait toujours sortir de leurs bouges les hommes de désordre. Il n'en resterait pas moins, — si notre interprétation est fondée, — que les auteurs du placard, les cinq cents qui convoquèrent la foule, devaient appartenir à un groupe ou bien être poussés par des chefs plus ou moins imbus d'idées hérétiques. Mais il serait aussi vain et aussi injuste de rejeter sur les doctrines protestantes la responsabilité de leur révolte que de reprocher à Luther l'épouvantable révolution sociale qui ensanglanta toute une partie de l'Allemagne vers 1525 (1). Tout au plus peut-on dire avec Bossuet que la révolte religieuse devait mener, si l'on n'y prenait garde, à toutes les révoltes, car, « prononcer généralement... que le Chrétien n'étoit sujet à aucun homme, c'étoit, en attendant l'interprétation, nourrir l'esprit d'indépendance dans les peuples... Joint que mépriser les puissances soutenues par la majesté de la religion étoit encore un moyen d'affaiblir les autres. » Cette vérité, Calvin la comprit admirablement, et il en fit sortir, sept ans après la *rebeine* de Lyon, la célèbre dédicace de l'*Institution chrestienne.*

(*Revue historique*, tome LXI, année 1896).

(1) Comme le fait d'ailleurs Janssen.

NIMES

LES CONSULATS ET LA RÉFORME

1532-1537

NIMES, LES CONSULATS ET LA RÉFORME
1532-1537

—

I.

Nous nous proposons d'étudier l'attitude des
Nîmois poursuivis pour hérésie en octobre-novembre
1537. A leur occasion, M. Herminjard (1) renvoie
à un *Discours sur l'origine de la Réforme à Nîmes*,
prononcé par le pasteur Viguié en 1862, et en partie
reproduit dans le t. XVIII (p. 552 et suiv.) du
*Bulletin historique et littéraire du protestantisme fran-
çais*. Ce discours n'était pas une prédication banale,
mais une sérieuse étude faite d'après les archives
communales de Nîmes, et qui reproduit même le
texte d'une délibération du Conseil de ville, du 31
mars 1532 (il faut bien lire 1532, et non 1533, car
le 31 mars est indiqué comme tombant le jour de
Pâques). M. Herminjard cite ce curieux document.
Dardier, dans ses études sur *la Réforme à Nîmes* (2),

(1) Herminjard, t. IV, p. 315, n. 2.
(2) Parues dans le t. XXIX du *Bulletin*, p. 481-499. Ce sont
les seize premières pages d'un ms. qui en a 179 et qui, depuis la
mort de l'auteur, est déposé à la Bibliothèque de la rue des
Saints-Pères. La partie inédite va de 1561 à 1745, elle est complètement rédigée.

l'a signalé, mais seulement, je crois, d'après l'inventaire des archives. Par contre M. Puech, auteur d'un livre qui n'est pas sans mérite sur la *Renaissance et la Réforme à Nîmes*, semble l'avoir ignoré, et c'est sans doute faute de l'avoir connu qu'il a cru devoir retarder jusqu'en 1537 le début de la Réforme à Nîmes (p. 29). Ce texte est si important qu'on ne nous en voudra pas de le reproduire (1), bien qu'il ait déja paru autrefois dans le *Bulletin* :

« Premièrement pour ce que le beau-père, fraire des Augutins, prescheur ordinaire pour la présente année, a presché ceste caresme ordinairement et a nory les habitans de la ville *pabulo caritatis* et bonne doctrine évangélique, jusques à la veille de Pasques, auquel jour sur le soir a esté constitué prisonnier par maistre Loyz huissier de Tholose, et l'on ne scet à quelz fins est detenu au chasteau du Roy. Dont led. beau père pourra avoir afaire d'argent pour soy aider et secourir en ses nécessités, que la ville lui doit bailher et expédier ses gaiges ordinaires qui sont de XII livres tant seulement (2) ou si la ville luy donnera davantage, oultre lesd. gaiges, attendu la bonne doctrine évangélique qu'il a presché au peuple de la ville, requérant MM. les consellers que sur ce ils disent leurs opinions... »

« Ces opinions, disait Viguié, sont significatives : elles sont toutes dans le sens du frère augustin avec une nuance d'irritation contre les accusateurs... » Il n'avait malheureusement pas jugé utile de les

(1) D'après une copie qui m'est fournie par M. Prosper Faigairolle, et que M. Bondurand a pris la peine de collationner. (LL 5 fᵒ 244-246).

(2) En 1510 le prédicateur avait obtenu une augmentation, mais nous ignorons laquelle. L'augustin qui prêcha en 1527 toucha 13 livres ; le prédicateur de 1530 reçut un don de 20 livres (Dardier, *article cité*).

reproduire. Nous pouvons aujourd'hui combler cette lacune.

M. de Malmont, assesseur, estime que le succès du prédicateur lui a suscité des envieux : « A dit que ceste année le prescheur ordinaire estoit des fraires augustins, et le beau père de lad. religion a presché dans l'esglise cathédrale pour éviter inconvénient de peste à la requisition de MM. les consulz, car aultrement il heut presché dans le couvent desd. Augustins. Et pour ce que quelques uns hont conseu envie contre luy, par laquelle il a esté constitué prisonnier..., » M. de Malmont estime que le plus pressé, c'est de tirer de là le prédicateur et de ne pas priver plus longtemps le peuple de ses excellents sermons. La sympathie qu'il éprouve pour le prédicateur et sa doctrine est d'autant plus significative que M. de Malmont n'est pas disposé à gaspiller les fonds de la ville : il donnera volontiers de l'argent, en sus de ses gages, au beau-père si celui-ci prend la peine d'en demander, mais rien s'il en réclame. Le passage vaut la peine d'être cité :

« Par quoy que la ville doit donner aide à la personne dud. beau-père plus tost que a ses gaiges, actendu que le public sera aujourdhuy escandalisé quant n'aura presché à vespres ; et quant à ses gaiges, actendu que sont petitz, a esté d'opinion, *actendu la bonne doctrine* que a presché led. beau père et la qualité de sa personne, que s'il les demande qu'il aye quarante livres, aultrement qu'il n'aye rien ; retractant quant a ce sad. opinion *casu quo* il ne les demande, et aultrement voudroit constraindre la ville à les bailler, qu'il n'aye rien.

Même opinion chez Me Andronis, docteur, qui se

limite à 25 livres, mais qui est aussi intéressé par la « personne » du beau père, et par « le cas et escandalle qu'est au public ». — Me Pierre Robert, plus prudent, a le soin de dire que la ville prendra « *onus et deffensionem cause pro ipso* », mais « quand sera dit par gens clercs qu'il est ignoscent de ce que l'on luy impuste ». D'ailleurs, Me Robert croit bien être sûr d'avance du résultat de cette enquête, puisqu'il déclare « qu'il a bien presché tant aux advens que caresme ». — Me Jacques Albenas se rallie à cet avis : que l'on prenne conseil « des plus apparens clercs de la ville » et, s'ils concluent favorablement, que la ville prenne en mains la cause de son prédicateur, à Toulouse ou même au grand Conseil. Mais cela ne lui suffit pas, et c'est surtout dans son « opinion » que l'on peut recueillir l'écho des colères suscitées par la nonchalance avec laquelle l'épiscopat s'acquittait de ses devoirs :

> « Et l'on doyt aller sommer et requerir monsr l'evesque de Nismes qu'il ayt à prescher la parolle de Dieu ou faire prescher dans la ville et cité de Nismes par un homme de bien clerc et suffisant, et le requerir qu'il tienne hospitalité aux pauvres, et réside en sond. evesché et maison episcopalle..,.. »

Mais quelle « parole » Albenas entend-il par « parolle de Dieu » ? sans doute celle du beau père, puisqu'il trouve que ses gages sont insuffisants, « actendu la qualité du personnage ». Même formule chez le conseiller suivant, qui ajoute : « *et la bonne doctrine* qu'il a presché a la ville ceste caresme ». Le cinquième encore vante cette « bonne doctrine ». Un autre, licencié, demande comme Albenas qu'on « aille requerir Monsr de Nismes que pourvoye a la parolle de Dieu et qu'il tienne hospitalité aux pauvres ».

Les dix-sept bourgeois consultés déclarent tous adhérer à l'opinion du licencié Gevaldani. Quelques-uns tiennent simplement à l'exprimer avec plus de force. Noble Christophe Brun est d'avis que l'on porte les gages à 40 livres (Gevaldani disait 30 seulement), « pour ses peynes et vacations d'avoir presché la parolle Dieu, et *actendu qu'il a bien endoctriné le public de lad. ville* ». Pons Balaruc est d'avis « que si l'archier veult mener led. beau père en parlement, qu'il y aye un homme de bien pour l'accompagner et servir, et si led. beau père se treuve innocent, que la ville luy secoure fin à cent escuz » (1).

Herminjard, très étonné de voir, en 1532, les magistrats consulaires d'une ville de France prendre ouvertement parti pour un prédicateur d'hérésie, objectait à Viguié qu'il faudrait « connaître la cause de son emprisonnement et l'issue de son procès ». Assurément ; mais si cet augustin a été arrêté la veille même de Pâques, presque au sortir du sermon, n'y a-t-il pas des chances pour que cette arrestation ait été motivée par sa prédication elle-même (2) ? En 1527, à Castres, un cordelier avait, pendant le carême, prêché des doctrines hérétiques, et le Par-

______

(1) MM. les consuls, estimant que les simples conseillers « hont oppiné oultre de ce que ne leur avait été demandé conseil », concluent qu'il aura 30 livres s'il les demande, sinon ses gages ordinaires.

(2) Voyez ce que nous disons plus loin d'un fait analogue survenu à Clermont d'Auvergne.

lement de Toulouse l'avait fait emprisonner ; le fait qui se passe à Nîmes en 1532 doit être du même genre (1).

On ne saurait douter, en présence des « opinions » émises par les conseillers, que le conseil de ville n'ait été unanimement favorable à l'augustin. Sinon le scribe communal n'aurait pas écrit qu'il avait nourri les habitants « de l'aliment de charité » et rappelé à deux reprises « la bonne doctrine évangélique » qu'il avait prêchée ; sinon la ville n'aurait pas songé à subvenir aux besoins du prisonnier.

Mais, dit Herminjard, « l'approbation donnée par les magistrats nîmois à la doctrine de ce religieux ne peut pas, en tout cas, être interprétée comme une adhésion à la Réforme, puisque ces mêmes magistrats, cinq ans plus tard, se plaignaient des « grandes erreurs pullulant contre la foi catho- « lique ». — Et Herminjard renvoie lui-même à sa note 8. Avant de recourir à cette note, avant de voir si, dans son contexte, l'expression « grandes erreurs pullulant dans la foi catholique » a bien toute la valeur qu'elle paraît avoir lorsqu'elle est isolée, il suffira de remarquer que les consuls et conseillers de 1537 ne sont pas nécessairement les consuls et conseillers de 1532 ; de l'opinion de ceux-là on ne peut légitimement remonter à l'opinion de ceux-ci.

---

(1) Il ne faut pas oublier que, précisément à cette date de Pâques 1532, le Parlement de Toulouse fait emprisonner plusieurs professeurs de l'Université ; l'un d'eux, Jean de Caturce, sera exécuté en juin.

II.

Mais voyons — en nous servant des textes donnés
dans cette note 8, dans Dardier et dans M. Puech —
ce qui se passait à Nîmes en 1537 (1). Le 15 avril de
cette année, nous dit M. Puech, Ymbert Pecolet
avait été replacé par les consuls à la tête de l'école
de Nîmes. Or Pecolet était fortement teinté d'hérésie : il proposait de lire chaque dimanche l'Evangile
aux écoliers. Le Conseil de ville, qui ne désirait pas
s'attirer une méchante affaire avec l'Evêché, ne l'y
autorisa pas, mais Pecolet prêchait à domicile. Le
chapitre, qui avait, à Nîmes comme ailleurs, toujours
disputé au consulat le droit de nommer les régents,
le chapitre s'émut, et le précenteur refusa d'instituer
Pecolet ; l'official le déclara « suspect en la foi », et
interdit aux consuls de lui « donner faveurs, secours
ni aide, jusqu'à ce qu'il se soit lavé ». Cité le 22
octobre à la Cour du sénéchal, il raconta que, la
veille, le curé de Notre-Dame lui avait refusé l'entrée de l'église, et qu'un de ses élèves l'avait averti
« que l'on l'avoit dernièrement excommunié de
l'église, pour ce qu'il n'avoit voulu obéir aux inhibitions à luy faictes par le lieutenant official ». Il
fut incarcéré aux prisons de l'Evêché.

(1) Dardier place par erreur en 1535 les évènements dont
nous allons parler. Comme il n'a connu des Archives de Nîmes
que l'inventaire, il a pris la date initiale de la cote LL pour
celle du document analysé.

Les consuls, depuis vingt ans en possession de nommer le régent, résistèrent aux prétentions du prévôt, vicaire général de l'évêque. Le 27 octobre, ils proposèrent que l'adjoint de Pecolet, Gaspard Caihas (c'est l'orthographe donnée par M. Puech, au lieu de Cavart, que donnent les *Preuves* de Ménard et l'Inventaire des Archives) le remplaçât « jusques à ce que sera cogneu led. maître Imbert estre coulpable des cas à luy imposés ». Naturellement les consuls ne prenaient pas ouvertement parti pour Pecolet et, en défendant leur droit, ils n'entendaient pas empiéter sur le domaine des autorités ecclésiastiques et judiciaires : « soy declairant cependant qu'ils n'entendent aulcunement empescher M. le prevost comme vicaire et aussi la court de mond. sʳ le senechal comme commissaire joinct aud. evesque, que icelluy mᵉ Ymbert ne soit pugny des cas à lui imposés ». Ils ajoutaient (je cite ce texte d'après la note 8 d'Herminjard) qu'on devrait instituer un professeur de théologie, « veu mesmement le temps que court, et que, à faulte de ce, y a eu et de present y a et *pullulent journellement plusieurs grands erreurs contre nostre foy*, et à très grand préjudice et troublement de l'Esglise et chrestienté ».

Les consuls semblent donc faire preuve ici d'un ardent zèle catholique. Si ce zèle avait été irréprochable, le prévôt aurait dû accepter immédiatement leur candidat, et aussi approuver leur projet de faire enseigner au collège les vérités de la foi. La réponse du prévôt va nous renseigner sur le véritable esprit des consuls. Il riposta, le 1ᵉʳ novembre, qu'on avait déjà un théologal à la cathédrale pour instruire les chanoines et les religieux : c'était dire assez clairement que l'enseignement théologique, tel que les consuls proposaient de l'instituer, enseignement donné hors de l'Eglise et destiné aux laïques, serait suspect d'hérésie.

Sur la question de Caihas (ou Cavart), le prévôt fut plus net encore. Il dit que c'était « à luy comme vicaire de pourvoir d'un maître d'escolle, non point les consuls, attendu mesmement les grandes erreurs qui courent de secte luthérienne ». On ne pouvait donc pas s'en rapporter aux consuls du soin de maintenir dans les écoles de la ville l'intégrité de la doctrine ? Hélas ! non, car on nous apprend que si le précenteur est intervenu dans cette affaire, c'est parce qu'il voyait « le dangier qui estoit survenu en la cyté de Nysme par le maistre-maige ès escolles et escolliers, pullulant *magna hæresis*, tant *de sacramento altaris* que *de sacramentis Ecclesiæ*, dont plusieurs sont esté prevenuz, tant par censures ecclésiastiques que *per dominos temporales* ». Mais voici qui nous éclaire bien plus complètement sur le rôle des consuls (1) :

« Les consulz ont essayé de présenter ung maistre Ymbert Pecolet pour régir les escolles, lequel a longtemps que a esté intitulé *in materia hæresis*. Dont lesdits consulz devoient désister de instituer Me Ymbert aux escolles, lesquelz estoient bien avertis les erreurs hérétiques estre provenues *ab esculis* ; et présenter ledit Ymbert, ce n'estoit sinon pour multiplier les erreurs. »

____

(1) Ce texte est encore donné par Herminjard et l'on s'étonnera que, l'ayant lu, il ait cependant écrit sa note.

Voilà donc les consuls nettement accusés d'être, sinon des hérétiques, du moins des fauteurs d'hérésie. Ils méritaient ce reproche quand ils soutenaient Pecolet, ils le méritent de nouveau quand ils présentent Caihas, « lequel estoit compaignon dudit Me Ymbert. Et si, y a plus encore, car ledit Gaspar *fuit socius* de Me Batalerii, lequel *obfugit* (1) ». Ainsi ce Caihas qui, d'après les consuls, devait, avec l'aide d'un professeur de théologie, réfuter « les grandes erreurs pullulant journellement contre notre foi », ce Caihas avait pour amis des prisonniers et des fugitifs pour cause de religion ! On comprend vraiment, après cela, que le prévôt ait dit aux consuls que c'était de leur faute s'il y avait encore des hérétiques : « En cas que la hérésie viendroit à pulluler... que cela ne tient pas à l'evesque de Nysmes, *mais aux consuls*, voulant empescher icelle punition, par ce que dessus ».

La vérité, c'est donc qu'il y eut, à propos des écoles, un conflit persistant entre la ville et le chapitre, conflit dont Viguié résumait ainsi l'histoire (p. 557) : « ...Pecolet est accusé de luthéranisme ; le précenteur de la cathédrale refuse de l'accepter comme recteur. La ville persiste, se roidit ; l'autorité sacerdotale a le dessus. Premier conflit. Une seconde fois (2) les consuls présentent maître Imbert ; le

---

(1) Je n'ai pas de renseignements sur ce Batelier.

(2) On a vu en effet que le prévôt reprochait aux consuls d'avoir présenté Pecolet à plusieurs reprises. Il avait été, en 1535, adjoint à Benoît Cosme. Il se retira, sans doute pour des raisons religieuses, à Béziers ou à Toulouse, d'où il revint complètement hérétique.

précenteur s'oppose à leur demande ; maître Imbert est accusé de pactiser avec les idées nouvelles. Second conflit. Le 15 octobre 1537, les consuls choisissent donc et par force un nouveau recteur. Gaspard Cavartz, savant grammairien et parfait latiniste, est l'homme désigné. Mais quoi ! ce lettré est aussi un adhérent du luthéranisme. L'autorité ecclésiastique rejette les propositions de la ville. Troisième conflit ».

L'attitude des magistrats nîmois apparaît plus significative encore lorsqu'on sait quelle était à cette date la situation religieuse de la ville. Si M. Puech a été tenté de fixer à cette année 1537 le début de la Réforme à Nîmes, c'est qu'il a trouvé dans les archives du Palais cette note du juge-mage : « Touchant la forme de procedder aux inquisitions qui sont à faire contre ceulx qui sont chargés de ceste hérésie... satisfaisant à l'arrest envoyé du Parlement de Toulouse ». Des prévenus sont incarcérés au château du roi, « intitulés d'estre luthériens ». Le lieutenant de l'official demande des conseillers du tribunal « pour luy assister à la vuydange du procès de certains luthériens et pressentans d'hérésie ». Malheureusement les pièces ne nous font connaître ni le nom, ni le nombre, ni la profession des prévenus. Il ne nous est pas même possible de savoir si ce que l'on écrit de Genève à Zurich, le 12 novembre, est vrai, à savoir que deux Nîmois auraient été brûlés (1).

---

(1) Herminjard, t. IV, p. 317. Voy. aussi Berne à Fr. Iʳᵉ, 17 nov., p. 320. M. Puech n'a pas trouvé trace d'un seul supplice à Nîmes même ; mais des Nîmois ont pu être exécutés ailleurs.

Au milieu de cette grave crise religieuse, les consuls de Nîmes se déclarèrent-ils ouvertement pour la Réforme ? Non, certes. M. Puech remarque fort justement que le tiers consul, qui défendit contre le prévôt le choix que la ville avait fait de Caihas, est précisément un de ces Nîmois qui resteront catholiques. Les consuls de 1538, sans doute peu désireux de renouveler le conflit, défendirent aux maîtres d'école « que ne eussent point à lire à la Sainte Escripture, mais es autres livres, tant en grammaire, logique et rhétorique, et ce pour obvier aux erreurs que l'on dit que par ci-devant ont esté semées, à cause de la lecture de la sainte Escripture ».

Ce n'est là qu'un air de bravoure, destiné à désarmer les colères des chanoines ; et il ne semble pas que les consuls aient très sérieusement veillé à l'exécution de cette défense, car, le 21 avril 1540, le Parlement de Toulouse revenait sur cette question (1).

Ce qui ressort de tout cet ensemble de faits, c'est que le consulat nîmois, celui de 1532 comme celui de 1537, s'il n'est pas composé de réformés, est loin d'être systématiquement hostile à la Réforme. Il approuve « la bonne doctrine évangélique » prêchée par un augustin suspect. Il ne lui déplaît pas que ses écoles soient confiées à des humanistes, même si ces humanistes ne sont pas d'une irréprochable orthodoxie. Après Pecolet et Caihas, il acceptera, en 1539, Claude Baduel, qui est plus compromis encore. C'est

____

(1) Puech, p. 27 (imprime à tort 1539), et *Bulletin*, t. XIII, p. 202.

seulement à la suite d'un nouvel arrêt rendu par le
Parlement de Toulouse aux grands jours du Puy (14
sept. 1548), que les consuls se décideront à faire de
nouveau « inhibitions et desfance aux principal, re-
gents, pedagogues et autres de ne tenir aulcuns
livres de la sainte Escripture translatez en vulgaire,
etc. ». Mais, dans la plupart des cas, comme le
remarque très bien M. Puech (p. 52), « les autorités
ferment les yeux (1) », et il est visible qu'à Nîmes
« les procès des prévenus de la foi ne sont pas en
rapport avec le nombre des adhérents aux idées nouvelles ». A l'heure même où l'hérésie « pullule » à
Nîmes, les consuls nient son existence ; ils déclarent
effrontément « que c'est à tort que la ville est
soupçonnée d'hérésie, et que s'il s'y trouve quelques
protestants, ce sont tous des étrangers (2) ».

III.

Nous touchons ici à une question générale très
délicate. Quelle a été à l'ordinaire, entre 1530 et
1562, l'attitude des consulats, et par suite de la
partie de la bourgeoisie dans laquelle se recrutaient
les corps consulaires ? Cette question, nous n'avons
pas la prétention de la résoudre en passant. Nous
voudrions seulement rapprocher un certain nombre
de faits assez curieux. Nous croyons avoir établi

(1) Dardier, à l'année 1551.
(2) La cour du juge-mage aussi bien que le consulat.

ailleurs (1) que le consulat lyonnais, à une époque où il n'était sûrement pas composé de réformés, a toujours, systématiquement, cherché à dissimuler à l'autorité le caractère religieux des troubles qui agitaient la ville. A Limoges, M. Leroux est frappé du silence que le chroniqueur consulaire garde au sujet des supplices (2). Pour ne rien généraliser, notons tout de suite qu'à Bordeaux la jurade est d'abord nettement hostile à la Réforme (3) ; cependant, dès 1535, le sous-maire et le clerc de la ville sont partisans des idées nouvelles. A La Rochelle, c'est grâce à l'appui clandestin des autorités locales qu'elles gagnent du terrain (*Bull.* 1895, 392 et 450 et ss.). A Issoire ce sont les deux consuls de l'année 1540 qui introduisent en ville un prédicateur luthérien, « un jacobin venu d'Allemagne (4) ». Tout près d'Issoire, à Clermont, c'est-à-dire dans une ville peu favorable à l'hérésie, il se passe, le 30 avril 1547, une scène analogue à celle qui s'était passée à Nîmes en 1532, mais ici le scribe communal nous dit plus clairement les choses : le prêcheur est poursuivi par l'évêque pour « avoir mal parlé et allégué quelques propositions » pendant le dernier carême ; il appelle à son aide le conseil de Ville, et celui-ci décide que les Elus (c'est le nom que l'on donnait aux magistrats consulaires de Clermont) iront remontrer à Mon-

---

(1) Voy. ci-dessus, p. 181.
(2) *Hist. de la Réf. dans le Limousin*, p. 15-24.
(3) Gaullieur, t. I, p. 8 et suiv.
(4) *Annales d'Issoire*. Ces *Annales* ont été assez mal publiées par Bouillet. Voy. *infra*, p. 200, n. 2.

seigneur « que le prescheur a très bien presché et instruit le peuple... et que le peuple ne fut jamaiz instruit et édiffié » comme il l'a été cette année-là. Ici encore, on le voit, un prédicateur fortement suspect d'hérésie a eu l'heur de plaire au conseil de Ville.

Il serait assurément téméraire de tirer de ces quelques faits des conclusions trop positives. Ce que l'on peut dire, c'est que les corps municipaux — du moins dans les villes consulaires — n'ont pas toujours été (1) les défenseurs acharnés de l'unité catholique. Il semble que le désir de défendre leur autonomie communale à la fois contre la juridiction épiscopale et contre l'ingérence du pouvoir central les ait souvent conduits à cacher, à atténuer, à tolérer chez eux les agitations religieuses. On ne s'expliquerait pas autrement que l'inquisiteur, en 1549, ait cru nécessaire de demander aux consuls des villes du Languedoc un serment spécial (2) : ils devaient jurer non seulement de poursuivre les hérétiques et de les dénoncer à l'inquisiteur, mais encore de n'admettre dans leur corps « aucuns diffamés ou suspects dudit crime... Jurons aussy que, en toutes choses concernantes l'office de la Sainte Inquisition et poursuite des hérétiques, donnerons ayde et secours à M. l'Inquisiteur et aux officiers de sa court, quant par iceulx serons requis... » Un tel luxe

(1) Après 1561 nous verrons souvent les consulats (à Castres, à Milhau) prendre la direction du mouvement réformé.

(2) Publié par de Fréville, d'après la collection Doat, dans le t. I⁰ᵉ du *Bulletin*, p. 361.

de précautions aurait été superflu, si l'Eglise n'avait eu de bonnes raisons pour se défier des corps consulaires. Assurément, l'approbation qu'ils donnent aux doctrines prêchées par tel ou tel religieux ne peut pas, suivant les expressions d'Herminjard, « être interprétée comme une adhésion à la Réforme » ; mais c'est exagérer dans un autre sens que de les prendre au mot quand ils parlent de détruire les « grandes erreurs pullulant contre la foi catholique ».7 S'ils n'ont pas, sauf exception, ouvertement soutenu la Réforme, ils se sont très souvent opposés à ses progrès avec mollesse ; c'est peut-être dans cette attitude purement négative des consulats qu'il faut chercher l'explication du prodigieux développement du protestantisme dans le Midi et le Sud-Ouest (1) (c'est dans ces régions que fonctionne le régime consulaire) au moment où vont éclater les guerres de religion.

(Bulletin historique et littéraire du protestantisme français, 15 mai 1897).

(1) Voy. notamment l'étude récemment publiée dans le *Bulletin* par M. Bourrilly, numéro de septembre 1895.

NOTES ET DOCUMENTS
SUR LA RÉFORME EN AUVERGNE

1535-1586

NOTES ET DOCUMENTS SUR LA REFORME EN AUVERGNE (1).

1535-1586

L'Auvergne n'est certainement pas un des pays de
France où la Réforme a compté le plus d'adhérents.
Exception doit être faite pour une ville, celle d'Issoire,
où une doctrine hérétique (probablement le luthéranisme) est prêchée dès 1540, et qui sera, jusqu'en
1577, un des boulevards du protestantisme (2). La
cité épiscopale de Clermont ne paraît pas avoir subi

(1) J'extrais ce chapitre de trois articles, parus en 1898-1899,
du *Bulletin hist. du protest. franç.*, mais j'en ai retranché ce qui
était relatif au xviie siècle. J'ai d'ailleurs laissé à ces études leur
forme première : ce sont des efforts successifs pour atteindre la
vérité. Je crois que le lecteur ne m'en voudra pas d'avoir conservé ces travaux d'approche et d'investissement. Il comprendra mieux, ainsi, comment une petite découverte vient éclairer
une découverte antérieure ; et il éprouvera sans doute les mêmes
étonnements que l'auteur lui-même qui, travaillant sur l'une
des régions les moins favorables à la Réforme, y a rencontré un
si grand nombre de réformés, appartenant à toutes les professions, venant des localités les plus diverses, et souvent de localités perdues dans un coin de montagne.

(2) On trouve un récit des évènements relatifs à cette ville
dans les *Annales d'Issoire* (mss. 614, 615 et 616 de la bibliothèque
de Clermont), très mal éditées par Bouillet. Voy. Longy, *Hist.
de la ville d'Issoire* (Clermont, 1890, in-4º).

très fortement l'influence de sa voisine. Dans la Haute-Auvergne, Pierre Audigier (1) note avec orgueil que Saint-Flour n'a jamais varié dans son attachement à la religion catholique : « Les luthériens ni les calvinistes, dit-il, n'y ont pas une seule famille. » Dans son *Projet de l'histoire d'Auvergne* (p. 274), il dit, d'une façon plus générale : « Le calvinisme, qui avait fait tant de progrès en France, n'en fit presque point en Auvergne, malgré tous les ressorts que l'on fit jouer pour l'introduire dans cette belle province. On n'eut pas beaucoup de peine à faire revenir ceux qui avaient été gagnés et à les faire rentrer à l'ancienne Eglise. »

On s'explique donc qu'il n'ait pas encore été écrit une histoire de la Réforme en Auvergne (2). Au reste, les sources d'une telle histoire sont difficiles à rassembler.

Les Archives du Puy-de-Dôme ont hérité des anciens fonds de l'évêché ; ces pièces sont inventoriées en deux inventaires manuscrits, d'une part un cata-

(1) *Notices historiques* (mss 580 de la bibl. de Clermont, f° 19). — L'Académie des sciences, belles-lettres et arts de Clermont-Ferrand a publié en 1899 le t. Iᵉʳ de l'*Histoire d'Auvergne* d'Audigier. Ce tome (*Projet de l'histoire d'Auvergne*) ne contient rien sur notre sujet, sauf la phrase citée plus bas.

(2) Il n'existe qu'une *Histoire des guerres religieuses en Auvergne*, par Imberdis, Riom, 1846. Voy. l'art. AUVERGNE, de l'*Encyclop. des sc. relig.* On trouvera des faits relatifs au protestantisme auvergnat dans la *Chambre ardente* de M. Weiss, p. XLVI, LVII, LXXXI, 219, 281, 320, 327, 335, 353, 366, 370, et au *Bulletin*, t. XXI, p. 463. Enfin, M. Weiss a publié, depuis la date où nous éditions ces lignes, d'autres pièces extraites des registres du Parlement. Il ressort de ces textes que le protestantisme n'a pas été, en Auvergne, aussi nul qu'on le croit communément.

logue d'actes, d'autre part un « Inventaire des titres de l'Eglise cathédrale », plus des inventaires spéciaux aux diverses communautés religieuses. Il semblerait qu'on dût trouver dans ce fonds beaucoup de renseignements sur les hérétiques ; il n'en est rien. L'évêché et les couvents n'avaient guère conservé que les titres leur conférant des droits utiles. Mes recherches ont donc abouti, de ce côté, à un résultat purement négatif, et M. l'archiviste Rouchon n'espère pas qu'on puisse rien découvrir (1) dans ces séries de pièces.

Les Archives de Clermont sont un peu moins pauvres, et m'ont fourni quelques-unes des notes qui suivent. Il existe de ces archives un inventaire manuscrit, rédigé en 1616-1617 sous l'échevinage de Jean Savaron, et les registres des assemblées et conseils de ville sont assez complets. J'ai dépouillé ces registres

---

(1) Fort heureusement pour nous, les registres capitulaires ont été vus, au début du siècle dernier, par le chanoine Majour, qui en a donné des extraits dans ses ouvrages. Un chanoine de Riom, Chevalier, et l'abbé Faydit, ayant prétendu, contrairement à l'opinion de Savaron, que saint Amable était mort à Riom et non à Clermont, Majour voulut défendre son compatriote et son Eglise. Il publia, en 1702, des *Défenses de M. Savaron, etc.* L'abbé Faydit attaquait directement le chapitre cathédral (au sujet de l'histoire de la barbe de Guillaume Duprat); aussi, dix ans plus tard, Majour publia-t-il une *Apologie des chanoines de la cathédrale et des citoyens de la ville de Clermont contre les nouveaux égaremens de M. l'abbé Faydit* (Clermont, 1713, pet. in-8° de 299 p.). Afin de montrer que les chanoines clermontois ont toujours été pleins de zèle contre l'hérésie, Majour raconte (p. 223 et ss.) l'introduction du protestantisme à Clermont. — L'exemplaire que possède la bibliothèque municipale a été donné par l'auteur lui-même au séminaire sulpicien de Clermont. — Nous publions plus loin des fragments de l'*Apologie*.

pour les années 1540-1548, qui correspondent à peu près au premier développement du protestantisme à Issoire, et dans lesquels, par conséquent, j'avais chance de trouver des traces d'un protestantisme clermontois. Malheureusement, le registre de l'année 1546 a disparu. — D'autre part, ces registres de délibérations ne nous donnent jamais les noms propres des maîtres d'école, prédicateurs, etc. ; j'espérais retrouver ces noms aux comptes de la ville, mais ces comptes ont en partie disparu. — Les Archives de Montferrand, qui ont été réunies à celles de Clermont, ne m'ont rien donné : le conseil de ville manque complètement ; le bailliage n'a rien pour le XVIe siècle ; les comptes sont très incomplets, et M. Teilhard de Chardin, qui avait été chargé d'en dresser l'inventaire, m'assura qu'il ne s'y trouvait rien qui m'intéressât, pas même une quittance de bourreau. — Quant aux archives du greffe de Riom, leur pauvreté, en ce qui nous concerne, est navrante. — On trouve quelques documents d'origine judiciaire dans les manuscrits de la bibliothèque de Clermont : ce sont des extraits, faits par Dulaure, des grands jours tenus à Montferrand en 1482 et 1520, à Riom en 1546, à Clermont en 1582 (1) ; j'aurais cherché à compléter ces extraits par des recherches aux Archives nationales, si je n'avais su que M. Weiss

____

(1) Ms. 598. Les Archives du Cantal sont très pauvres. Quant aux archives communales ou hospitalières de la région, elles ont été trop souvent dilapidées ; par exemple celles d'Issoire, transportées trop tard au département, ne se composent plus que de quatre liasses.

s'occupait à dépouiller le fonds du Parlement. Je me contente donc de signaler ici les quelques faits que j'ai pu recueillir.

I.

LE CLERGÉ D'AUVERGNE AU XVIᵉ SIÈCLE.

Les mœurs du clergé ne paraissent avoir été, en Auvergne et en particulier à Clermont, ni pires ni meilleures que dans le reste de la France au début du xviᵉ siècle. — Les Grands Jours de 1546 nous donnent un exemple frappant de la violence et de la tyrannie cléricales (1). Jacques Colin, abbé de Saint-Ambroise, prieur de Saint-Pourçain, a la réputation d'un ecclésiastique humaniste et libéral (2). Cependant lorsque Jean Petit, notaire royal et receveur à Saint-Pourçain, lui présente ses comptes, Colin majore les recettes, diminue les dépenses, et contraint le receveur à signer, « autrement on l'eût mené rondement en prison ». Comme Petit ne paye pas immédiatement, l'abbé le fait arrêter la veille

---

(1) Ms. 598 f° 108.

(2) M. V.-L. Bourrilly, en 1905, a consacré une étude à Jacques Colin (*Biblioth. d'hist. mod.*, t. I, fasc. IV). Nous y voyons p. 38, n. 6, qu'à St-Ambroise (au diocèse de Bourges) Colin eut avec ses moines des démêlés qui, « ne furent peut-être pas étrangers à la première diffusion des nouvelles doctrines dans le Berry ». Mais M. Bourrilly ne parle pas de Saint-Pourçain. Colin mourut en 1547.

de la Toussaint, à minuit, et incarcérer pour quinze jours. Puis on le mène à la taverne, on le fait boire et on l'oblige à signer un billet et une renonciation à l'appel qu'il avait interjeté en raison de son emprisonnement. Une fois libre de tête et de corps, Petit veut obtenir l'annulation des deux signatures ; le prieur le fait mettre au cachot, puis dans une tour, puis dans une fosse profonde de cinq à six toises ; on avait, pour creuser cette fosse dans la chapelle de Sainte-Catherine, retiré des ossements humains ; car c'était un ancien sépulcre. C'est là qu'on met le prisonnier lié, enferré, au pain et à l'eau ; il est au secret, on refuse même les vivres apportés par ses parents. Le bruit de ses souffrances se répand en ville, et « les habitants du lieu, avec grande commotion et clameur, remontrent la pauvreté et misère » du malheureux notaire. « Pour cuider faire cesser cette clameur et commotion populaire », Colin accuse Petit d'avoir chassé en sa garenne, fait peur aux lièvres et renards, enfin d'avoir machiné sa mort, de concert avec les religieux qui ne veulent pas être réformés. Pour soutenir ces accusations, l'abbé produit un témoin, et quel témoin ? un coupeur de bourses, qui est mis en liberté dès le lendemain, en récompense de son faux témoignage. Le sénéchal déclare que Petit est innocent ; cependant l'abbé le garde en prison et saisit ses biens. Le malheureux obtient enfin le renvoi de son affaire à la chambre des requêtes ; il est alors mis en liberté, mais obligé de quitter la ville (et avec lui une douzaine de ses amis), pour échapper à la colère de son terrible ennemi.

Jacques Colin nous est d'ailleurs représenté comme un insupportable tyranneau. Il a un certain valet qu'il a fait sergent, qui maltraite et effraye tout le monde. Ce brave ayant tué un religieux sur le pont, son maître, pour donner un semblant de satisfaction à l'opinion publique, le fait condamner à être pendu en effigie ; mais, « pendant qu'on le pendait ainsi, il était dans la cuisine dudit abbé où il faisait grand chère ». Après l'avoir dûment pendu, l'abbé l'a repris à son service et « l'a mieux payé qu'auparavant ». En même temps qu'il protège les spadassins, l'abbé fait défense aux quêteurs de quêter pour les prisonniers. — Il est difficile de nier complètement la réalité des faits avancés par Petit, car la cour dit que Colin « a mal procédé », et le condamne aux dépens.

Il est, en 1546, peu de maisons conventuelles où l'immoralité règne plus ouvertement que chez les religieuses de Sainte-Claire à Clermont ; ce monastère peut disputer le prix de la honte à l'abbaye de la Valette, poursuivie en 1531 par le Parlement de Bordeaux (1), au couvent de Saint-Yrieix, et à quelques autres. — Il ne faut pas, assurément, juger de la moralité d'une vaste société d'après les désordres dont se rendent coupables quelques-uns de ses membres. Mais ce qui est grave dans le cas des clarisses de Clermont, c'est moins encore les actes qu'elles ont commis que l'extraordinaire impunité dont elles

(1) Leroux, *Réforme dans la Marche et le Limousin*, p. **xxxi** ; Gaullieur, *Réformation à Bordeaux*, p. 56.

ont joui publiquement pendant plusieurs années, avec la complicité du chapitre et de l'évêque, et dont elles auraient continué à jouir sans l'intervention de l'autorité civile. Laissons la parole au ministère public (1) :

« Sur ce que Marlhac pour le procureur-général du Roi a dit que les Grands Jours ont été spécialement institués entre autres causes pour la réformation des religions et aumôneries des provinces étant du ressort d'iceux, et parce qu'il a été averti, tant par information faite que par la visitation des lieux, que au monastère Ste Clere de Clermont y a grand désordre et déformation, n'y a cloître, dortouer ni lieux religieux, clostures entières, et y vivent les religieuses en liberté contre le devoir de religion ; parquoy étoit contraint dire et remontrer ce qui lui déplaît pour l'honneur de religion, mais d'autant que le méfait est public, estoit très nécessaire :

« Qu'il se trouve que l'abbesse dud. Monastère a été enceinte six ou sept fois, et quant aux religieuses, n'en font pas moins, et quant elles veulent gésir s'absentent jusques après le part. Trouve davantage qu'il y a un chanoine de Clermont qui les retire en sa maison quand elles sont grosses, y hante et converse jour et nuit, »

contrairement à l'arrêt général de réformation rendu par les derniers grands jours de Moulins.

On voit combien cette accusation est accablante. Elle émane d'un catholique, qui souffre d'avoir à parler contre « l'honneur de religion ». Il ne s'agit pas ici d'une défaillance momentanée, puisque l'abbesse a été enceinte « six ou sept fois » ; ni de défaillances individuelles, puisque les autres religieuses « n'en font pas moins ». Il y a là un ordre de choses à peu près régulier, puisque les religieuses ont

____

(1) Ms. 598, f° 109.

organisé, à leur usage, un service de maternité clandestine ; et, ce qui est le comble, la maison d'accouchement est dirigée par un chanoine !

Après avoir donné lecture des témoignages et prouvé « que le lieu [le couvent] n'étoit disposé pour tenir religieuses », Marillac requiert qu'il soit enjoint à l'évêque

« mettre et translater ces religieuses dud. monastère en autres religions régulières plus réformées de sond. diocèse pour les séparer et diviser jusqu'à ce que led. couvent soit construit et mis en état, et au surplus que une nommée Dubuisson, religieuse, chargée par lesd. informations de dissolution et incontinence, soit et demeure au monastère où elle sera transférée comme en prison et à elle et autres chargées soit fait leur procès par led. évêque... »

Nous ignorons de quel crime, plus grave que ceux de ses sœurs, s'était rendue coupable cette Dubuisson ; nous ne savons pas non plus comment se termina le procès spirituel intenté aux accusées. Mais nous voyons que le mal courageusement dénoncé par Marillac n'était pas spécial à la ville, qu'il s'était répandu dans les couvents de la banlieue :

« Et le semblable soit enjoint aud. évêque... faire pour le regard du monastère de Beaumont lez Clermont, avec injonction à l'abbesse de contenir ses religieuses et les faire vivre en l'observance régulière, et défense de y laisser hanter ne converser personnes séculières ne autres... »

Les faits énumérés par Marillac devaient être vrais, car la cour accepta ses conclusions, et enjoignit au bailli de Montferrand, le 26 octobre, l'ordre de faire exécuter l'arrêt et de présenter un rapport sur cette exécution dans le délai d'un mois.

En dehors de ces manquements scandaleux aux lois civiles ou ecclésiastiques, on reprochait au clergé auvergnat de prendre peu de soin des intérêts spirituels des fidèles. Certains prêtres ne résidaient jamais dans la paroisse dont ils étaient titulaires et prétendaient cependant y percevoir les dîmes. « Pas de messe, par d'argent », disaient les paysans ; et ces conflits étaient portés devant les tribunaux. Cet abus devait être bien invétéré, puisqu'il put résister à la Réforme et aux guerres de religion ; en 1582, à la requête des habitants de Plauzat, la cour ordonne à deux religieux de l'abbaye de Sauxillanges d'aller résider dans la paroisse dans les quinze jours, à peine de saisie du temporel :

« Requête présentée par les habitans de Plauzat (1) en Auvergne, par laquelle, attendu que les deux curés de la cure et paroisse dud. lieu, l'un appelé le Prieur Blanc et l'autre le Prieur Noir, religieux en l'abbaye de Sausilanges, prenoient les dixmes des grains, vins et autres droits, sans résider ni deservir ni faire deservir lad. cure, ains demeuroient hors la paroisse en quelque métairie, tellement que le service divin estoit cessé et les supplians contrains prendre à leurs frais prestres pour faire led. service et administrer les sacrements. »

(1) Canton de Veyre-Monton, arr. de Clermont.

II.

EXTRAIT DES REGISTRES CONSULAIRES DE CLERMONT

(1540-1548)

Le premier renseignement relatif à l'hérésie ne se trouve dans ces registres qu'à l'année 1547. Le 30 avril de cette année, nous lisons ce qui suit :

« A esté remonstré par le beau-père (1) qui a presché le caresme passé qu'on a fait quelques informations contre luy, disant qu'il avoit mal parlé et allégué quelques propositions et que il y auroit descerné prinse de corps contre luy, dont s'estoit pourté appellant pour éviter à l'emprisonnement de sa personne non pour hoster la cognoissance à monsgr l'evesque ne à sa justice, mès qu'il luy plaise balher juge et gents de l'ordre pour le oyr et est prestz y obéir ; parquoy plaira en parler à mondit sgr et le ouyr en justice par messgrs les esleuz et assistans (2).

« A esté advisé que messgrs les esleuz accompagnés de cinq ou six personages apparans de la ville yront parler à monsgr pour luy remonstrer que le prescheur a très bien presché et instruit le peuple, et qu'il luy plaise le ouyr et entendre en justice, et que le peuple ne fut jamaiz instruit et eddifié (3). »

______

(1) Ce prédicateur était un carme (voy. le même registre à la date du 6 février), mais, en l'absence des comptes de la ville, nous ne pouvons savoir son nom. Majour ne parle pas de cette affaire.

(2) C'est ce titre, et non point celui de consuls que portaient à Clermont les magistrats municipaux.

(3) *Sic.* Il faut sans doute ajouter : « pareillement ».

La Ville prend donc très nettement position en faveur du prédicateur, elle approuve sa doctrine, comme avait fait en 1532, dans un cas semblable, la ville de Nîmes (Voy. ci-dessus, p. 188).

Comme à Nîmes encore, c'est la question des écoles qui força bientôt Messieurs les élus à s'occuper de nouveau d'affaires religieuses.

Les écoles de la ville et des faubourgs étaient placées sous la juridiction du chapitre. Le principal, que désignait le chantre de la cathédrale, avait le monopole de l'enseignement, lui, ses coadjuteurs et ses bacheliers (1). Il était, à vrai dire, appointé par la Ville (2), mais la Ville n'avait pas le droit de présenter un candidat au choix du chapitre.

Ces écoles étaient peu prospères. On constate, en effet, le 3 juillet 1547 :

« Que les escoliers des escoles de la presant ville s'en vont hors la ville et demeurer à Yssoire et Bilhom à faulte de coadjuteurs ; par quoy soit advisé qu'on y doit faire. — Que le maistre régent sera mandé par Mess. les esleuz pour pourvoir de coadjuteurs et bacheliers souffisans.

(1) Majour, *Apologie*, p. 259 : « Un certain particulier s'étant ingéré en l'année 1526 d'enseigner en chambre quelques enfans sans la permission du chapitre ou du principal du collège, comme ayant ce pouvoir par commission, il fut ordonné, par acte capitulaire du 23 janvier, qu'il serait assigné à la diligence et aux dépens du chapitre pour se voir condamner à fermer son école ».

(2) Appointements assez mal payés et insuffisants, 1545, 13 juin : « Que les maîtres d'escolles outre leurs gaiges ordinaires demandent leur estre faicte quelque gratuité, à tout le moing du louage de leur maison. » 15 juin : « A esté remonstré... par le maistre regent de l'escolle de la présent ville qu'il a esté adverty qu'on le veult diminuer de ses gaiges de l'année passée ; quoy voyant, il a délibéré que, si on ne le veult donner gaiges semblables, qu'il n'a délibéré de demeurer. »

« 7 juillet.— A esté remonstré par le maistre reverend (1).
de la presant ville qu'il a exercé les escoles de l'année passée
et que encores est prestz les exercer la presente année, pourveu
que on trouve coadjuteur, et qu'il luy balhera la moitié de
ses gages.

« Au reverend luy sera remonstré qu'il se pourvoie de bons
et souffisans coadjuteurs et que c'est à sa charge. »

Que se passa-t-il ensuite ? Le « révérend » en
fonctions ne réussit-il pas à se procurer un coadjuteur ou bien eut-il des motifs personnels pour quitter
Clermont ? Toujours est-il que le 16 avril 1548, la
ville était sans régent (2) :

« Aussi que le reverend des escoles de la present ville est
absent, et demeurent les escoles sans regent qu'est un gros
intérestz à la ville, et qu'il y a ung sçavant personnage qui se

(1) C'est un titre que l'on donne souvent au régent ou principal. Quel était ce régent ? Le registre de 1547 n'en dit rien,
nous n'avons pas celui de 1546, et les comptes sont muets sur
ce point. Heureusement Majour (voy. plus bas) nous apprend
que, depuis le 11 juillet 1546, cette charge était remplie par
Claude Mosnier : « Deux ans après [après la nomination comme
régent de Villayne, en 1544] le même emploi de Principal, ou
Révérend, étant encore vaquant, sur la Prière des Elus de la
Ville....., le chapitre en fit expédier les provisions à M. Claude
Mosnier, comme ayant les qualités requises pour en remplir les
fonctions : *Lunæ II Julii Anno 1547 Domini infra nominati,
audita supplicatione Dominum electorum regimini hujus civitatis
facta Dominis supra nominatis et capitulo, intuitu Claudii Mosnier,
ut Præfati Domini dictum Mosnier tanquam capacem et idoneum
eligere haberent in Reverendum et Rectorem Scholarum hujus civitatis, Domini D. præfati, attenta idoneitate dicti Mosnier, illi con-
tulerunt regentiam scholarum hujusmodi civitatis et officium Reverendi, ad nutum tamen capituli, ipso Mosnier præsente.*

(2). Majour signale la nomination d'un nouveau régent, le
1er juillet 1548, mais sans indiquer la cause du départ de Mosnier.
« Deux années après... la même place de Principal ou Révérend
n'étant pas remplie.... »; le nouveau titulaire fut Me Antoine
Grenet.

offre regenter. — Quant au maistre regent qui se offre régir
les escoles, luy sera fait responce qu'il sera préféré à tout autre,
mès que on ne y peult pourveoir jusques à la S. Jehan pro-
chaine et ce pendant on soy enquerra de sa vie. »

Pourquoi ces précautions inusitées ? Pourquoi le
conseil de ville juge-t-il nécessaire de faire une
enquête sur la vie de ce « savant personnage » ?
Avait-on eu à se plaindre de son prédécesseur, et de
quel genre étaient les griefs qu'on avait contre lui ?
C'est ce que va nous apprendre le procès-verbal de
l'assemblée du 22 avril :

« Aussi a esté remonstré que le maistre regent des escolles
de la vile de Bilhon qui s'est offert regir et servir la ville et
entretenir les escolles ; par quoy soit advisé s'il sera receu ou
qu'on y doit faire. — Qu'il sera receu et le feront messrs les
esleuz obliger de servir et avoir cohadjuteur et bachelier bons
et souffisans et bien vivans aux gaiges accoustumés, et luy
sera remonstré *de bien endoctriner les enfans et inhiber de ne
user de livres hérétiques.* »

Voilà qui est clair. Le « Révérend » qui avait
régenté les écoles en 1546-1547 avait commis la faute
de « user de livres hérétiques » et de « mal endoctriner les enfans », c'est-à-dire de leur enseigner les
doctrines pour lesquelles, au printemps de 1548,
Jean Brugère subit à Issoire le supplice du feu. Il
est probable que les poursuites engagées contre
Brugère et ses deux principaux complices, Jean
Berme et le Peyroulier, déterminèrent le principal
de Clermont à prendre la fuite, dans les premiers
mois de 1548 (1). Nous ne pourrons plus guère con-

____

(1) L'arrêt du Parlement, du 3 mars 1547 (vx st.), qui
condamne Brugère, ordonne la suppression de l'hérésie non

server de doutes à cet égard lorsque nous connaîtrons
(par le chanoine Majour) le nom de ce principal :
c'était Claude Mosnier (1), qui sera brûlé à Lyon,
place des Terreaux, le 20 octobre 1551.

A l'époque même où l'on faisait une enquête sur
l'orthodoxie des futurs régents, un fait très grave
venait de se produire à Clermont : dans la nuit du
mercredi au jeudi-saint (28-29 mars 1548) des placards hérétiques avaient été affichés en plein cœur
de la ville, sur la croix élevée en face de la cathédrale.
Le conseil s'occupa de cette affaire le 30 mars :

« Aussi que on a trouvé quelques placardz afiligés à la croix
devant Notre Dame de Grâce concernans la foy et que messg[rs]
de l'esglise ont délibéré faire une procession generalle lundi
prochain. — Quant au fait de la proucession que messg[rs] de
l'esglise entendent fere lundi prochain pour la foy et pourter
corpus Domini par la ville, parleront mess. les eslcus à messg[rs]
les bailles de la grand esglize, accompagnés desdits Pedière
et Combelle, commant ilz voldront fere et aussi sera prié monsg[r]
le lieutenant faire crier à son de trompe à tous les habitans
nectoier les rues le jour de la procession, tapisser les rues comme
le jour de la feste Dieu et aussi de pourter les torches des
confréries, et les autres qui ne sont des confréries pourteront
les leurs scierges ou chandelles.

seulement à Issoire, mais dans toute l'Auvergne : « ... cette
malheureuse secte luthérienne et autres semblables hérésies
ont par ci-devant pullulé, encore de présent pullulent grandement au pays d'Auvergne... » Tous les habitants « qui sauraient,
connaîtraient ou qui ont su aucuns infectés de lad. secte »
seront « admonestés » de les dénoncer à leurs curés.

(1) Crespin, t. I, p. 552-557 de l'édit. de Toulouse. Il tint
les écoles à Issoire, puis à Clermont : « Ayant instruit la jeunesse spécialement en la crainte de Dieu et en la connaissance
de sa saincte parolle, vint en haine et soupçon vers les ennemis
d'icelle, tellement qu'il fut osté de ceste charge d'enseigner ».
Il se réfugia d'abord à Lausanne.

« Seront faictes six torches, assavoir trois par Messg^{rs} les
esleuz, chacune de deux livres de cire, et les autres trois, assavoir pour monseigneur l'advocat, procureur et clerc de la ville
et allouées ausd. esleuz en leurs prochains comptes.

« Et sera conduite la procession par quinze personnages,
qu'est pour chacune paroisse cinq, qui seront advisés et
choisis par messg^{rs} les esleuz. »

On verra plus loin les actes capitulaires relatifs à
cette même affaire.

<h2 style="text-align:center">III.</h2>

Extraits de l'« Apologie » du chanoine Majour.

1. *Première apparition de l'hérésie à Clermont.*

(1535) (1).

« L'occasion est trop favorable... de rapporter ici à la
gloire des chanoines de Clermont... ce qu'ils firent un peu avant
le milieu du seizième siècle contre l'Heresie de Luther, qui
commençoit à se communiquer dans la Province, outre ce
que nous avons déjà dit par anticipation touchant leur zèle
extrême pour l'extinction de la doctrine de Calvin, qui y avoit
déjà pris de fortes racines presque depuis ce temps là jusqu'à
la fin du même siècle.

« Un peu avant que l'on vit paroître en Auvergne l'Hérésie de Calvin, on y surprit un livre scandaleux où l'Auteur avoit
eu la témérité d'insérer une erreur contraire à ce que l'Eglise
propose à croire aux fidèles dans la prière appelée ordinairement l'*Ave Maria*.... ; ce méchant livre étant tombé entre les
mains d'un chanoine de Clermont il en porta sa plainte à
l'Assemblée capitulaire du 24 may 1535 : dans laquelle le cha-

----

(1) Ce récit, chose assez bizarre, ne vient dans l'*Apologie*
qu'après tout ce qui est relatif au développement du calvinisme
jusqu'en 1554. Nous replaçons ici ce passage à sa date.

pitre et pour la conservation de la Religion catholique et pour la réparation de l'injure faite contre le respect qu'on doit à la Vierge... y ordonna deux choses fort justes et fort édifiantes :

« 1. Que ses deux Bailes ou Syndics confereroient avec MM. les vicaires généraux de Mre Guillaume Duprat leur évêque pour empêcher le cours de cette doctrine hérétique dans le Diocèse,

« 2. Que ces deux Syndics feroient incessamment une perquisition très exacte de ceux d'entre les Ecclésiastiques et officiers de sa jurisdiction, qui se trouveroient saisis de ces ouvrages pernicieux, ou qui seroient suspects d'en tenir les sentimens afin de les punir suivant qu'ils l'auroient mérité.

« Ces deux Ordonnances furent exécutées avec tant d'exactitude et de succès, que le Luthéranisme fut aussitôt étouffé, et dans la ville capitale et dans tout le diocèse, qu'il y avoit osé paroître... car nous n'avons pas le moindre vestige d'aucun progrès qu'il ait fait dans cette Province (1).

« Voici l'acte de nos Registres, qui nous a instruit de cette erreur scandaleuse, et de la vigilance extrême du chapitre de Clermont pour l'exterminer dès sa naissance :

« *Lunæ 24 Maj an. 1535. Domini D. infra scripti... circa errorem relatum per D. Carolum Coustave et repertum in Oratione Angelica Virginis Mariæ, Domini D. supra nominati ordinaverunt D. Bajulos Ecclesiæ habere conferentiam cum Dominis de consilio Reverendi D. Episcopi, et perquirent penes subditos capituli si qui sint habentes libros erroneos, et illos saisire, ut super hoc possit ordinari, quod juris fuerit.*

« Cette conclusion capitulaire ne marquant pas le titre du livre ni le nom de l'Auteur, et ne faisant simplement mention en général que d'une erreur trouvée dans l'oraison, que nous appelons ordinairement l'*Ave Maria...*, il y a tout sujet de croire, que si ce méchant livre n'est pas un ouvrage de la façon de Luther même, il est infailliblement d'un de ses disciples qui avoit pris ou puisé cette erreur dans les écrits empoisonnés de cet Heresiarque son Maitre (2). »

(1) C'est le luthéranisme proprement dit qui, d'après Majour, ne fit aucun progrès en Auvergne, car il parle du développement du calvinisme.

(2) Tous les livres hérétiques condamnant le culte de la Vierge, il nous est difficile de déterminer celui qui fut condamné par le chapitre.

§ 2. *Affaire des placards.*

(1548).

« Nous allons montrer ici en peu de mots comme sous les règnes malheureux d'Henri II et de Charles IX, la Religion catholique, chancelante en Auvergne, a trouvé dans l'illustre corps des chanoines de la cathédrale de Clermont des défenseurs habiles, vertueux, infatigables pour la conservation de la foi orthodoxe contre les efforts de l'Hérésie naissante de Calvin, qui alloit infailliblement communiquer son venin à toute la Province, sans leur secours, sans leur vigilance.

« Les disciples de cet Hérésiarque, qualifiés par nos anciens Registres du nom de nouveaux Luthériens, multiplioient tous les jours à Clermont où ils s'insinuoient... en s'introduisant finement dans les maisons des particuliers, afin de répandre en secret le venin de leur Doctrine...

« Cette politique ordinaire aux Hérétiques de tous les siècles était mise en usage à Clermont avec d'autant plus d'artifice, que ces Novateurs craignoient et savoient que dans le corps du chapitre Cathédral il y avoit grand nombre de sages, doctes et zélés défenseurs des vérités orthodoxes, capables de réfuter en public et à leur confusion les erreurs qu'ils ne débitoient qu'en cachete...

« Dans le tems que ces ennemis de la vérité n'osoient pas encore exposer au jour leurs dogmes, ils affichèrent de nuit à la croix de la grande place de Clermont, au devant de la Cathédrale, un Placard scandaleux contre la vérité du très Saint Sacrement de l'Autel, et contre l'adoration légitime qu'on lui doit, qu'ils qualifioient du nom d'idolâtrie, aïant affecté exprès de mettre cette affiche impie la nuit du mercredi au Jeudi saint, jour de l'Institution de cet Adorable Sacrement.

« Cette impiété étant venue à la connoissance du chapitre, le Syndic fit tenir une assemblée extraordinaire le lendemain, jour du Jeudi-Saint de l'année 1545 (1), pour chercher les

---

(1) Il y a ici, évidemment, une erreur d'impression : l'Acte capitulaire cité plus loin est de 1548.

moyens de pouvoir découvrir l'Auteur de ces horribles blasphèmes : et pour cela on célébra dans la Nef de l'Eglise une Messe du Saint-Esprit, afin que par ses lumières on pût obtenir la révélation des Auteurs de ce Placard scandaleux : on fit ensuite une procession générale où assistèrent tous les corps ecclésiastiques, séculiers et réguliers ; en laquelle on porta avec toute la solennité et toute la dévotion possible le très saint sacrement ; afin que les véritables fidèles rendissent à Dieu, caché sous les Espèces sacramentelles, l'honneur que ces hérétiques avoient tâché de lui ôter par cette affiche impie.

Capitulum generale celebratum die Jovis sancta in Cæna Domini 29 Martij Ann. Domini 1548 D. D. intra scripti... fuerunt de novo congregati ratione scandali procedentis ex affixione du Placard *in Cruce Claromontensi.*

Ordinaverunt propter dictum scandalum et ad habendam a Deo revelationem de affixione dicti Placard, *quod Domini D. Canonici cum habituatis hujusmodi Ecclesiæ et aliarum Ecclesiarum hujus civitatis hodie post tenebras accedent processionnaliter ad omnes Ecclesias hujus civitatis cantando Litaniam, et responsoria, prout succentori videbitur, et in qualibet Ecclesia cantores cum pueris cantabunt,* O salutaris Hostia, *et D. Hebdomadarius dicet* Orationes, Deus qui nobis sub Sacramento ... *et* Deus qui errantibus, *et die Lunæ proxima ordinaverunt quod Missa de Sancto spiritu celebrabitur solemniter in navi Ecclesiæ, et post dictam Missam fiet prædicatio in qua per concionatorem fie*|*t expositio dicti scandali et finito sermone fiet Processio generalis in qua deferetur sanctissimum Eucharistiæ sacramentum cum maxima reverentia.*

§ 3. Le chapitre demande l'expulsion des calvinistes

(1552).

« Comme cet Auguste chapitre étoit justement persuadé que le venin de la doctrine hérétique, aïant une fois infecté la ville capitale, il se communiqueroit facilement à toute la province, il se crut obligé de faire des sommations juridiques par un Notaire aux Consuls... et aux autres Magistrats de Clermont de faire les diligences necessaires pour la decouverte et pour l'expulsion des Calvinistes qui s'y tenoient cachés.

« *Die 2 decembris anno Domini 1552, D. D. infra scripti...*
Super facto deducto in capitulo contra Lutheranos existentes
in præsenti civitate commiserunt Dominos Doustre et de Porta ad
conferendum de dicto facto cum Domino vicario et aliis Officiariis
Reverendi D. Episcopi, ac consulibus præsentis civitatis, et
illos respective summabunt, et de summationibus factis in præ-
sentia Notarij et testium instrumentum requirent.

« Nous ne voïons point quel fut ce fait commis par les Calvinistes, qui donna sujet au chapitre de Clermont de faire ces
sommations, tant aux consuls et autres Magistrats de la ville
qu'aux officiers de M. l'Evêque, alors comte de Clermont...

§ 4. *Vol de la custode*

(1554) (1).

« ... Ces enfans de tenebres se tenant toujours cachés dans
Clermont, y commirent quelques années après un crime encore
plus horrible que celui du Placard, puisqu'ils osèrent mettre
leurs mains sacrilèges, durant la nuit du 20 au 21 mars 1554,
sur la custode, suspendue au milieu du Maître-Autel de la
Cathédrale, dans laquelle étoit enfermé le corps adorable du
Fils de Dieu sous les espèces sacramentelles ; et qui pis est,
ils jetterent à terre les Saintes Hosties, qui y étoient religieu-
sement conservées pour être portées en viatique aux malades.

« ... Nous voions par une délibération du 21 mars 1554 que le
Chapitre, après avoir fait durant quelques jours des **Processions**
particulières dans l'enceinte de son Eglise. en ordonna une
générale par toute la ville : en laquelle on porta dans les rues
tapissées et en très grande solennité le très Saint Sacrement
où tous les ecclésiastiques, tous les autres assistans laïques
de l'un et de l'autre sexe, portoient à la main un Cierge ou
Flambeau allumé ; afin de marquer par cette lugubre cérémonie
qu'ils faisoient tous amende honorable à Dieu pour l'outrage
fait à sa Majesté par les auteurs de ce larcin sacrilège.

« *Domini D. capitulantes expresse convocati, et congregati ad*
providendum super furto nefando, scandaloso et sacrilego nocte

---

(1) J'ai ici encore rétabli l'ordre chronologique. Dans l'*Apo-*
logie, ce passage vient avant celui que je cite au § 3.

præterita per aliquos fidei catholicæ inimicos, qui furati fuerunt vas custodiæ Sacratissimi Eucharistiæ Sacramenti cum Sacris Hostiis in eo existentibus in magnum scandalum totius Ecclesiæ et Christianorum, commiserunt ad prosequendum dictum nego- cium videlicet Dominos D. Bajulos cum D. D. de Porta, de Valens, Mauguin, du Fayet, Thierry et Mondor, qui omni via et diligentia quibus valebunt, et eis videbitur fiendum, perquirant veritatem dicti Acti, et Sacrilegos Commissores illius ; et ad im- plorandum super hoc divinum auxilium, id faciant prædicare per concionatorem populo, et ipsum populum incitare ad oran- dum Deum pro habenda revelatione Sacrilegorum, qui prædictum Actum commiserunt : et ordinaverunt hodie, et sequentibus diebus usque ad Dominicam diem illico post sermonem, Pro- cessionem fieri per civitatem, et in illa deferri Sacramentum Eucharistiæ, ut in die corporis Christi : in qua omnes viri Eccle- siastici lumen deferent videlicet cereos, vel ad minus candelas ceræ in sequendo dictam processionem.

« Après que ces Hérétiques, encore cachés dans Clermont, ont osé s'en prendre par ces deux attentats au corps même adorable Jésus-Christ (*sic*), et à l'honneur qu'on lui doit rendre sous les Espèces Sacramentelles dont le seul récit fait horreur aux Ames véritablement Chrétiennes... on ne sera pas surpris des violences extraordinaires qu'ils ont publique- ment exercées, lorsqu'ils se sont crus les plus forts, et qu'ils ont levé le masque contre les catholiques (1).

§ 5. L'école, le livre et la Réforme.

« Voïons... comme le chapitre de Clermont a emploïé utile- ment pour l'avantage de la Religion catholique contre les efforts du calvinisme, cette grande autorité qu'il avoit sur les Ecoles publiques...

(1) Dans les pages qui suivent (228 et ss.), Majour raconte les guerres de religion en Auvergne, en les interprétant comme une lutte des hérétiques contre le chapitre. Citons, à la date de février 1565, des plaintes adressées par le chapitre aux consuls, au sujet des calvinistes qui ont procédé à « l'enterrement d'un de leurs sectaires avec quelque solennité, dans un verger hors la ville. »

« Comme l'histoire et une funeste expérience ne lui avoient que trop appris qu'un des artifices les plus ordinaires de Novateurs étoit de corrompre les maîtres d'Ecoles, et les principaux ou regens des collèges de plein exercice, qui étoient chargés de l'instruction de la jeunesse, afin de lui inspirer insensiblement leur fausse doctrine par l'occasion et sous le pretexte specieux que de ne leur enseigner qu'à simplement lire la grammaire et les humanités : le chapitre de Clermont, connoissant parfaitement l'importance de ces emplois, prenoit un soin tout particulier de veiller à la doctrine qui s'enseignoit dans ces Ecoles, soit publiques, soit particulières en chambre (1).

« Un professeur du college aïant fait lire dans la classe un des livres défendus, rempli des erreurs de l'Hérésie courante de Calvin, fut honteusement destitué de son emploi.

« Le chapitre convaincu qu'un des plus ordinaires artifices des novateurs pour répandre finement le poison mortel de leurs dogmes est l'impression et la lecture de leurs ouvrages, et aïant été aduerti qu'il s'en faisoit en cachète un débit considérable,

en avisa l'official Jules Salviati, neveu du cardinal-évêque de Clermont, et lui adressa même, le 22 novembre 1565, des sommations judiciaires.

Les moyens employés par le chapitre ne réussirent sans doute pas à extirper l'hérésie, puisque, le 26 juillet 1566, il sollicite encore les Elus d'écrire à Catherine de Médicis, dame et comtesse de Clermont, pour lui demander de chasser les luthériens de la ville. Le 3 décembre, il fait publier à son de trompe que, tous les mardis et jeudis, le théologal fera le catéchisme et des explications publiques de l'Ecri-

---

(1) Il est assez curieux de constater que ni ici, ni plus haut (Voy. p. 9, n. 2), Majour ne paraisse soupçonner que Claude Mosnier était un hérétique, et que, dès 1548, les nouvelles doctrines se répandaient dans les écoles. Il ne cite de faits de ce genre qu'en 1565, commē on le voit ci-dessus.

ture. Il organise même des missions hors la ville ; ce qui, soit dit en passant, prouve que le calvinisme s'est répandu dans toute la région. Les localités visitées, qui dépendent du chapitre, sont Olby (1), Bertignat (2), Tours (3), Perpezat (4), Sauvagnat (5), Laqueuille (6), Issoire, Thiers, Vic-le-Comte (7), Condat-en-Feniers (8), Sauxillanges (9) ; parmi elles se trouvent de modestes bourgades, perdues dans les montagnes. Le fait que le chapitre y délègue des missionnaires ne prouve assurément pas que l'hérésie fût déjà installée dans toutes ces localités, mais que l'on craignait de la voir s'y répandre. Ces missionnaires poussent même jusqu'à Brioude, bien que cette ville soit du diocèse de Saint-Flour.

Les livres suspects continuèrent à se vendre dans la ville de Clermont, car le chapitre s'en plaint encore à l'évêque le 5 mars 1571, et de nouveau le 3 août 1576.

(1) Canton de Rochefort-montagne.
(2) Canton de Saint-Amand-Roche-Savine.
(3) Canton de Saint-Dier.
(4) Canton de Rochefort.
(5) Sans doute ici Sauvagnat, canton d'Herment, et non pas Sauvagnat-Sainte-Marie, canton d'Issoire.
(6) Canton de Rochefort, près de La Bourboule.
(7) Chef-lieu de canton de l'arrondissement de Clermont.
(8) Canton de Marcenart, Cantal.
(9) Chef-lieu de canton de l'arrondissement d'Issoire.

IV.

Contrat de mariage du ministre Antoine Béringier (1).

(1576).

A tous ceulx qui verront ces présentes.... sçavoir faisons que par devant Pierre Brieude, notaire royal institué et ordonné à Chaudesaigues (2), comme ainsi soit que mariage aye esté pacte entre honorable homme Mᵉ Anthoine Béringier, ministre de la parolle de Dieu, filz de frère Claude Béringier, marchant de la ville d'Olhiergues (3), d'une part — et honneste fille Marguerite Berger, fille légitime naturelle de sieur Jehan Berger, marchand de Chaudesaigues, d'autre...

Le vingt septiesme de may l'an mil cinq cens soixante seize.. Ces présentes ont été insinuées... au septante troisième registre du greffe des insinuations du siege présidial et seneschaulcée d'Auvergne... A Riom, le dix neufiesme septembre m. vᶜ soixante seize.

(*Arch. Puy-de-Dôme. Insinuations Reg. 44, fᵒ 346-348*).

(1) La *Fr. protest.* dit : « Béringier, ministre d'Issoire, qui se distingua pendant le siège de cette ville en 1576 », ou plutôt en 1577.

(2) Chef-lieu de canton de l'arrondissement de Saint-Flour ; était à cette date entre les mains des huguenots.

(3) Olliergues, chef-lieu de canton de l'arrondissement d'Ambert.

V.

Huguenots a Clermont (1568-1570).

Sans entrer dans l'histoire des guerres religieuses
en Auvergne, je voudrais faire connaître quelques
textes que M. Rouchon a bien voulu extraire à mon
intention des registres du consulat de Clermont,
et qui ne sont pas sans intérêt au point de vue de la
diffusion de l'hérésie dans la province. — Les consuls
craignent que des artisans venus du dehors n'introduisent dans les communautés de métiers de la ville
le venin de l'hérésie, et ils exigent de ces artisans un
certificat de catholicisme :

Consulat du 14 janvier 1568 [69].

« A esté faict requeste par M. Thomas Farmel [ou Farinel],
cordonier, qu'il plaise à la ville luy permettre faire son habita-
tion en icelle et besoigner de son estat et ouvraige de cordonier
actandu la confession de foy qu'il a faicte judiciellement le
jour d'hier de vivre en la foy de relligion cathollique et romaine,
sur quoy apres lecture faicte de la dicte requeste a esté le
contenu en icelle accordé aud. suppliant aux conditions conte-
nues et portées par lad. requeste et sera admonesté par lesd.
s^rs eschevins de vivre sellon lad. relligion cathollique, aultrement qu'il sera chassé et expulsé hors lad. ville. »

Malgré les précautions prises par l'autorité municipale, il est probable qu'il y avait des huguenots
dans la ville. Dans tous les cas un grand nombre

d'entre eux s'étaient rendus à Montferrand, en février 1570, pour y prendre part à la grande foire des provisions (1) :

Consulat du 16 février 1569 [70].

« M. de S. Hérem, à son départ de la presant ville, leur auroit faict entendre qu'il avoit oy quelques nouvelles desquelles il se craignoit que les ennemys du roy eussent quelque randez-vous en ce païs. Faire bonne garde, déliberer sur cela et semblablement sur ce que mond. seig^r de S. Hérem avoit faict entendre ausd. s^{rs} eschevins qu'il trouveroit bon que nul de ceulx de la relligion nouvelle pretendue reformée ayant porté les armes contre lad. Majesté sortist hors lad. ville et qu'ils se retirassent à l'heure de six de soir et ne sortissent qu'à l'heure de six du matin pour beaucopt de raisons que led. s^r de S. Hérem avoit faict entendre ausd. s^{rs} eschevins, sur quoi décidé que les trois principales portes demeureront ouvertes, à chacune desquelles pendant 3 jours, jeudi vendredi et samedi prochains (foire des provisions), sera mis garde, en laquelle garde n'y aura aucun de ceulx de lad. relligion ayant porté les armes, ains seront tenuz de bailler ung homme capable et non suspect en leur lieu. Néantmoings a esté resollu qu'il ne sera faict aucunes sentinelles, corps de garde, ne ronde, de tant que graces à Dieu les occasions ne se presentent ; et pour le regard de ceulx qui ont porté les armes contre lad. Majesté, a esté advisé que de tant que la pluspart est desjà à Montferrand pour raison de lad. foire, que pour le presant n'en sera déliberé aucune chose ; et lad. foyre passée lesd. s^{rs} eschevins leur feront entendre le commandement de mond. seigneur de S. Hérem et leur enjoindront d'icelluy entretenir et observer. »

Vers la même époque, on craignait beaucoup une attaque des huguenots d'Auvergne contre les villes de Clermont et de Cusset :

(1) Cette foire se célèbre toujours, le vendredi avant les jours gras. Les dates ci-dessus sont encore en vieux style.

Conseil du 24 mars 1569 [70].

« A esté exposé par lesd. s^rs eschevins et par led. Vidilhe
l'ung d'eulx, le presant conseil avoir esté assemblé entre autres
choses pour entendre le rapport faict par Monseig^r de S.
Hérem ausd. s^rs eschevins de la conspiration faicte par ceulx
de la nouvelle relligion pretendue reformée pour la surprinse
des villes de Clermont et de Cusset afin de les reduyre en leur
obeissance ; lesquelz s^rs eschevins auroient faict entendre ver-
ballement aux comparans aud. presant conseil ce qui leur
avoit esté rapporté et faict entendre par mond. s^r de S. Hérem
touchant lad. surprinse et que pour sçavoir mieulz au vray ce
qui en estoit il avoit depesché gentilhomme exprés aud.
Cusset, leur mandant neantmoingtz qu'ilz heussent à se tenir
sur leurs gardes et faire bonne garde en leurd. ville pour obvier
à la prinse d'icelle pour l'importance et préjudice que ce
seroit pour tout ce pays comme estant lad. ville une clef de
frontière de plusieurs provinces circonvoisines dud. païs et
semblablement auroit led. sgr de S. Herem faict entendre
ausd. s^rs eschevins estre besoing et necessaire de faire bonne
garde et ronde pour obvier à l'invasion et surprinse d'icelle, de
quoy lesd. s^rs eschevins ont requis les comparans aud. presant conseil voulloir deliberer, sur quoy a esté conclud. que
lesd. s^rs eschevins envoyeront homme exprés aud. Cusset
aux despens dud. païs auquel bailleront lettres adressant aux
esleuz de lad. ville pour sçavoir d'eulx ce qui est de lad. surprinse et s'en informer au vrai. Néanmoins on fera bonne garde
jusque là. »

Ce qui aggravait les inquiétudes, c'est qu'il y
avait toujours des réformés domiciliés dans Clermont même. Voici une délibération du consulat qui
le prouve péremptoirement :

Consulat du 6 mai 1570.

« Sur ce qui a esté aussi exposé si on laissera ceulx de la
relligion de ceste ville en la mesme liberté qu'ils sont a presant,
remis aux conseillers. »

VI.

Documents sur la Réforme en Auvergne extraits des Archives et de la Bibliothèque de Genève.

On sait assez, d'une façon générale, que c'est à Genève qu'il convient d'aller étudier l'histoire des Eglises réformées de France : mais il faut avoir eu l'occasion de se livrer soi-même à une étude de ce genre pour savoir jusqu'à quel point cette proposition est vraie. Les n^{os} ml 121, mF 197, 197^{a} et 197na de la Bibliothèque publique contiennent toute la correspondance des Eglises réformées de France avec la Compagnie des pasteurs de Genève pendant les quarante dernières années du xvie siècle (1). On peut évaluer à près de *trois cent cinquante* le nombre des Eglises qui y apparaissent comme vivantes et agis-

(1) Le catalogue porte, sous la rubrique ml 121 : « Lettres diverses (1557-61) ». En réalité peu de documents sont antérieurs à 1560. — Un merveilleux instrument pour se guider dans ce dédale, c'est le double catalogue sur fiches, par ordre alphabétique de noms d'Eglises et de noms de pasteurs, dressé par M. H. Aubert, et que son auteur a mis obligeamment à ma disposition. La publication de ce répertoire serait un véritable service rendu à tous ceux qui étudient la Réforme française. C'est sur ces fiches que j'ai relevé ce chiffre de près de 350 (je crois en avoir compté exactement 346) Eglises que je donne ci-dessus. Or le dépouillement de M. Aubert n'est pas encore absolument complet, et nous ne sommes pas sûrs d'avoir la correspondance de *toutes* les Eglises de France sans exception. Le chiffre de 350 ne saurait donc être accepté que comme un minimum.

santes. Nous avons donc là toute l'histoire, écrite au jour le jour, du mouvement réformé en France, dans la période qui suivit immédiatement l'établissement des Eglises « dressées ». Chacune d'elles écrit aux pasteurs de Genève pour leur exposer sa situation, leur faire connaître ses besoins, solliciter l'envoi d'un ministre. Ces divers groupes, dont quelques-uns se sont formés spontanément bien avant 1560, tendent à s'unifier de plus en plus sous la règle calvinienne et à constituer une vaste fédération religieuse, fortement centralisée.

Les Archives de Genève me réservaient d'autres trouvailles. Sans parler des précieux registres du conseil (1), qui ont été utilisés par tous les historiens de la République, et du *Livre des bourgeois*, qui a été publié par M. Covelle, elles contiennent le *Livre des habitants*, ou, plus exactement, trois (2) fragments de cet ancien livre, rentrés aux Archives après la tourmente révolutionnaire : un registre allant du 30 janvier 1549 au 29 janvier 1560 ; un autre du 2 septembre 1572 au 24 août 1574 ; un troisième du 18 janvier 1585 au 11 octobre 1587. Tels qu'ils sont, ces fragments sont peut-être plus précieux pour nous, Français, que le *Livre des bourgeois* lui-même ; ce dernier, en effet, ne prend les réfugiés qu'au jour où ils entrent dans la bourgeoisie genevoise, c'est-à-dire

---

(1) Dont il existe, aux Archives mêmes, d'excellents extraits (*Extraits des registres publics*), plus un *Inventaire des pièces historiques* et un *Inventaire chronologique des pièces annexées aux registres du conseil.*

(2) Je ne parle que du XVI⁰ siècle.

à un moment où ils habitent quelquefois la ville depuis plusieurs années, où ils s'y sont à moitié naturalisés, où ils y ont, par aventure, changé de profession. Le *Livre des habitants*, au contraire, nous livre leur nom au moment même de leur arrivée à Genève, au moment où ils y cherchent un asile, parfois temporaire, contre la persécution religieuse. Ils ne s'y fixent pas toujours sans espoir de retour ; ils rentrent dans leur patrie si des édits de tolérance leur permettent d'y revenir, quitte à s'acheminer de nouveau vers Genève dès que l'orage recommence à souffler. Je donnerai une idée de l'importance de ce registre en disant que le tome Ier contient (pour onze années) plus de *sept mille* (1) noms de réfugiés, dont l'immense majorité, la presque totalité, se compose de réfugiés français.

C'est sous leur dictée que le scribe a écrit le nom, le lieu d'origine, la profession de chacun ; il a écrit comme il entendait, en homme peu habitué aux accents et aux patois des diverses provinces françaises, ce qui rend difficile la lecture du registre et l'identification des noms propres. La ville d'Aix, en passant par un gosier provençal, devient sur le registre « la ville Dezays en Provence » ; les scieurs de long des montagnes d'Auvergne y sont transformés en « chieurs de long » ; Marvejols, mal entendu, devient « Varmejolz en Gévaudan », et Saint-Rémy est bizarrement orthographié « Senrmy » ; assez joli

---

(1) Ce registre a 361 pages, et chaque page donne en moyenne 20 noms.

exemple d'orthographe purement phonétique. C'est
surtout dans les moments de presse que ces graphies
deviennent étranges ; par exemple, en septembre
1572, au lendemain de la Saint-Barthélemy. Rien
qu'à l'écriture, presque illisible, hâtive, précipitée,
fiévreuse, de ces pages, à l'irrégularité avec laquelle
sont libellées les notices individuelles, à l'absence
plus fréquente des indications d'origine et de profession, on devinerait qu'une trombe de Français s'est
abattue sur Genève.

J'ai relevé, dans ces registres, tous les noms de
réfugiés appartenant à l'Auvergne. Je dois dire que
j'ai éprouvé, en faisant ce travail, une véritable surprise. J'étais arrivé à Genève avec cette idée pré-
conçue que l'Auvergne, sauf Issoire, avait été peu
ou point « infestée par l'hérésie » ; les quelques faits
que j'avais relevés dans mes précédentes *Notes*
étaient, en somme, peu considérables ; je m'atten-
dais donc à ne récolter qu'une maigre moisson. Quel
n'a pas été mon étonnement de rencontrer de nombreux Auvergnats, de plus en plus nombreux, cela
va sans dire, à mesure que j'avançais dans mon dépouillement : 81 dans le premier registre, 35 dans le
second, 11 dans le troisième (1). Ces chiffres sont
assurément inférieurs à ceux que donnerait une
statistique analogue, dressée pour d'autres provinces ;
ils n'en ont pas moins leur importance, si l'on songe
qu'une partie seulement de la population réformée
pouvait émigrer.

(1) Les deux derniers registres n'enferment que de courtes
périodes de deux ans.

Quelle était la composition de ce groupe de réfugiés auvergnats ? Sur 127 noms, on ne relève *qu'un seul* personnage qualifié de noble, le seigneur du Lac. Les professions libérales fournissent deux médecins, deux praticiens (c'est-à-dire deux avocats), un contrôleur des contrats, un banquier. Tout le reste (du moins parmi ceux dont on nous fait connaître la profession) appartient aux corps de métiers, et souvent aux plus humbles ; à côté de trois imprimeurs et d'un libraire, de trois personnages, qualifiés de marchands, et qui sont sans doute de gros marchands, on trouve pêle-mêle deux chaussetiers, trois couteliers, trois merciers, un verrier, sept (peut-être dix) cordonniers, huit « rubantiers » ou passementiers, cinq couturiers, un quincaillier, un charpentier, un maréchal, un cardeur, deux serruriers, quatre menuisiers, deux pelletiers, un corroyeur, un tanneur, un cordier, un damasquineur, un musicien, un orfèvre, un tisserand, enfin quatre « laboureurs ».

Ces quatre personnages étaient-ils les seuls qui appartinssent à la classe paysanne ? Pour répondre à cette question, il faut se demander si les réfugiés auvergnats venaient des villes ou des campagnes. Ici, les indications du registre sont très incomplètes et les noms ne sont pas toujours faciles à identifier. Quoi qu'il en soit, vingt et un (peut-être vingt-quatre) viennent d'Issoire, berceau de la Réforme auvergnate, cinq de Clermont, un de Montferrand, sept de Thiers, cinq de Maringues, deux d'Aigueperse, quatre d'Ambert, un de Brioude, deux d'Aurillac. Mais il en vint également de très petites localités perdues dans les montagnes : Saint-Bonnet-le-Châtel, qui a de nos jours 1.300 habitants (1), en envoie quatre à Genève ; Saint-Dier (1.500), quatre ; Vodable (450), deux ; Job (2.600), cinq ; Joze (1.200), deux ; Marsac (2.900), également deux. Ces gens du même village arrivent généralement deux ou trois ensemble, ce qui nous permet d'entrevoir la façon dont se faisait la propagande entre parents, entre voisins, entre compagnons du même métier.

En dehors de ces petits groupes, on voit également débarquer des isolés, venant de localités très diverses, très éloignées, souvent infimes : quelques-unes situées dans le Cantal, comme Saint-Urcize, Salers, Allanches, Madic, Maurs, plus souvent dans la Basse-Auvergne, montagne ou limagne, comme Lastic (actuellement 500 h.), Broc, Meillaud (400 h.), Solignat (500 h.), Perpezat, Saint-Amand, Celles, Rochefort, Saint-Diéry, Brassac, Ennezat, Pailhat, etc.

Au reste, la seule lettre provenant des Eglises d'Auvergne qui nous ait été conservée est une lettre adressée à la Compagnie, en 1562 probablement, par les Eglises d'Ambert, de Job, de Saint-Germain-l'Herm et de Saint-Bonnet-le-Châtel, c'est-à-dire par un groupe de réformés répandus surtout dans la vallée de la Dore et les montagnes du Livradois.

---

(1) La population de quelques-unes de ces localités a pu, par suite de l'émigration vers les villes, diminuer au lieu de s'accroître depuis trois siècles. Cependant elles n'étaient pas, sauf exception, si populeuses au xvi° siècle qu'elles n'eussent pas, dès lors, un caractère nettement rural.

Ainsi donc, autant du moins qu'il est permis de généraliser en s'appuyant sur ces quelques documents, le protestantisme auvergnat n'est pas exclusivement concentré dans quelques cités d'élection, comme Issoire, Ambert et Maringues. De ces villes, il a essaimé dans la campagne et dans la montagne ; sa présence est signalée (pour ne parler que du territoire du département actuel du Puy-de-Dôme) dans près de trente localités différentes, dont quelques-unes sont de très petites localités rurales. Dans ces villes comme dans ces villages, la Réforme paraît avoir entamé surtout les classes ouvrières, maîtres et artisans, et il semble bien que la contagion ait gagné les paysans eux-mêmes.

EXTRAITS DU LIVRE HABITANTS (1). 1er REGISTRE (30 JANV. 1549. — 29 JANV. 1560).

Page 4, 10 mai 1549 : « André le Court, de Brioude en Auvergne. »

Ce personnage nous est connu grâce aux *Annales d'Issoire* (ms. 614 de la Bibl. de Clermont, f° 14) : Lorsque le jacobin venu d'Allemagne eut quitté Issoire après y avoir presché les idées nouvelles, « sa doctrine... resta dans l'esprit et le cœur de plus de deux cents personnes et pénétra même dans le cloître parmi les religieux. Le cellerier nommé Le Court, quelque temps après ayant débauché une bâtarde du logis du Cygne, fort belle fille, s'en alla à Genève chercher le jacobin. » Et plus loin, f° 18 : « *Rébellion des religieux bénédictins d'Issoire à Mgr l'évêque de Clermont*... Cinq ou six religieux du monastère, entre autres comme j'ai dit le cellerier, Le Cour... » Or, la

(1) Feu Vernière et M. Rouchon ont bien voulu m'aider, avec leur connaissance profonde de l'Auvergne, à identifier quelques noms de lieu.

venue de ce jacobin doit être placée en 1540, sous le consulat de Jean Vialle et Charles Bonnel. Il faut donc admettre que Lecourt attendit neuf ans avant de quitter Issoire ; il est probable que sa fuite eut pour causes des poursuites exercées en 1548 contre les luthériens d'Issoire et de Clermont. Le *Livre des habitants* ne mentionne pas l'arrivée de sa compagne. C'est probablement de lui qu'il est question dans le registre des bienfaiteurs de la Bourse française de Genève, en mars 1551 : « Monsr Le Court, un florin. (1) » Retiré à Genève, il entretenait avec ses coreligionnaires d'Issoire une correspondance dont il ne nous est malheureusement rien resté. En 1560, après le meurtre du ministre Annet Désauches, les catholiques espéraient que la Réforme était vaincue à Issoire, « mais ils furent grandement déçus (2), au moyen des ordinaires épitres que le cellerier Lecourt, subrogé au lieu du jacobin, leur écrivait, par lesquelles les exhortait se montrer vaillants au combat contre les principaux et se tenir fermes à la foi, à l'imitation de ce vaillant champion du Christ, maître Annet Désauches, l'âme duquel s'était envolée au ciel couronnée des lauriers du martyre ». Puis « ils voulurent amplifier le nombre de leurs ministres, ils firent venir le cellerier Lecourt, sa femme et ses enfants... », sans doute en juillet-août 1562 (3). Certains manuscrits (614 f° 29 v°) donnent une liste des « Moines et prêtres qui avaient quitté le froc » et une liste (f° 30) des « Ministres qui prêchaient à Issoire » ; sur ces deux listes figure « Me André Lecourt, cellerier » ; et ailleurs : « Me André Lecourt, qui amena Léonard [sans doute, le ministre Léonard Monestier], cellerier du couvent d'Issoire. »

P. 5, 8 juillet : « Jehan Chabanne de Maringues en Auvergne (4). »

P. 18, 4 septembre 1550 : « Reception de Jehan et Ponce des

---

(1) *France protestante*, art. CHINON.

(2) Je donne ici la leçon du manuscrit 616, f° 31, qui me paraît avoir conservé plus fidèlement le ton des lettres de Lecourt.

(3) « Le Cour, ministre de Chanci et Cartigny fut demandé par ceulx d'Yssoire pour aller exercer le ministère de l'Evangile entre eulx. Et leur fut accordé par Messieurs suivant l'advis et rapport qu'en firent les ministres par la bouche de M. Calvin » (*Registres de la Compagnie*, 1562, vol. B). J'extrais ce renseignement des fiches manuscrites de M. H. Aubert.

(4) *France protestante*, II, col. 978.

Olches, frères, natifz de Malhac (1) au diocèse de Clermont en Aulvergne, chaussetiers, faite le 4 septembris 1550. »

P. 20, 14 octcbre 1550 : « Maistre Guillaume Senrmi [St Rémy], (2) natif du pays d'Auvergne du lieu de Sainct Orsize (3), diocèse de sainc Flour, docteur en la faculté de medecine, faicte 14 octobris 1550. »

P. 20, 21 octobre : « Reception de Pierre Marillac de Aigueperse (4) au païs de Aulvergne, faicte 21 octobris 1550. »

P. 31, 25 août 1551 : « Réception de Anthoenne Chabron, natif de Tier [Thiers], du pays d'Auvergne, costelier, faicte le 26 augusti 1551 (5). »

P. 36, 27 août : « Reception de Benoit Pascal de Sambadel (6) au pays d'Auvergne, faicte le 28 augusti 1551 ».

P. 39, 28 août : « Reception de Pierre de Serre, mercier d'Issoire en Auvergne, faicte le 28 augusti 1551(7). »

P. 53, 7 septembre : « Martin Roussel, mercier, natif du lieu de Saint-Badel (8) en Aulvergne. »

P. 74, 1er décembre 1553 : « Pierre Berthollon, de la ville d'Ambert en Auvergne, verrier, a présenté supplication le 1er de décembre 1553, et a juré le 9 de janvier 1554 (9). »

P. 80, 29 mai 1554 : « Jehan Bompar, natifz de Lastic (10) en Auvergne. »

P. 85, 6 août 1554 : « Anthoine Pradel, cordonnier, d'Issoyre en Auvergne. »

P. 88. 30 août : « Jacques Salanceufz, rubantier d'Auvergne. »

P. 89, même date : « Robert Freysse, rubantier d'Auvergne. »

P. 97, 3 décembre : « Jehan Mages, natifz de Greignier (?) (11) en Auvergne, cousturier. »

(1) ?
(2) M. Gautier, *Médecine à Genève*, p. 42, lit Saint-Ravy.
(3) Saint-Urcize, canton de Chaudesaigues.
(4) Arrondissement de Riom.
(5) Il faut lire Chabrol.
(6) Sembadel (Haute-Loire).
(7) La liste des habitants réformés d'Issoire donnée par Longy, *Histoire d'Issoire*, mentionne un « Pierre Serre, qui s'en alla à Metz ». Est-ce le même ?
(8) Voy. note 6 ci-dessus.
(9) *France protestante*, II, p. 445.
(10) Canton de Bourg-Lastic.
(11) Grenier-Montgon (?), Haute-Loire.

P. 99, 17 décembre : « Ligier Forestz, ribantier, du pays de Tier en Auvergne (1). »

P. 100, même date : « Guy Moranges de Clermont en Auvergne. » Il est à remarquer que le texte ne dit pas « natif de Clermont ». Ceci s'accorde avec cette note de Dulaure au ms. 617 de Clermont : « Guy Moranges ou de Moranges était en 1550 docteur en droit. L'auteur du manuscrit [des *Annales d'Issoire*] le dit natif d'Issoire et l'auteur de l'*Histoire des martyrs protestans* [Crespin] dit qu'il était d'Aurillac » Voici le passage des *Annales* qui le concerne : « Sous la faveur de cet édit. [de janvier] ils [les réformés d'Issoire] firent venir Me Guy Morange, natif d'Issoire, ministre de Genève. pour prêcher publiquement dans la ville. Il y arriva environ la fête de Ste-Catherine en l'an 1568... » Il y prêcha avec le plus grand succès ; d'après l'auteur des *Annales*, il aurait poussé les réformés à briser les croix et à maltraiter les catholiques. Il figure sur la liste des « ministres qui prêchaient à Issoire », sous cette forme : « Me Guy Morangez, garde des sceaux à Montferrand » ; il avait été en effet, lieutenant général du bailliage de 1544 à 1515. Il prêcha en 1557 à Anduze, en 1558 à Issoudun, en 1560 à Uzès. Le 8 juin 1561, Jehan Baraband, d'Aubusson, avait adressé à Guy de Moranges, qu'il croyait sans doute à Genève, la lettre suivante (Genève, Biblioth.,ms. ml 121, fo 151) :

« Nous vous escrimes dernierement de nos nouvelles par le Irere Gallichier envoyé par delà de la pluspart des Eglises de la province de Lymousin pour recouvrer ouvrier : par lesquelles pourrés entendre comment le bon Dieu nous adciste tellement (nonobstant nostre fragilité et infirmité) que nos adversaire n'ont aucun moyen, sinon de magnifier le Seigneur... Nous désirerions grandement qu'il pleust à messieurs nos peres de vous enjoindre de venir de par dessa avec ledit Gallichier pour revoyr, visiter et reformer quelque petit nombre d'esglises qui se dressent en ceste province, mesmement du lieu de vostre naissance et lieux circonvoisins, dont nous espérons quelque grand chose à l'honneur de Dieu. Estant recors des propos que de vostre grace m'avés autrefois tenus (2) et de la sentence d'Ovyde, à quoy vous doict aussi

(1) *France protestante*, VI, p. 602.
(2) Ils s'étaient sans doute connus à Issoudun.

inciter la charité fraternelle, j'ay, non pas moy, mès le consistoire et toutes les esglises de la province, donné charge à M⁰ Gallichier de prier nosditz peres de obtenir ce point... »

La liste des pasteurs envoyés de Genève en 1561 (Voy. *Bulletin*, 1897, p. 452) porte cette mention : « Guy de Moranges, *Orillac.* » Cette mission à Aurillac, dont il est question dans l'*Histoire ecclésiastique*, fut coupée en deux par son séjour à Issoire (1). Moranges était, en 1573, représentant de l'Eglise de Malzieu en Gévaudan à l'assemblée de Millau.

P. 114, 12 août 1555 : « Anthoine Preghat, natifz de Broc (2) en Auvergne, diocèse de Clermont. »

P. 118, même date : « Michel Fernauld, ribantier, natifz du lieu de Soliniac (3) près de Uxoire en Auvergne, diocèse de Clermont. »

P. 120, 13 janvier 1556 : « Jehan Fores, quincailleur, natif de la ville de Thiers en Auvergne. »

P. 129. 30 décembre 1556 : « Jehan Berton de Orleyne (4) au païs d'Aulvergne. »

P. 157, 9 novembre : « Anthoine Chabriel, filz de feu Jehan du village de Jo (5) près Ambert en Overgne, mareschal. »

P. 163, 5 janvier 1557 : « Anthoine Bourlionne, de Jo en Auvergne. »

Ibid., même date : « Jehan des Roys de Jo en Auvergne. »

Ibid., même date : ; Jehan Joubert, d'Ambert en Auvergne. »

(1) « M. Guy de Moranges, dit M. de la Garde, ayant esté envoyé à l'église d'Orillac et icelle puis après dissipée, retiré par ceulx d'Issoire, survint avec le temps que ceulx d'Orillac le voulurent ravoir. Dont y eut différent entre les deux églises, pour lequel pacifier furent escriptes lettres communes à l'une et à l'autre église ». Extrait des *Registres de la Compagnie*, d'après les fiches de M. Aubert. Voy. corresp. de Calvin, n⁰ 3426, une lettre de Moranges à Calvin, 27 juin 1561 (ou plutôt 1562) d'Aurillac. — C. Lagier, *Guy de Moranges et la Réforme d'Aurillac* (Aurillac, 1900), incline à croire qu'il est né à Aurillac.

(2) Le Broc, canton d'Issoire. Sans doute le même que « Antoine de Preghat, natifz d'Issoire en Arvernie », qui arrive à Lausanne le 10 juin 1562 (E. Chavannes, *Bull.*, XXI, p. 463).

(3) Solignat, canton d'Issoire.

(4) ? Faut-il lire *Orcyne*, au pied du Puy-de-Dôme ?

(5) Sur l'Eglise de Job au xvıı⁰ siècle, voy. *Bull. hist. du protest. franç.*, 1898. On y retrouvera des Bourlionne.

P. 168, 15 mars : « Michel Blanchier, de Perpezat (1) en Auvergne. »

P. 169, même date : « Claude Marcen et Jehan Chambeli d'Auvergne. »

Ibid., 22 mars : « Claude Bouffon, natifz du pais d'Auvergne. »

Ibid., même date : « Pierre le vieulx Bonnepanse (2) du païs d'Auvergne. »

P. 185, 8 juin : « Pierre Vialleys de sainct Amens (3) en Auvergne, cardeur. »

P. 200, 15 octobre : « Jehan Cohade, natif de la ville d'Yssoire en Auvergne, » sans doute parent de Jacques Cohade, qui fut tué à Issoire par un catholique nommé Florand.

Ibid., même date : « Pierre Bonnepanse le jeune, du lieu de Bonnepanse en Auvergne. »

P. 201, même date : « Michel Gratadi, natif de la ville d'Issoyre en Auvergne, » sans doute parent du nommé Gratadies (on trouve également Gratadias et Gratiadas ; la forme actuelle du nom est Gratadeix) qui était à la tête de ceux qui tentèrent de faire sortir de prison Annet Desauches, le 1er septembre 1559. Ce Gratadeix fut blessé à l'épaule, d'une arquebusade, par un religieux, au moment où il escaladait le mur de l'abbaye.

P. 202, même date : « François de Montbrun, cordonnier, natifz de Celle (4) en Auvergne ».

P. 205, même date : « Jehan de Sierre, de la ville d'Yssoire en Auvergne. » Nous avons déjà rencontré un Pierre de Serre le 28 août 1551.

Ibid., même date : « Jehan Anastaise, natifz de Maringues en Auvergne. »

Ibid., même date : « Jehan Anasthaise, natifz dudit lieu (5). »

(1) Canton de Rochefort, arrondissement de Clermont.
(2) *France protestante*, II, p. 840, qui lit Bonnepause.
(3) Est-ce Saint-Amand Tallende, chef-lieu de canton de l'arrondissement de Clermont, ou Saint-Amand-Roche-Savine de l'arrondissement d'Ambert ? Le nom de Vialleys (ou Viallis) semblerait plutôt indiquer que ce personnage est originaire du Livradois, c'est-à-dire de Saint-Amant-Roche-Savine.
(4) Celles, canton de Saint-Rémy, arrondissement de Thiers.
(5) Voy. sur ces deux personnages *France protestante*, I, 210 Ils furent imprimeurs à Genève. Ils étaient sans doute origi-

P. 206, même date : « Guillaume de Sierre, de la ville d'Yssoire. »

Ibid., même date : « Robert Beraud natif de Rochesfolles [Rochefort] en Auvergne (1). »

Ibid., même date : « Jehan Coubez, du lieu d'Alenche (2) en Auvergne. »

P. 208, 18 octobre : « Damyen Sagete, natif de Saint Ylpise en Auvergne. »

Ibid., même date : Jehan de la Chau, sarurier, de Marsac (3) en Auvergne. »

P. 211, même date : « Anthoine de Nollet, menuisier, natif de Marignes [Maringues] en Auvergne. »

Ibid., même date : « Nicolas de Nollet, menuisier dud. lieu. »

P. 213, même date : « Mathieu Savignac, de Meillau (4) en Auvergne. »

P. 225, 22 novembre : « Anthoine et Anne Gaschons, du pays d'Auvergne (5). «

P. 229, 31 janvier 1558 : « Claude et Pierre Meyssonnier, cousturiers, du lieu de Courtines (6) en Auvergne. »

P. 232, 21 mars : « Nicolas Depuyt, d'Overgne (7), pelletier. »

P. 234, 4 avril : « Pierre Carrier, d'Auvergne. »

P. 235, même date : « Anthoine Viale, du Puy en Auvergne (8). »

Ibid., même date : « Pierre Chabot (9), menuisier, natif d'Aigueperce (*sic*) en Auvergne. »

naires d'Oulx en Dauphiné, ou du moins ils avaient dû habiter cette ville, car la *France protestante* cite, comme reçu habitant le 26 septembre 1558, un Jehan Anastaise (que je ne trouve pas dans mes notes) « natif d'Oulx en Dauphiné et de son jeune age jusques à present residant de Maringues en Auvergne ».

(1) *France protestante*, II, 228.
(2) *Ibid.*, IV, 759. Allanches (Cantal).
(3) Canton d'Ambert.
(4) Meillaud, canton d'Issoire.
(5) *France protestante*, VI, 859.
(6) Il y a dans le Cantal quatre localités de ce nom.
(7) Faut-il lire « du Puy d'Auvergne », comme pour l'un des suivants ?
(8) Plus exactement, du Puy-en-Velay.
(9) *France protestante*, III, 987.

P. 255, 1ᵉʳ août : « Michel Roux, fils de Clément Roux, de Clermont en Auvergne, imprimeur. »

P. 258, 12 septembre : « Jacques Chanbofort, natif de Pebrac (1) en Auvergne, diossesse de S. Flour. »

P. 259, 19 septembre : « Jehan filz de feu Jaques Magne, natif de Combret (2) en Auvergne. »

P. 268, 5 décembre : « Anthoyne des Ayse, minusier, de Aubin en Auvergne (3). »

P. 274, 19 décembre : « Damian Jobert, médecin, d'Ambert en Auvergne (4). »

P. 275, même date : « François Boffon, ribantier, natif de St-Dier (5) près de Clermont en Auvergne. »

P. 277, 2 janvier 1559 : « Anthoyne, filz de feu Jehan Bernard dit Chambarier, corroieur, de Vodable (6) en Auvergne. »

P. 281, 13 février : « Anthoine Dansiers, natif de la ville de Salers (7) au pays d'Auvergne. »

P. 296, 1ᵉʳ mai : « Nycollas, ribantier, du lieu de Sainct-Deyri (8) en Auvergne. »

—« Guillaume Fraisse, cordonnier, natif d'Uxoire en Auvergne. »

— « Jehan Agiraud, du lieu de Madich (9), pays d'Auvergne.

P. 300, même date : « Jehan Doursaincts, fils à Jehan, de la ville de Clermont en Auvergne. « Sans doute parent de *Douxain* (*Fr. prot.*, V., p. 480).

— « Ph. Bertrand, de Thiers, en l'evesché de Clermont en Auvergne. »

P. 302, 8 mai : « Michel Chabrol, coutellier, natif de la ville de Tiare [Thiers] en Auvergne. »

(1) Près de Langeac (voy. une note de M. Lehr, dans *Bulletin*, t. XLVIII, p. 506).

(2) Sans doute Combraille, canton de Pontaumur.

(3) Il faut sans doute lire *des Aix* et *Aubial* (canton d'Aigueperse).

(4) Gautier, *Médecine à Genève*, p. 426.

(5) Canton de l'arrondissement de Clermont, au nord du Livradois.

(6) Canton d'Issoire.

(7) Cantal, arrondissement de Mauriac.

(8) Saint-Diéry, canton de Besse, arrondissement d'Issoire.

(9) Madic, près Bort (Cantal), arrond. de Mauriac, canton de Saignes.

P. 308, même date : « Jehan Pages, filz à Pierre, laborier, lieu d'Audable [Vodable] en Auvergne. »

P. 311, même date : « Jehan et Guillaume Bouffons, frères, ribantiers, du lieu de Sᵗ Sandier (1) en Auvergne. »

P. 316, même date ; « Michel Nicolas, filz à Gilbert, de Bressac (2) en Auvergne. »

P. 322, 15 mai : « Jehan Faure, filz à feu Jehan, de Sumenat (3) en Auvergne. »

P. 327 : « Pierre Jobert, natif de la ville d'Ambert au pays d'Auvergne. » A rapprocher de Damian Jobert, médecin à Ambert, reçu le 19 décembre précédent.

P. 334, 19 juin : « Antoine Sonalhat, natif de la ville de Maringues en Auvergne. »

P. 338, 17 juillet : « Guillaume Lemerie, natif de Maux (4) en Auvergne. »

P. 339, 24 juillet : « Jehan Pastré, du village de Palladines (5), diocese de Mendes, evesché de Sᶦ Flour (*sic*) en Auvergne. »

P. 342, 28 août : « Antoine de Monteil, de Estendeul (6) diocése de Clermont en Auvergne. »

P. 350, 2 octobre : « Charles Viale, de la ville d'Yssoire en Auvergne. » Il y aura un Charles Viale pendu à Issoire en 1563. Est-ce le même, qui serait revenu ensuite dans sa ville natale ?

Ibid., même date : « Claude Chapelle, du lieu du Vernot (7) près la ville d'Yssoire en Auvergne. »

Ibid., même date : « Jehan Figon du lieu d'Alègre (8) en Auvergne. »

P. 352, 16 octobre : « Jehan Clavières, natif d'Aurillac en Auvergne, de l'art de composition de l'imprimerie. »

(1) Saint-Dier. Ce sont des parents de François Boffon, arrivé le 19 décembre précédent.

(2) Brassac, canton de Jumeaux, arrondissement d'Issoire.

(3) Est-ce Menat, canton de l'arrondissement de Riom ?

(4) Maurs, canton d'Aurillac. Lisez Leymarie.

(5) Sans doute Palladines, commune de Chaulhac, canton de Malzieu, arrondissement de Marvejols (Lozère). Lisez « Election de Saint-Flour. »

(6) Estandeuil, canton de Saint-Dier.

(7) Probablement le Vernet-la-Varenne, canton de Sauxillanges.

(8) Arrondissement du Puy.

P. 359, 1er janvier 1560 : « Estienne Herbobichier, filz de feu Raymond Herbobichier, natif du village de Herbobichier près de la ville de Marieuge au pays du Gyvauldan de la Aulvergne (*sic*) (1). »

P. 361, 22 janvier 1560 : « Jehan de Grouz, d'Ambert en Auvergne. »

EXTRAITS DU 2e REGISTRE (2 SEPTEMBRE 1572 — 2 AOUT 1574

P. 362 (2), 2 septembre 1572 : « Guillaume Boufon, de Saint Dier en Auvergne, passementier, ayant femme et enfans à Lyon et ayant demouré enviren quatorze ans en ceste ville (3). »

P. 367, même date : « Pierre Series, d'Orliac [Aurillac] en Auvergne imprimeur. »

P. 377, 8 septembre : « Jehan d'Aiguebone, marchand d'Auvergne, habitant à Lyon. »

P. 403, 16 septembre : « Claude Chapelle, d'Issoire en Auvergne, laboureur. »

Ibid., même date : « Guillaume Varennes, de Clermont en Auvergne, cordier. »

P. 416, 23 septembre : « Guillaume, fils d'Antoine Porcher, de St-Bonet le Châtel (4) en Auvergne. »

P. 436, 9 octobre : « Jean du Lac, d'Auvergne, seigneur du Lac. »

P. 477, 16 octobre : « Jehan de la Chaux, damasquineur, de Marsac (5) en Auvergne. »

P. 448, 17 octobre : « Guillaume Gisolme, de Murat le vicomte (6) en Auvergne, mercier. »

(1) Mareugheol, canton Saint-Germain-Lembron, arrondissement d'Issoire, ou bien (à cause de la désignation Gévaudan) Marvejols ?

(2) La pagination fait suite à celle du premier registre.

(3) Sans doute le même que Guillaume Bouffon, ribantier, de Saint-Dier, reçu le 3 mai 1559. La dernière phrase devrait alors s'entendre : ayant demeuré il y a quatorze ans en cette ville de Genève.

(4) Canton de Saint-Germain-l'Herm (à 12 kilomètres du chef-lieu de canton), arrondissement d'Ambert.

(5) Canton d'Ambert. —Ce nom est répété à la page suivante.

(6) Murat (Cantal) figure dans une charte de 1279 sous le nom de *Castrum de Murat lo vescomtal* (Amé, *Dict. topogr. du Cantal*). La vicomté fut réunie à la couronne en 1531.

P. 454, 23 ocotbre : « Blayse Raynaud d'Issoire en Auvergne, cordonier. »

P. 457, 27 octobre : « Antoine Palouquin, marchand d'Issoire (1). »

P. 458, 28 octobre : « Claude Perrier, de Jou en Auvergne [Job] et Antoine Dessier dud. lieu, charpentier, ont donné cognoissance par Antoine Beringier, ministre dud. Jou. » — Voy. plus haut, dans la première série de ces notes, le contrat de mariage de cet Antoine Beringier en 1576.

P. 460, 30 octobre : « Gonon Bonel, marchand d'Issoire en Auvergne. » Fils de Charles Bonnel, l'un des introducteurs de la Réforme à Issoire (*France protestante*, II, 807). Il figure sur la liste de ceux qui furent pendus à l'occasion de la religion « après la prise de la ville par le duc d'Anjou. »

Ibid., même date : « Guillaume Ogier d'Issoire en Auvergne. » — Entre Bonnel qui est inscrit sous le n° 1217, et Ogier, qui figure sous le n° 1221, sont intercalés les noms de Pierre, Charles et Jehan Borie, tous trois cordonniers, sans indication d'origine ; ces trois personnages viennent également d'Issoire (Voy. ci-dessous, 13 novembre).

Ibid. même date : « Jehan Chapon de Jou en Auvergne (2). »

P. 462, 31 octobre : « Jacques Vignonis de Tiers en Auvergne, marchand. »

P. 480, 13 novembre : « Pierre Salomé, libraire, du pays d'Auvergne. — Gonin Bonet [sic pour Gonon Bonel] et Pierre Bories d'Yssoire, témoins. » C'est l'un des trois Bories du 30 octobre, dont le lieu d'origine se trouve ainsi déterminé.

P. 484, 1er décembre : » Jacques Vive, d'Yssoire en Auvergne.» Jaques Bonel, musicien, dud. lieu. Pierre Nycolas, d'Yssoire, peletier. Henry Sonne, cordonnier dud. lieu. — Anthoyne Beringuier, ministre de St-Bonet (3) témoin, et Gonon Bonet témoin pour ces quatre. »

P. 485, même date : « Julien Arnau, d'Yssoire, orfebvre. »

---

(1) M⁰ Antoine Palouquin est l'un « des moines et prêtres qui avaient quitté le froc à Issoire » (f° 29 v° du manuscrit 614). A la suite de ce nom, sous le même numéro, vient celui de « Damian Rabie, cousturier. » Est-ce aussi un habitant d'Issoire ?

(2) A la date du 31 octobre figure « Pierre Series, d'Orleac en Auvergne, imprimeur », déjà mentionné au 2 septembre.

(3) Probablement Saint-Bonnet-le-Châtel ; il desservait sans doute cette paroisse en même temps que celle de Job.

Ibid., même date : « Jehan Boulon, laboureur, d'Yssoire. »

P. 486, 8 décembre : « Jehan Rogier, d'Auvergne, marchand. »

Ibid., même date : « Jacques Vide, d'Issoire, taneur. »

P. 493., 22 décembre : « Jehan Perat, de Tier en Auvergne, financier et teneur de bancque à Bourdeaux, habitant à Paris. »

P. 494, 25 décembre : « André Ravain, d'Issoire en Auvergne. »

P. 496, 26 décembre : « Claude Meyssonier, cordonnier, de Courtines en Auvergne. »

P. 496, 29 décembre : « Antoine Gamonet, de St Bonet en Auvergne. Jehan Montagne, dud. lieu. — Jean du Lac et Antoine Beringier, ministre, tesmoings pour ces deux. »

P. 506, 2 février 1573 : « Jehan Granjon, d'Auvergne, menuysier. »

P. 507, 6 février : « Jacques Durier, d'Auvergne, cousturier. »

P. 508, 24 février : « Me Guy Rener (?), ministre, d'Auvergne. »

P. 509, même date : « Guillaume Porcher, de St-Bonet en Auvergne, pratticien. »

Ibid., même date : « Vidal Chanot, de St Bonet en Auvergne, pratticien. »

P. 516, 9 avril.: « Emery Germain, de Horilliac en Limosin (*sic*), ministre de la parolle de Dieu. »

P. 537, 12 octobre : « Jehan Rabi, de Jodun (1) près d'Issoire en Auvergne, cousturier [en marge : a esté à la messe] » Gonon Bonet d'Issoire, habitant, tesmoing. » Serait-ce, sous un autre prénom, le « Damian Rabie, cousturier » du 27 octobre 1572 (p. 248, n° 1) ?

P. 548, 26 avril 1574 : « Jean Roland, de Clermont en Auvergne. »

P. 550, 28 : « Mathieu Méningot, serurier, d'Escublens (2) en Auvergne. »

(1) ?

(2) Sans doute Escublas, commune d'Espaly, canton du Puy. Il y a encore Escublac et Escublazet dans la commune de Saint-Haond, canton de Pradelles (Haute-Loire) et Escublazet, commune et canton de Solignac (Haute-Loire).

EXTRAITS DU 3e REGISTRE (18 JANV. 1585 — 11 OCT.1587).

P. 565, 15 février 1585 : « Jan, filz de Sylvestre Saubin, ministre, d'Auvergne. » L'auteur des tables du registre a lu Saurin.

P. 584, 24 mai : « Spectable Guillaume Penissard, natif de la ville d'Ennezat (1) en Auvergne. »

Ibid., même date : « Antoine Gamonet, de St-Bonet en Auvergne, marchand. » Déja reçu le 29 décembre 1572 ; il était probablement retourné dans son pays natal en 1573, et il se réfugie de nouveau à Genève en 1585.

P. 610, 8 novembre : « Jean Bernard, de Tiers en Auvergne, coutelier. »

P. 613, 9 novembre : « Hierosme Bajel, d'Issoire. »

Ibid., même date : « Gabriel Rebour, de Clermont en Auvergne, mercier. »

Ibid., même date : « Gilbert Gautier, de Clermont, mercier. »

P. 615, 22 novembre : « Antoine Vialon, de Pailla (2) en Auvergne, laboureur. — Antoine Gamonet, tesmoing. »

P. 623, 20 décembre : « Charles Mazillier, de Jo en Auvergne, tisserand. Antoine Gamonet, habitant, tesmoing. »

P. 624, même date : « Antcine Fougère de Joz. (3) en Auvergne. »

Ibid., même date : « Damien Clouet, de Joz en Auvergne. »

P. 635. 14 mars 1586 : « Victor du Maz, de Montferrant en en Auvergne, contrerolleur des contractz. »

M. A.-H. Covelle, le consciencieux éditeur du *Livre des Bourgeois*, veut bien me communiquer la liste suivante des « familles admises à la bourgeoisie de Genève et originaires d'Auvergne », liste dressée par localités. On y retrouvera les noms d'un certain nombre des habitants mentionnés ci-dessus (le premier chiffre renvoie aux pages du *Livre des bourgeois* imprimé ; le second indique la date de réception à bourgeoisie) :

Ambert. — 244, 1555. Berthollon, soufflatier (4).

(1) Arrondissement de Riom, sur la route de Maringues.
(2) Pailhat.
(3) Joze, canton de Maringues.
(4) Reçu habitant le 1er décembre 1553.

P. 306, 1579. Vernet.

Antoingt. — 310, 1581. « Rabi, tailleur d'habits, natif d'Orléans, demeurant à Lotoin, près Yssoire. »

Billom. — 276, 1563. Bourgeois.

Clermont. — 414, 1725. De l'Hospital, dit Leblanc, maître à chanter.

267, 1555. Moranges.

Issoire. — 298, 1576. Denier.

333, 1607. Dupré (1).

315, 1584. Viollier.

338, 1612. Viollier, coutelier.

340, 1615. Viollier, coutelier.

Marcenat (Cant al). — 364, 1647. Marcombes.

Maringues. — 262,1556. Anastaise (2) (serait-il imprimeur?).

242, 1617. Arlaud.

270, 1562. Forest, Guillaume, imprimeur.

365, 1579. Jean-Pierre, imprimeur.

242, 1555. Grenet.

299, 1577. Sualliat, aiguilletier.

Maurs (Cantal) — 285, 1568. De Laymarie, imprimeur (3).

Perpezat (canton de Rochefort, P. de D.). — 270, 1560. Blanchier, imprimeur.

Saint-Amand. — 306, 1579. Duranton, sargier.

Saint-Bonnet-le-Châtel. — 332, 1604. Gamonet.

Saint-Nectaire. — 296, 1575. Martinet.

Saint-Ours (canton de Pontgibaud) [lisez St-Urcize, canton de Chaudesaigues]. — 244, 1555. Serravys, sieur de St-Ravys, médecin. [je lis St-Remy).

Saint-Paul (Haute-Loire) « près du Puy en Auvergne ». — 315, 1584. Chatard, veloutier.

Savennes (canton de Bourg-Lastic.) — 365, 1652. Duclos.

Thiers. — 258, 1557. Chabrol.

305, 1579. Gradelle, chapelier.

308, 1580. Gradelle, guainier.

(1) « A Magneron en Auvergne, localité introuvable », dit M. Covelle. N'ayant pas vu l'original, je ne puis émettre aucune conjecture.

(2) Reçu le 15 octobre 1557.

(3) Reçu le 17 juillet 1559.

245, 1555. Vacias, coutelier.

Trezioux (canton de Saint-Dier).— 295, 1574. De Goelles.

LETTRE DES EGLISES DU LIVRADOIS A LA COMPAGNIE DES PASTEURS DE GENÈVE

(*Extrait du fonds* mhg 197 aa *des Mss de la Bibliothèque de Genève, sans date, probablement de 1562*).

A nous seigneurs et pères en Jésus-Christ.

Supplient humblement vous paouvres freres des esglizes d'Ambert, Jo, sainct Germain Lerm et sainct Bonnet le Chastel au pays d'Auvergne, esglizes alliées d'icelle d'Yssoire audict pays, comme ainsi soit qu'ilz soyent en petit nombre, touttefoys touchés d'ung zelle pour la parolle de Dieu et affamés grandement d'ycelle scellon qu'il a pleu à sa majesté leur despartir de ses graces, comme mons^r le Court pourra plus amplement remonstrer, comme si pourra mons^r Bompal (2), présent pourteur, qui de la grace de Dieu et de son bon playsir nous a donné en passant deuz collations, duquel avons receu bon contemptement ; il vous playze au nom de Dieu nous pourvoyer d'ung ministre qui fidellement nous annonce et administre les saincts sacremens et doctrine salutaire. Et en ce faisant nousdits seigneurs, serons tenus pryer Dieu vous augmenter ses graces.

JOUBERT, C. GRIVELOT, A GAMONET, H. SEBATIER,
B. BARDON. M. GERFAUD.

[*Original.* — *Sur le repli* : | + A Noussgrs et peres les ministres de l'Esglize de Geneve.

(1) Sans doute Jehan Bompar, de Lastic, reçu habitant le 29 mai 1554.

PETITS LIVRES DU XVIe SIÈCLE

PETITS LIVRES DU XVIe SIECLE.

Nous avons signalé plus haut (p. 87) le rôle du livre, mais surtout du petit livret, dans la diffusion des doctrines au xvie siècle.

Le petit in-8º de ce temps-là, dont le format ne dépasse guère celui de nos petits in-16, et qui n'est composé que de cinq à dix feuilles d'impression, se glissait facilement dans la balle du colporteur. Portatif et maniable, il jouait un rôle analogue à celui que joueront la gazette au xviie siècle (1) et le journal à notre époque. Sous cette forme légère, insaisissable, toute une littérature réformée a pénétré les milieux les plus divers. Traductions de Luther, petits traités, recueils de prières, se sont répandus partout. L'école surtout — les poursuites dirigées contre les maîtres d'école en font foi — a été envahie par cette littérature, qui a revêtu tous les masques, jusqu'à ceux de l'alphabet et de l'almanach. Ces armes nouvelles, dignes du siècle qui a vu le développement grandiose de l'imprimerie française, le

(1) Sur le rôle du livret au début du xviie siècle, voy. G. Fagniez : *l'Opinion publique au temps de Richelieu*, et Hauser, *La presse en France. avant le Journal (Revue des Cours et Conférences. 1899-1900*

parti catholique s'en est servi à son tour : des pamphlets en vers et en prose ont secondé, de ce côté là aussi, les efforts des prédicateurs et — il faut bien l'ajouter — les rigueurs de la persécution. Dans une certaine mesure, c'est une consolation pour l'intelligence de constater que dès le xvie siècle, même quand on employait la force à l'égard de ses adversaires, on se croyait obligé de les convaincre. A cet égard un progrès — si minime qu'il puisse paraître — était réalisé par rapport aux âges précédents.

L'examen de ces petits livres a un autre intérêt encore. On remarquera que tous traitent des matières de foi ou de morale. La présence réelle dans le sacrement de l'Eucharistie, la foi et les œuvres, la liberté humaine, le véritable sens de la Rédemption, l'intervention des saints, la tradition et le libre-examen, telles sont les questions qui sont discutées dans ces pamphlets, catholiques ou protestants. Ainsi se trouve remise en lumière une vérité que l'on courrait risque de ne plus apercevoir nettement : à savoir que la Réforme du xvie siècle fut, avant tout, une révolution religieuse, et que la contre-réforme fut aussi un mouvement essentiellement religieux. Il est clair -- et nous l'avons dit assez fortement dans les pages qui précèdent — que les causes économiques ont eu sur cette révolution et sur cette contre-révolution une influence considérable : à beaucoup d'égards ces mouvements ont été, comme il arrive toujours, une révolution et une contre-révolution sociales. Il ne faut pas cependant que cette constatation, pour nécessaire qu'elle soit, nous fasse oublier leur caractère essentiel, qui est d'être des mouvements religieux. Assurément des causes d'ordre économique, des intérêts matériels ont poussé telles classes vers la Réforme, ont retenu telles autres classes dans les vieux sentiers du catholicisme, ont mis aux prises les bandes armées des guerres civiles : c'était cependant pour défendre certaines idées que l'on élevait des bûchers, c'était pour en proclamer certaines autres que l'on n'hésitait pas à y monter. Chaque âge, dans la vie d'un peuple, a ses passions prédominantes : en France, vers le milieu du xvie siècle, la préoccupation religieuse primait toutes les autres, sans les supprimer.

Ces lignes paraîtront peut-être une préface trop ambitieuse à l'analyse de quelques humbles livrets où revit un peu de l'âme de nos aïeux. Nous avons choisi ceux-ci un peu au hasard, parmi les acquisitions récentes de la Bibliothèque nationale.

Contient divers traités mystiques. — Pet. in-8° goth. S. l. n. d., Bibl. nat. Rés. D 17.400. — Ce petit volume renferme les petits traités suivants, tous antérieurs au mouvement réformé. L'idée qui y domine est celle de la dévotion à la Vierge et aux Saints.

Le jardin spirituel de l'âme dévote, par Fr. Michel Bougain.

L'eschelle d'amour divine, par Jehan Sauvage.

Instruction pour une femme séculière (1).

(1) Brunet indique quatre éditions in-8 goth. de ce traité. En dehors de l'exemplaire relié sous la cote ci-dessus, la Bibliothèque nationale a encore acquis une édition de Paris (Rés. B 27949) et une éd. de Troyes (Rés. Z 35722).

Méditation très devotte pour chacune heure du jour sur la Passion.

Les dix belles et devotes doctrines et |instructions pour parvenir à Pfectiô novellement imprimées à Paris |pour Symô Vostre librai- re : demourant en la rue neuvfe nostre dame à l'enseigne sainct Jehan ˍlevâ-|geliste. [Marque de Simon Vostre]. *Du traictié premierement s'ensuit le Prologue present.* — S. d., mais avant 1520. Pet. in-8° goth. in-8°, signé. A-B. A la fin, un arbre de Jessé, avec la Vierge Mère au sommet. — Bibl. Nat. Rés. D 80.047.

L'auteur enseigne à une dame pieuse les dix doctrines, qui rendront ses prières méritoires. Voici ces dix doctrines :

1. Pureté de cueur.
2. Quérir lieu secret d'oraison.
3. Exclusion de pensée terrienne.
4. Invocation du Saint Esperit pour avoir dévotion.
5. Recordation des pechez.
6. Considération de ceste misère.
7. Méditation de la mort.

Dans l'exposé de cette septième doctrine, l'auteur semble avoir déjà subi des influences légèrement hétérodoxes ; il ne paraît croire ni au mérite des œuvres, ni à l'intervention des saints :

« Ne adoncques [à l'heure de la mort] nully ne pourra ayder la personne ne secourir, ne amy ne parent ne père ne mère, ausmosne, pénitence, oraison, prière des sainctz et sainctes ne nul bien quel qu'il soit, s'il est prins en péché mortel. Adoncques doibt chascung bien prier Dieu qu'il luy donne grace de bien vivre et y mettre peine. »

8. Méditation de la passion de Jhesus.

9. Méditation comme nostre seigneur est mort confusiblement.

10. Méditation des joyes de paradis. Les principales joies de paradis.

A la suite de ces dix *doctrines* essentielles, l'auteur a fait figurer plusieurs *méditations*, réunies sous ce titre général : « Dévote méditation de l'âme pour soy esmouvoir à dévotion quant elle est desconfortée et ennuyée par considération de ses péchez », C'est une série de réflexions mystiques, d'un caractère très touchant, sur l'état de l'âme abandonnée de Dieu. Parmi ces réflexions, il en est qui font déjà penser au mysticisme réformé, à celui, par exemple, de Marguerite d'Angoulême (1). Ce sont celles où l'auteur insiste sur l'irrémédiable méchanceté de l'âme, vouée aux supplices les plus mérités si Dieu, par son Evangile, n'avait substitué à la vieille et dure Loi la loi de grâce. Par exemple ce passage :

« Il est vray, et bien je le cognois, que de sa présence [de la présence de Dieu] je ne suis pas digne et que rien je n'ay desservi fors que peine et tourment et bature plus que créature ne pourroit penser. Néanmoins je sçay par les lettres de son évangile que sa miséricorde est si grande que luy mesme il m'appelle et exhorte à cecy faire : combien que tant l'ay courroucé et despité et mesprisé. »

Ce sont déjà les accents de Marguerite dans le *Miroir* (éd. Frank, t. I, p. 15 et ss.) :

(1) L'ouvrage est dédié à une dame pieuse. Serait-ce l'œuvre d'un des serviteurs de la duchesse d'Alençon ?

> En terre gist sans clarté ne lumière
> Ma chétive âme, esclave et prisonnière,
> Les pieds liez par sa concupiscence,
> Et les deux bras par accoustumance.
> En moy ne gist le pouvoir du remède,
> Force je n'ay pour bien crier à l'aide
> ....Mais sa grâce, que ne puys mériter...
> Par sa clarté ma ténèbre illumine...

et dans tant d'autres de ses poésies. Mais l'auteur des *Dix doctrines* est loin d'être, dans le chemin de la Réforme, aussi avancé que le sera plus tard la reine de Navarre. Avec cette naïve inconséquence qui marque les débuts de toute révolution religieuse, il retient encore quelques-uns des éléments essentiels du christianisme catholique. Il semble croire à la grâce seule justifiante ; il semblait même, dans sa septième doctrine, nier l'intervention des saints ; voici au contraire qu'il va faire appel à tous les célestes médiateurs qui doivent porter jusqu'aux pieds de Dieu la prière sortie des lèvres de l'homme :

« Toy, oraison la dévote, va par la grande cité de paradis de rue en rue, de huys en huys ; des anges en archanges et patriarches ; des patriarches aux prophètes ; pareillement des prophètes aux apostres, des apostres aux martirs, puis aux confesseurs et aux vierges. Tellement qu'il n'y ait sainct ne saincte que tu ne requières en pleurs et gémissemens. te prosternant à leurs piedz et les priant par especial qu'ils facent ma paix envers mon père et qu'ils me impètrent pardon des mes oultraiges et folies... »

Ce qui rappelle tout à fait Marguerite, c'est le galimatias mystique par lequel on s'emploie à dépeindre la bienheureuse invasion de la grâce dans une âme pécheresse. Le style des lettres à Briçonnet n'est ni plus contourné ni plus fleuri ·

> « O qui est celuy qui a heurté à mon huys ? que demande-t-il ? Que veut-il ? Pour vray, c'est mon Dieu, mon Seigneur et mon père. O sire, bien soyez vous venu en l'hostel de votre petite et humble ancelle. Entrez dedans, beau très doux père, entrez dedans... Et de votre riche et plantureuse bonté veuillez ma tres soufreteuse indigence remplir et resaisier, que je ne perisse de male faim et soif en la charire de ce corps où je suis enclose ... »

Et surtout ce qui suit :

> « Si c'est vostre plaisir, je metray la table de sobriété, la chandelle de vraye foy, le pain de sapience, le vin de compunction, le sel de discretion, le fruit de bonnes œuvres. Je espandray par tout mon hostel la belle herbe verte des bonnes pensées avecques les florettes de sainctes méditations. Je vous donneré à laver de l'eaue de devotion, chauffée par feu de bonne amour et dilection ».

Le volume se termine par l'éloge des heures de la Vierge.

Le Miroir [du Pénitent]. Psal. I. *Seigneur, aye mercy de moy, selon ta grande miséricorde* [Marque de Jean de Tournes] A Lyon| par Jean de Tournes| M.D.XLIX. — Pet. in-8° de 136 p. — Bibl. Nat. Rés. D 67.940.

Ce volume commence par un dizain, à rimes batelées, où sont exprimées les idées des réformés sur l'impuissance du pécheur et la toute-puissance de la grâce :

O grand malheur, ô triste desconfort,
Fors que pleurer ne sçay, et dire hélas.
Las et recreu je suis sans réconfort,
Fort gémissant, eslongné de soulas.
Soubs lacs de dueil hélas est cheut mon sort.
Sort malheureux prend en moy son ressort,
Sortir n'en puys si de Dieu n'ay secours.
Ce cours m'est grief par péché qui me lie,
Lié je suis, et tenu en decours,
Tres grievement. si Dieu ne me deslie.

Le *Miroir* se compose de cinq livres, dont voici les titres :

I. « Le pécheur pénitent en cœur contrit et humilié se convertit à Dieu, luy presentant par dévote affection humbles supplications et oraisons.

II. « Le Pécheur pénitent demande à Dieu, qui est souverainement bon, piteux et miséricordieux, secours et ayde pour résister aux tentations, porter et endurer patiemment les tribulations peines et adversitez de ce monde.

III. « Le Pécheur pénitent considérant la grande dilection et amour de nostre doux Dieu envers nous, est excité et esmu à l'aymer sur toutes choses, ainsi que très digne d'estre aymé souverainement.

IV. « Le Pécheur pénitent se prépare et dispose à bien mourir.

V. « Comment le Pécheur pénitent se dispose devant que mourir à recevoir sainctement le précieux corps et sang de nostre benoît sauveur et redempteur JESUCHRIST, tres puissant et vertueux viatique, pour parvenir lassus au convive de noces de l'église triomphante. »

A ne lire que ces titres, on pourrait douter si l'auteur de ce *Miroir* est réformé ou catholique. Tandis que le texte des trois premiers titres, et l'absence de toute mention relative aux saints, pourraient faire penser que ce *Miroir* a réfléchi les mêmes rayons que celui de Marguerite, le cinquième livre a l'air d'être une apologie du sacrement de l'Extrême-Onction. Entrons dans le détail, et voyons quel est le caractère vrai de l'ouvrage.

Il se compose de variations sur le péché, sur le démérite de l'homme et la grâce imméritée ; la parabole de l'enfant prodigue y joue un rôle considérable et aussi, comme chez Marguerite, l'allégorie de l'épouse infidèle. C'est ici encore le drame intérieur d'une âme pécheresse, qui se sent perdue par ses fautes, et qui se veut sauver par la grâce. L'auteur n'est dépourvu ni de mérite littéraire, ni d'esprit philosophique. Il est habitué aux idées abstraites, il a le goût des définitions, des divisions, des raisonnements qui s'enchaînent.

Le fond du livre est une théorie du péché : « Pour ce que je suis conçu en péché (p. 18), ma nature est par péché corrompue, dont je sens la loy des membres, contredisant à la loy de l'esprit : hélas ! ainsi que fol et inique j'ay estendu la main à la mort, à mal et à peine. » Frappé de la contradiction qu'il y a, dans la doctrine de la grâce, à refuser à l'homme le mérite de ses vertus dans le temps même où on l'écrase sous le poids de ses fautes, l'écrivain essaie de la résoudre en avançant que l'homme est sinon auteur, du moins collaborateur du péché.

« Et jà soit que les premiers mouvemens en telle eslection ne fussent en ma puissance, toutesfois delectation, consentement et consommation de mes mauvaises œuvres dependoient de ma volonté ... Or y ay je donné consentement et qui est pis, souventes fois, j'ay par ma mauvaistié prévenu les ten-

tations... Je n'ay tenu conte des bonnes inspirations que ha
pleu à sa bonté infinie me donner, mais j'ay fait et suis allé
au contraire. »

Il n'appartient pas à l'historien de décider si cette
explication est valable et si, après comme avant, la
théorie de la grâce ne fait pas Dieu auteur du péché.
La puissante logique de Calvin s'est usée à ce redoutable problème; on pardonnera bien à notre « pénitent » inconnu de n'avoir pu le résoudre. Il se sauve
de tout en implorant l'unique médiateur Jésus (p. 21),
« qui peux seul pardonner les péchez et justifier les
pécheurs ». Le salut, dit-il, ne peut être obtenu que
par la foi (p. 72), « ainsi qu'apparoît en la benoîte
Marie Magdelaine pecheresse. Car ja soit ce qu'elle
ayt plouré abondamment et ayt lavé de ses larmes
les piedz de nostre seigneur JESUCHRIST, les ayt
essuyez de ses cheveux, baisez et enoints de liqueur
précieuse, toutesfois n'est point attribuée la remission
de ses péchez à toutes ces choses icy, mais principa-
lement à la foy, et à la dilection... »

La doctrine du salut par la foi a ici pour corollaire,
comme chez tous les réformés français de la première
heure, l'impossibilité du salut par les œuvres, la
radicale inutilité des œuvres (p. 77) : « Je sçay, ô
mon Dieu très juste estimateur des œuvres et vertus,
que quelques œuvres qu'on fasse, toutesfois sont de
nulle valeur, qui n'ha vraye dilection, composée de
foy, espérance et charité. » Cette dévotion qui vient
du cœur, ce culte en esprit et vérité n'est-il pas, d'ailleurs, mille fois plus facile que l'accomplissement
formel des rites et des cérémonies ? (p. 79) « Si on

disoit à quelqu'un qu'il jeusne, il pourroit dire : Je
suis débile. Et si on luy disoit qu'il donne l'aumosne,
il pourroit répondre : Je suis pouvre. Mais quand on
luy dit qu'il ayme Dieu et son prochain, il n'a excu-
sation. »

L'idée de la mort remplit les dernières parties du
livre. De la bouche de notre inconnu sortent alors
des accents dignes d'un vrai moraliste, qui font penser
tout ensemble à un Montaigne et à un Bossuet. On
y retrouve à la fois l'écho de la sagesse antique et la
majesté des saints livres (p. 84) :

« C'est un arrest et ordonnance génerale qu'il nous convient
tous mourir par le péché de nos premiers parens. C'est une
Loy qui lie l'homme laquelle n'eut et n'aura jamais exception
quant au cours commun de la nature. Et n'est chose plus certaine
que la mort, et chose plus incertaine que l'heure, le lieu et la
manière d'icelle. Qui est celuy qui peult savoir quand il
mourra, et en quel lieu et comment : c'est assavoir bien ou mal ? »

Et ailleurs encore (p. 99) .

« Quelque part ou lieu que nous soyons, nous avons tousjours la mort présente : elle nous attend et assaut en tous lieux,
et ainsi *nostre vivre n'est que mourir* : car ainsi que nous croissons corporellement ainsi nostre vie descroit. Nous n'avons
journée où la mort ne prenne portion. »

Contre cette mort de tous les jours, qui est la vie,
contre la mort dernière qui nous enlèvera du monde
des vivants, quel sera notre recours, si ce n'est Jésus,
vers lequel le pécheur se tourne en une double exaltation d'angoisse et de joie ? (p. 108) :

« O mon doux sauveur Jesus, toute ma vertu, mon refuge,
ma gloire en qui j'espère, en qui je croy, celui que j'ayme, ma

souveraine douceur : te plaise m'appeller et recevoir, qui suis œuvre de tes mains et à qui, toy mourant en la croix et espandant ton sang précieux, as donné vie et miséricorde. »

Nous arrivons enfin, avec le livre cinquième, à la question, grave entre toutes, de l'Eucharistie. De l'attitude que notre inconnu prendra vis-à-vis du sacrement de la Cène dépendra la réponse que nous devrons faire à cette interrogation : est-il catholique ? est-il réformé ? S'il est avec Rome, il verra dans la Cène un sacrifice journellement renouvelé ; s'il est avec les « sacramentaires », avec tous les artisans de la Réforme purement française, il y verra un souvenir du sacrifice accompli, une fois pour toutes, par Jésus lui-même.

Recevoir l'Eucharistie, dit-il (p. 114), « c'est recevoir sacramentellement et spirituellement son précieux corps, lequel me soit très puissant et vertueux viatique pour parvenir à là montagne de Dieu, c'est asavoir au ciel... » Déjà ces mots, *sacramentellement et spirituellement*, sentent terriblement le fagot ; on dirait qu'ils sont mis là tout exprès pour éviter toute confusion possible, pour écarter toute idée d'une présence réelle. Même préoccupation dans cette autre définition : « la vraye viande spirituelle, le viatique de tous nous conduisant à vie éternelle... »

Présence purement *spirituelle* de Jésus dans le sacrement, caractère purement *symbolique* de ce sacrement même, telles sont les deux idées qui éclatent dans ce récit de l'institution de la Cène (p. 120) : « Mais, ô fontaine de miséricorde, tu nous as montré un grand signe de charité, que tu avois envers nous, quand tu as institué la sainte Cène, pour nous communiquer ton corps et ton sang spirituellement. Tu l'as instituée pour la viande spirituelle de nostre âme, et pour un gage de ta benevolence envers nous. » Et plus loin, s'exprimant avec plus de clarté encore (p. 129) :

« Puisqu'il t'a pleu par ta miséricorde infinie de nous commander de celebrer ta sainte cène, *en mémoire et recordation de ta mort.* »

Cette fois la question est tranchée : l'auteur est un « sacramentaire », comme le Fèvre d'Etaples l'était déjà dans son *Commentaire* de 1512 sur les Epîtres de Saint Paul.

Pouvons-nous connaître l'auteur du *Miroir du Pénitent* ? Nous devons du moins constater les rapports très étroits qui existent entre ce traité et un autre petit livret que nous étudierons plus loin, l'*Alphabet ou instruction chrestienne.* En effet, que l'on compare, dans le *Pénitent* et dans l'*Alphabet*, le texte de la prière par laquelle on doit faire confession de ses péchés :

Pénitent, p. 123.	*Alphabet*, fo C 2.
	CONFESSION DÉVOTE
O Père de toute consolation, Dieu éternel et tout puissant, je congnois et confesse sans hypocrisie et simulation devant ta face et devant tout le monde que je suis grand pécheur, plein de malice, conçu et né en iniquité et cor-	Seigneur Dieu, Père éternel et tout puissant, je congnois et confesse sans hypocrisie et simulation devant ta sainte Majesté, que je suis pauvre pécheur, conceu et né en iniquité et corruption, enclin à mal faire, inutile à tout

ruption, enclin à mal faire, inutile à tout bien, et que à cause de mon vice j'ay sans cesse transgressé tes saintes ordonnances et commandemens. En quoy faisant j'ay acquis sur moy tous les jours par ton juste jugement ruine et perdition. Toutefois, mon Dieu, j'ay desplaisir en moy-mesme de t'avoir offensé...

bien, et que de mon vice je transgresse sans fin et sans cesse tes saints commandemens. en quoy faisant j'ay acquis, par ton juste jugement, ruine et perdition sur moy. Toutesfois, Seigneur j'ay desplaisir en moy mesme de t'avoir offencé...

Non seulement les idées sont les mêmes (1) — et elles sont purement protestantes — mais la forme est identique dans les deux morceaux, à peine plus longue dans le *Pénitent* que dans l'*Alphabet*. Même similitude presque complète dans la prière qu'on doit prononcer après avoir reçu l'Eucharistie :

Pénitent, p. 133.

Le pénitent rend action de graces, après qu'il ha receu le S. Sacrement. Je te rends grâces et louanges eternelles, Père céleste, car tu as eslargi un sacrement incompréhensible, un bénéfice inénarrable, un bien infini, à moy poure pecheur, quand tu m'as fait participant de la communion de ton fils Jesu-Christ mon bon sauveur, et l'ayant livré pour moy à la mort le m'as donné pour viande et nourriture de vie éternelle.

Alphabet f° D s v°

Action de graces apres avoir receu le T.S. Sacrement. Père céleste, nous te rendons louanges et graces éternelles, que tu as eslargy un tel bien à nous pauvres pécheurs, de nous avoir attirez en la communion de ton Filz Jesus Christ, nostre seigneur, l'ayant livré pour nous à la mort, et le nous donnant en viande, nourriture de vie éternelle.

(1) Les mêmes sans doute que dans « Le vrai moyen de bien et catholiquement se confesser » et que dans « La confession vrayment chrestienne, pleine de saine doctrine, de beaux et

Ou bien l'auteur du *Pénitent* ne fait qu'un avec celui de l'*Alphabet* ; ou bien l'auteur du second a eu le premier sous les yeux ; ou bien encore, et ceci est le plus probable, tous deux procèdent de la même source.

Le Petit Angevin. Les figures de l'Apocalipse.... exposées en latin et vers françoys. A Paris, Groulleau, 1552, pet. in-8º. « Nul ne s'y frote (1). » — Bibl. Nat. Rés. A 17.991, relié avec « Dix histoires |du Nouveau Testa|ment exposées tant |en latin que rithme françoise. Avec un cantique crestien, en fa|veur de ceux qui ayment les |saintes et sacrées |chansons. |Par le petit Angevin. » (Feuillets E et F du volume). Colophon : « imprimé à Paris, par Estienne |Groulleau| 1551. »

Chaque « figure de l'Apocalypse » est illustrée d'une planche qui occupe le verso du feuillet précédent. Ces planches sont inspirées par les célèbres tapisseries de la cathédrale d'Angers. L'auteur, qui signe « Vostre petit serviteur l'Angevin », rappelle que feu Denys Janot (2) avait donné aux lecteurs plusieurs livres illustrés, « mesmes ces dernières années la tapisserie de l'Eglise, » mais qu'il y manquait l'Apocalypse et les Actes.

---

salutaires advertissemens, 1549 », qui sont condamnés par le *Catalogus librorum* de 1551 (d'Argentré, t. II, p. 175). Or *Le vray moyen* est une traduction, faite par Berquin (*Fr. prot.*, 2ᵉ éd., t. II, col. 433, qui en connaît une éd. lyonnaise de 1542), d'un traité d'Erasme.

(1) Voy. Ph. Renouard, *Imprimeurs parisiens*, p. 164.
(2) *Ibid.*, p. 191. Mort en 1545.

Le privilège pour six ans est au nom de Janne de Marneffe, veuve de feu Denys Janot, à présent femme d'Estienne Groulleau. Il est du 14 août 1546, et l'achevé d'imprimer du 13 juin 1547. — Pour les *Dix histoires*, imprimées en 1551, la disposition des planches est la même.

L'auteur paraît catholique. Au fᵒ F ii, sainſ Jacques, tout en vantant

> Le bien que la foy nous aporte,
> Prouve, au vray, par l'antiquité,
> Et conclut sans subtilité,
> Qu'elle est sans œuvres vaine et morte.

Il ne faut donc pas attacher d'importance à ce vers, qu'on rencontre plus loin dans un cantique :

> Ton rédempteur unique Jésus-Christ.

Rédempteur, en effet, n'est pas médiateur.

Les |Regretz et |Complainctes de |Passe partout et Bruict qui court, sur la mé|moire renouvellée du trespas et bout de |l'an de feu tres noble et venerable person|ne Maistre Françoys Picart, docteur en |théologie et grand doyen de sainct |Geɪmain de l'Aucerrois. |*Sutra Erised* [Désiré Artus]. |A Paris [Avec Privilège. |Par Pierre Gaultier, rue S. Jacques à |l'enseigne de la Vigne (1)| 1557. — Pet. in-4ᵒ, A-D. — Bibl. Nat. Rés. p. Ye 151. Le privilège est du 13 septembre 1557.

C'est un éloge de François Picart, le célèbre adver-

____

(1) Renouard, p. 144.

saire des hérétiques, éloge versifié par un de leurs non moins acharnés ennemis, Désiré Artus (1). Il dédie son ouvrage « A Messeigneurs les Prevost, Eschevins et Bourgeois de Paris. » Après six quatrains, en vers alexandrins, consacrés à l'énumération des vertus de Picart, commence, en vers de huit pieds, le dialogue entre Passepartout et Bruictquicourt. Ces deux personnages, d'un symbolisme un peu transparent, s'entretiennent du trépas du grand théologien, et de la tristesse qui remplit Paris à la nouvelle de sa mort. Plus de 20.000 citoyens assistaient à son convoi,

> Comme si c'eust été le Roy.

Cette comparaison est quelque peu irrévérencieuse. Mais il n'importe à *Sutra Erised*, qui nous dépeint

> ..... les douleurs.
> Les clameurs, les larmes, les pleurs.
> Et les regrets mélancoliques
> Que faisoient les bons catholiques.
> As-tu point vu les nobles dames.
> Filles et autres poures femmes,
> Lesquelles d'une affection
> Faisoient par grand dévotion
> Tres honorablement toucher
> Leurs patenostres à sa chair ?

C'était bien le moins qu'on pût faire pour

---

(1) Qui sera banni, le 29 janvier 1564. En 1561, il avait été condamné à cinq ans de réclusion pour avoir été trouvé porteur d'une requête par laquelle on demandait à Philippe II de protéger la religion catholique en France. *Mém. Condé* T. V, p. 44.

> Ce grand capitaine de guerre
> Contre le peuple luthériste.
> Il n'y a docteur sorboniste
> En toute l'Université,
> Ne homme en la ville et cité...
> Qui n'en ait grand douleur au cœur...

Dieu nous l'a ôté pour nous punir de nos péchés ; nous n'étions pas dignes d'un tel miroir de vertu :

> « C'estoit l'ennemy d'hérésie... »

Mais, en poursuivant l'hérésie, il travaillait au salut des hérétiques, et ceux-ci ne devraient pas moins pleurer sa perte que les catholiques eux-mêmes :

> Où estes-vous, gens dissolus ?
> Gens malheureux, gens hérétiques,
> Gens misérables scismatiques,
> Qui vous en resjouissez tous,
> Plorez hardiment comme nous :
> Car si vous aviez entendu
> Le bien que vous avez perdu,
> Au lieu de rire et de chanter
> Ne cesseriez de lamenter.
> Car si encore mort ne fust,
> Il est possible qu'il vous eust
> Osté par prédication
> Vostre dure obstination,
> Et que vous fussiez convertis :
> Mais tout ainsi que enfants petis
> Prenez plaisir à vostre perte,
> Qui est si notoire et apperte
> A tous les fidèles chrestiens
> Que vous mourrez luthériens,
> En voz lictz un de ces matins.
> Plorez donc, plorez chiens matins,
> Plorez, mauldicts et réprouvés...

Hélas ! non, les « chiens mâtins » n'ont pas pleuré aux obsèques de leur convertisseur ; ou, s'ils ont pleuré, c'est de rage de voir qu'on lui rendait de semblables honneurs. Mais ne pleurons plus ce héros, chantons plutôt ; car il est au ciel, auprès

> De sa maistresse nostre Dame.

C'est par des prières à la Vierge qu'il commençait et finissait ses sermons,

> Et contre la secte maligne
> De Martin Luther plein d'erreur,
> Il fist deux sermons à l'honneur,
> D'icelle Vierge glorieuse.

notamment son dernier sermon. Quel contraste avec la mort de Luther lui-même ?

> Hélas ! le supost d'antechrist
> Martin Luther sacramentaire,
> Fist à sa mort bien le contraire :
> Car au dernier sermon qu'il fist,
> En si grand cholaire il se mist
> Contre ladicte Vierge saincte,
> Que sans reverance ne crainte
> Le paillard meschant et infâme
> S'efforça de toute son âme
> D'abolir ses tiltres d'honneur....
> Et si fut tenté jusques-là
> De dire et prescher audit lieu
> Qu'il croioit n'estre point de Dieu.
> Et après que le misérable
> Eut finy ce sermon damnable
> Composé de toute hérésie,
> Le faux corps plein de punaisie,
> Sentant ses douleurs approcher,

> S'en alla sur son lit coucher
> Sur lequel (notez bien cela)
> Le Diable d'enfer l'estrangla...

Et voilà comment mourut Luther. Après un si véridique récit, il ne reste plus qu'à établir un parallèle entre le damné hérésiarque et le glorieux docteur. Et de ce parallèle, comment ne pas tirer cette conclusion que l'un a prêché la vérité, que l'autre était un suppôt d'enfer ?

> Or voyés, povres malheureux,
> Comme vous estes bien deceuz,
> Les faux sermons avez receuz
> D'un damné meschant et paillard,
> Et ceux du sainct homme Picart
> (De toute l'église approuvez)
> Avez jectez et reprouvez,
> A vostre trés grand prejudice
> Contre les arrestz de justice...

Ce dernier vers n'est peut-être pas très poétique ; mais il a le mérite d'être clair : ce n'est pas seulement à la damnation éternelle que s'exposent les adversaires de Désiré Artus, c'est aux rigueurs temporelles du bras séculier.

ALPHABET |OU| INSTRUCTION |chrestienne, pour les pe|tis enfans |*Nouvellement reveue et augmentée* |*de plusieurs choses.* |MAT. X|. Laissez les petis enfans venir à moy, et ne |les empeschez, car à tels est le| Royaume de Dieu. |EPHES. VI| *Pères, nourrissez* *vos enfans en la discipline et correction de no[stre* *Seigneur.* |A LYON, |Par Pierre Estiard.

|M.D.LVIII (1). — Pet. in-8º non paginé (ou dont la pagination a disparu dans l'exemplaire que j'ai consulté), folios signés A à H et A à D. — Bibl. Nat., Rés. D 67.940.

Le livre contient d'abord un « almanach pour XVII ans » à dater de 1557, puis les alphabets et le syllabaire. Ensuite, on s'aperçoit immédiatement que, sous couleur d'enseigner aux enfants les éléments de lecture, l'auteur veut en réalité faire pénétrer dans leurs âmes une doctrine religieuse :

« Pour ce que l'une des premières vois articulées qu'apprent le jeune enfant en ce monde, c'est papa, qui signifie Père : par laquelle il appelle son père, ayant son recours à ruy, et luy demandant ce dequoy il se sent avoir besoing... pour ce aussi que de nostre part nous ne devons pas moins, mais beaucoup plus reconnoistre Dieu pour nostre Pere, et avoir nostre fiance en luy plus qu'en noz propres peres charnelz : c'est bien raison ... que le jeune enfant soit apprins et institué dès le commencement à avoir recours et fiance en son vray Papa, qui est Dieu le créateur. Pour ce la première leçon qu'il apprendra sachant parler sera l'Oraison dominicale, qui s'ensuit. »

L'importance hors ligne donnée ici à l'Oraison dominicale est significative, surtout si l'on constate que, dans tout le livre, il n'y a pas une seule prière adressée aux saints ni à la Vierge. Entre les réformés et les catholiques, la ligne de démarcation était indiquée par ce *schibboleth* : l'*Ave Maria*.

Après l'oraison, viennent les dix commandements. L'auteur insiste particulièrement sur le premier.

(1) Les huit premiers mots, les deux références, le lieu et la date en lettres rouges.

« Ce en quoy consiste toute l'observation de la Loy... Tu aymeras donc le seigneur ton Dieu de tout cœur, de toute ton âme, et de toute ta force, et entendement. Cestuy est le premier et le grand commandement. Et le second est semblable à iceluy... Et de ces deux commandements dépendent toute la loy et des Prophètes.

« *Et pour ce que ordinairement plustost sont apprinses et mieux retenues toutes choses mises en vers ou rithme qu'en prose, s'ensuyvent les mesmes commandemens mis en rithme, par Cl. Marot :*

> Lève le cœur, ouvre l'aureille,
> Peuple endurcy...

Cette citation de Marot suffit à nous avertir que nous nous trouvons en présence d'un livre fortement suspect d'hérésie. Ce caractère hérétique apparaîtra plus clairement encore dans la *Briefve conclusion des dix commandemens prinse en saint Matthieu VI.* On y voit s'y manifester clairement la justification par la foi seule :

« Et pour ce que la Loy n'ha suffisant moyen de nous faire parvenir à salut, non que le deffaut en soit en elle, ains en nous qui [ne] la pouvons accomplir. Mais le vray moyen de nostre salut gist et consiste en l'incarnation mort et passion de nostre Sauveur Jesus-Christ, qui vivant et mourant ha satisfait à la Loy pour nous.... »

C'est par ce commentaire tout réformé qu'il prépare l'enfant à l'étude du symbole. Après l'avoir donné en prose, il le donne encore « mis en rithme par Clément Marot. »

A partir de ce point, le prétendu « alphabet » n'est plus qu'un simple livre de prières ; et, pour que nous ne croyions pas que ces prières ne sont destinées qu'aux seuls enfants, on nous avertit expressément que nous sommes en présence d'un livre d'édification qui s'adresse à tous et à toutes : « Desvotes et chrestiennes oraisons, qui doivent estre apprinses et dites ordinairement, non seulement des petis enfans, mais de toutes personnes chrestiennes... (1) » Il y en a pour toutes les heures du jour et toutes les occupations de la vie : prière pour le matin en se levant, prière pour l'enfant avant d'étudier sa leçon ; prière, avant de commencer son travail, pour « toute personne de quelque estat qu'il soit » ; prière avant le repas, actions de grâces après le repas, etc. Elles sont suivies de « sept spalmes (*sic*) de David, qui vulgairement sont appellez penitentiels. » Chaque psaume, traduit en prose, est accompagné d'une paraphrase ; ces paraphrases roulent toujours sur le même sujet : impuissance de l'homme, toute-puissance de la grâce (2).

Parmi les oraisons, quelques unes présentent, au point de vue de la doctrine, une importance toute particulière. Nous citerons tout d'abord la « con-

---

(1) Cf. N. Weiss, *Notes sur les traités de Luther traduits en français et imprimés en France entre 1525 et 1537* (*Bull.*, t. XXXVII, p. 155, 432, 500).

(2) Ces idées se retrouvent dans les prières. Dans une des prières indiquées pour le matin : « Nous te prions tousjours nous soustenir et garder par ta vertu, à ce qu'en ce jour nous ne tombions point en aucune offence ». — Les prières et les psaumes insérés dans ce texte ont dû être pris à un ouvrage déjà condamné par la Sorbonne le 2 mars 1531-1532, (d'Argentré II p. 85) : « *Liber qui inscribitur* l'oraison de J.-C. qui est le *Pater Noster*, le *Credo*, les Dix commandemens, les sept pseaumes tout en françois, contenant plusieurs autres traités luthériens, *est publice comburendus* ».

fession dévote et reconnaissance de ses péchez devant Dieu pour impétrer miséricorde. » Cette confession est, en quelques lignes, un résumé complet de la doctrine protestante de la justification. « Je me confesse à toy, seigneur Dieu tout puissant, que moy misérable pécheur ay offensé contre ta Loy toute ma vie par pensée, par parolle et par œuvre ; tellement que par ma seule coulpe suis digne de damnation. Mais je te prie, ô seigneur Dieu pitoyable, que par le mérite et passion de ton fils Jésus Christ tu ayes mercy de moy pauvre pécheur. » Mêmes idées dans une « Autre confession », que nous nous dispenserons d'examiner ici pour la bonne raison qu'elle est, comme on l'a vu plus haut, presque textuellement extraite du *Miroir d'un Pénitent* (1).

De même, sur l'Eucharistie, l'auteur ne se contente pas de reproduire encore la prière du *Miroir*. Il en ajoute une autre, dont les termes sont plus précis, plus « sacramentaires » pour ainsi dire :

« Christ a *une fois* (2) offert son corps et son sang... et le nous veut communiquer pour nourriture en vie éternelle... Qu'en certaine foy nous recevions son corps et son sang, voire luy tout entierement, comme lui estant vray Dieu et vray homme et véritablement le sacré pain céleste, pour nous vivifier... Donne nous doncques Père céleste la grâce d'humblement et saintement recevoir ce saint sacrement du corps et du sang de ton cher filz afin de nous exercer en continuelle souvenance de la passion d'iceluy... »

On voit avec quel soin les moindres expressions de ce morceau sont choisies, comme tout y est cal-

____

(1) Ou du livret de Berquin que le *Miroir* a utilisé.
(2) Je souligne.

culé pour ne pas donner aux mots de « corps » et de « sang » un sens réel, pour faire du sacrifice une simple commémoration, une communion puiement mystique à laquelle nous ne pouvons participer que par la foi, et avec le concours de la grâce.

A côté de ces prières si nettes en ce qui touche le dogme, il en est d'autres qui offrent un intérêt plus proprement historique. L'allusion à la révolution religieuse du siècle est des plus claires dans ces mots : « Il t'ha pleu nous appeller à la connoissance de ton saint Evangile, nous retirant de la misérable servitude du diable, où nous estions... » Mais c'est l'attitude même des réformés vis-à-vis des grands de la terre, vis-à-vis de l'Etat et de l'Eglise, qui est exposée dans « l'Oraison très devote par laquelle on prie Dieu non seulement pour soy, mais aussi pour toutes autres personnes de divers estats, comme Roys, Princes, Pasteurs d'Eglise... » En 1558, vingt ans passés après la première apparition de l'*Institution chrestienne*, les réformés français ont encore l'espérance de voir la royauté française adhérer, comme ils disent, « à l'Evangile ». Ils ne cherchent pas encore, comment ils le feront à la fin du siècle, à s'organiser en minorité religieuse, uniquement désireuse de vivre en paix et en liberté dans un Etat catholique ; ils ont encore l'ambition de réformer l'Etat lui-même, et aussi l'Eglise. Voici les deux passages essentiels :

a) « Nous te prions donc, Père céleste, pour tous Princes et seigneurs tes serviteurs ausquels tu as commis le régime de ta justice, qu'il te plaise leur communiquer ton esprit seul bon et vrayement principal, et iceluy journellement leur augmenter : tellement que, reconnaissant en vraye foy Jesus-Christ, ton filz nostre Seigneur, estre le roy des Roys et seigneur sur tous seigneurs, » ils gouvernent suivant sa loi.

b) « Aussi nous te prions, Père véritable et sauveur, pour tous ceux que tu as ordonnés Pasteurs à tes fidelles, et ausquelz tu as commis la charge des âmes, à la dispensation de ton sacré Evangile, que tu les conduises par ton saint Esprit, afin qu'ilz soyent trouvez fideles et loyaux ministres de ta gloire, ayans tousjours ce but, que toutes les ouailles esgarées soyent recueillies et reduittes au seigneur Jesus-Christ, principal Pasteur et Prince des Evesques : D'autre part, vueilles delivrer toutes les églises de la gueule des loups ravissans et de tous mercenaires qui cherchent leur ambition ou proufit, et non point l'exaltation de ton saint nom... »

Il n'est pas nécessaire d'être très familier avec la littérature réformée du xvie siècle pour reconnaître dans ces « loups ravissans » les prélats de l'Eglise romaine. C'est la même haine contre cette Eglise, que les réformés considèrent comme infidèle à sa mission, c'est le même désir de rétablir l'unité, de restaurer une *catholicité* sur les bases de l'Evangile, qui éclate dans l'« Oraison pour la paix de l'Eglise » :

« Tu peux seul réduire les choses en concorde, combien qu'elles soyent mal d'accord... Quand tu vivois homme mortel entre les hommes pareillement mortelz, les diables fuyoient à ta voix. Nous te prions, Seigneur, envoye ton Esprit qui pousse hors des cœurs de tous ceux qui font profession de ton saint nom ces meschans esprits, maistres de dissolution, avarice, paillardise, ambition, vengeance, discorde... Que, comme tous ceux qui demeurent en ta maison ont une mesme lumière, un baptesme, un espoir, un esprit : ilz ayent pareillement une mesme voix, tous confessans la vérité catholique... Donne aux pasteurs... le don et grâce de Prophétie, afin qu'ils exposent les saintes Escritures, non par sens humain, mais par ton inspiration... »

C'est un appel passionné, une sommation à Dieu d'avoir à sauver sa gloire en protégeant ceux qui luttent pour lui.

On peut saisir là, sur le vif, l'un des procédés employés par les réformés pour répandre la doctrine. Voici un petit livre d'aspect bien inoffensif, un simple alphabet destiné aux enfants ; le colporteur qui le porte dans sa balle ne peut éveiller la méfiance ; le maître qui le glisse entre les mains de ses écoliers n'est pas suspect davantage. Et pourtant ce petit livret est une terrible machine de guerre ; c'est un résumé, sous forme brève et populaire, de l'*Institution* calvinienne, c'est toute la révolution religieuse qui fait explosion dans l'école.

Lorsqu'il sortait, en 1558, des presses de Pierre Estiard, ce hardi petit livre ne voyait pas le jour pour la première fois. Il faut en effet le reconnaître dans l'*Instruction des enfants* qui est censurée par la Faculté de théologie de Paris, le 27 janvier 1543 (1). Cette même *Instruction des enfans* est également condamnée dans l'Index dit de Bécanis, rédigé à Toulouse vers 1549, et publié dans le t. Iᵉʳ du *Bulletin* (voy. p. 439) par de Fréville. Est-ce également « l'*A B C pour les enfans* » du *Catalogus librorum* publié par la Sorbonne en 1551 (2) ? C'est assuré-

---

(1) D'Argentré, t. II, p. 232 (1542 vx st.). L'*Instruction* était reliée avec les « Pseaumes en françois » et les « Livres de Salomon ».

(2) D'Argentré, t. II, p. 174. Comparez les *Quatre instructions fidèles pour les simples et les rudes*, en partie traduites du *Petit Catéchisme* de Luther (imprimées entre 1529 et 1531), étudiées par M. N. Weiss, *art. cités*.

ment « l'*Instruction pour les enfans* », citée plus loin par le même catalogue (1).

En cette même année 1558, le petit livret que nous venons d'étudier d'après l'édition lyonnaise fut édité au moins deux fois à Paris (2). En effet, le 31 avril, la Faculté prononce la censure d'un livre en français intitulé « *Instruction familière et chrestienne pour les petits enfans*. A Paris, rue S. Jacques, à la Rose blanche couronnée, 1558 (3) ». C'est un livre « *juventuti instituendæ valde perniciosus.* » Il contient « *falsas sacræ scripturæ expositiones, hæreses de imaginibus tollendis et maxime contra sacrosanctum Eucharistiæ sacramentum* », et les omissions qu'on y relève ne sont pas moins condamnables que les propositions qui y sont avancées.

On a remarqué sans doute que le titre — tel du moins qu'il est contenu dans la détermination de la Faculté — du livre paru « à la Rose blanche couronnée » n'est pas exactement conforme à celui du volume de Pierre Estiard ; il s'agit peut-être d'une version quelque peu différente du même ouvrage. Mais c'est bien notre alphabet lui-même que nous retrouverons dans la liste des livres transmis à la Faculté, le 26 mai, par l'évêque de Paris : « *Alphabet ou instruction chrestienne pour les petis enfans*. A Paris, par Jean Taveiller (4), rue Frementel, près les

---

(1) D'Argentré, p. 176.

(2) *Ibid.*, p. 187.

(3) C'est-à-dire chez Guillaume Ier Le Noir (Ph. Renouard, p. 235).

(4) Lisez Caveiller (Renouard, p. 59).

Clos Bruneaux, à l'Etoile d'or (1). » La Faculté porte
sur cet opuscule le même jugement que sur le précédent. Elle remarque en outre que dans le calendrier
(annexé à cette édition comme à celle de Pierre Estiard), on compte parmi les saints Tertullien et Ori-
gène, qui ne sont pas reçus par l'Eglise, tandis qu'on
omet Eleuthère, Zéphyrin et autres saints qui ont
été papes et martyrs.

A la même date, à Nîmes, on dénonçait au chapitre
« quatre petits livres imprimés in-8º à Lyon par
Pierre Estiard en 1556, intitulés *Alphabets ou instruction chrestienne pour les petits enfans nouvellement reveue et augmentée de plusieurs choses,* » ce qui
est très exactement le titre de notre alphabet (2).
Si la lecture de M. Puech est correcte, l'édition de
1558 aurait été précédée d'une édition antérieure,
donnée également par Estiard, en 1556. La Cour (3)
demande à l'official « si dans iceulx il avoit treuvé
chose escripte mal sentant de la foy. » Celui-ci répond
« en iceulx livres n'avoir treuvé chose réprouvée ou
autrement suspecte, si ce n'est en ce que, pour autant que en iceux livres est mise la fourme de l'institution chrestienne (4), il ne treuve poinct y estre
faicte mention de la confession ou (5) chose nécessere

(1) D'Argentré II, p. 187 et 188.
(2) Puech, *Renaiss. et Réf. à Nîmes,* v. 83.
(3) Le tribunal du juge-mage.
(4) Il ne faut évidemment pas voir là une allusion à l'ouvrage
de Calvin. Ce que veut dire le chanoine Alesty, c'est : Voici
un ouvrage qui a la prétention d'être une institution chrétienne,
un manuel religieux ; or la confession n'y figure pas au rang des
sacrements ; donc ce livre est suspect.
(5) C'est-à-dire *en.* Je cite tous ces textes d'après M. Puech.

comme estant l'ung des sacremens de l'Eglise. »
La Cour, assez hésitante, se retranche derrière les
autorités des villes où ce livre a été imprimé, et qui
sans doute l'auraient fait saisir s'il leur avait paru
suspect :

« Luy a esté remonstré [à l'official] que led. livre
est treuvé imprimé à lad. ville de Lyon, ville jurée,
par libraire nommé, que soit led. livre hors de sōup-
çon, joint qu'il soit esté aussi imprimé aux villes de
Paris et Tholouze, où y a gens d'autres univer sités
jurées et courts souveraines de Parlemens, qui vrai-
semblablement ne permettroient l'impression et
vente dud. livre ; contre l'autorité desquels l'on ne doit
facillement entreprendre de le censurer et prohiber. »

Ainsi donc, en dehors des éditions de Lyon et de
Paris, il existait de notre alphabet une édition tou-
lousaine qu'il s'agirait de retrouver. J'ignore laquelle
de ces trois éditions fut encore soumise au jugement
de la Sorbonne, le 4 avril 1559, sous le titre de l'*Instruction chrestienne pour les enfans* (1). On y signale
l'omission de la confession, des prières pour les saints,

---

(1) D'Argentré II, p. 277. Quel rapport y a-t-il entre l'*Instruction* et « *le Moyen de promptement et facillement apprendre
en lettres françoises à bien lire et écrire, ensemble la manière de
prier Dieu en toutes necessitez*, par Pierre Habert, écrivain ;
Paris, imprimerie de Ph. Danfrie et Richard Breton, rue St-
Jacques, à l'Ecrevisse, avec Privilège », qui fut censuré le
15 avril ? On y relève également la formule « seul médiateur
et avocat », l'omission de l'*Ave Maria*, la croyance au serf-
arbitre, le rejet des images, des ordonnances humaines, de la
confession, de la messe, des fêtes, des sacrements. On condamne
spécialement l' « Oraison pour le jour qu'on communique à
la Table. *Oratio est Calvini, qua suos alioqui sacramentarios
instituit* ». Renouard, p. 45, signale en 1569 une saisie de livres
protestants dans la boutique de Breton.

des prières pour les morts. On y relève cette phrase
« seul Médiateur et avocat pour nous », et on déclare
le livre « *suspectus de hæresi sacramentariorum.* »

Aucune des condamnations que nous avons mentionnées ne nous donne le nom de l'auteur de ce
petit livre, si dangereux pour le catholicisme, et
dont le succès paraît avoir été si grand. Il nous est
impossible de ne pas penser à un prêtre, poursuivi
dès 1540 pour avoir distribué aux enfants des alphabets de sa composition, dans lesquels il avait habilement glissé des propositions hérétiques. Ce prêtre
est François Landry, curé de Ste-Croix en la Cité,
et que Marguerite d'Angoulême avait fait nommer
aumônier de ses Enfants rouges (1). En effet dans
l'*Extraict... des charges et informations...* qui le concerne (2), il est accusé d'avoir « baillé des alphabets
estans en françoys à plusieurs petitz enffans, tant
ceulx de sa parroisse que aux enffans rouges, lesquels
livres d'alphabetz sont scandaleux, auxquels il y a
erreur... et est chargé de les avoir faictz et composez.
Et se trouve dedans iceux alphabetz vers la confession en françoys et le *misereatur*, erreur, choses mal
sonnantes contre la confession auriculaire. »

L'alphabet de Landry a-t-il été imprimé ? et chez
qui ? A-t-il été simplement distribué sous le manteau aux enfants qu'il avait sous son autorité ?(3).

---

(1) Weiss, *Bull.*, 1888, t. XXXVII, p. 241.

(2) Donné par M. Weiss, *ibid.*, p. 248, n. 5, d'après Arch.
nat. L428 nº 43.

(3) Il dit seulement : « Je croy que le *misereatur* qui est
contenu en ung petit alphabet et a b c présenté et baillé par
moy aux enffans de ma paroisse et aux enffans rouges ... »

Ce sont des questions actuellement sans réponse.
Y a-t-il identité entre cet « alphabet », ou, comme
il l'appelle lui-même ailleurs, cet « *a b c* » et celui
que nous avons étudié ? Nous connaissons trop mal
le livre de François Landry pour résoudre ce problème. D'après l'acte de rétractation qu'il dut lire
publiquement à Notre-Dame le 29 avril 1543, la
prière pour la confession aurait porté ce titre « l'Oraison et consolation du prebstre » : on ne retrouve
pas ce titre dans le volume de 1558.

Il est possible que l'auteur des alphabets de 1558
ait copié l'œuvre de Landry tout en éliminant, par
prudence, les passages qui avaient été trop formellement condamnés. Quoi qu'il en soit, d'ailleurs, de
l'identité de cet alphabet avec celui de Landry, ce
qui reste établi, c'est l'importance de ces petits livres
dans l'histoire de la propagation de la Réforme en
France. L'école a joué dans cette propagation un
rôle de premier ordre, et sur lequel on n'a pas suffi-
samment insisté. Dans plus d'une ville, les autorités
ecclésiastiques dénoncent l'école comme un foyer
d'hérésie, et nombreux sont les maîtres d'école qui
montèrent sur le bûcher, ou qui partirent pour Genève
ou Lausanne. C'est par l'enfant que la Réforme
essayait de gagner la nation française toute entière ;
et cette conquête de l'âme enfantine, elle voulait
la commencer au moyen du premier livre qu'on met
aux mains de l'enfant, l'alphabet (1).

____

(1) Nous avons reproduit, dans *Les Compagnonnages d'arts
et métiers à Dijon* (p. 71), un document du 3 février 1561, décou-
vert et utilisé par un de nos élèves, M. Belle : Philippe Berry,

LES |REGREZ, COM|PLAINCTES ET LAMENTATI|ONS *d'une Damoiselle, laquelle s'estoit retirée à |Genesve pour vivre en liberté, Avec la.cõ|vertion d'icelle estant à l'article de |la mort.* |Consolation pour les bons chrestiens |et exemple pour les mauvais. [La marque est une femme nue, la main sur le sein droit, un cœur dessiné sur le gauche]. A Paris |chez Pierre Gaultier, rue S. Jacques, à l'enseigne |de la Vigne, 1558. — Petit in-4º A-C. — Bibl. Nat. Rés. p. Ye 152.

L'ouvrage débute par une épître de « Passevent Parisien à Pasquin Rommain. » Ce pamphlet versifié, imprimé une première fois à Lyon en 1556, réimprimé par Liseux en 1875, est une réponse aux *Epistolæ magistri Benedicti* de Théodore de Bèze. Faussement attribué, nous dit du Verdier, à Désiré Artus, il est en réalité d'Anthoine Cathelan, cordelier albigeois, auquel il faut sans doute restituer la plaquette tout entière. Le « Parisien » qui est censé écrire l'épître doit être à Genève, car il a écrit à son ami pour l'avertir « d'un grand miracle advenu en ceste ville de Genève puys n'aguères. » Ce miracle, c'est « merveilleux regretz et complainctes et lamentations, à l'article de la mort, d'une Damoiselle qui s'estoit retirée en ceste ville de Genesve ; laquelle par la grâce de Dieu s'est convertie et retournée à la vraye foy et obéissance de nostre mère saincte

---

compagnon cordonnier, arrêté à Dijon, a dans son paquet un Nouveau Testament français, les psaumes de David, la Forme des prières ecclésiastiques, « *et ung petit livre couvert de parchemin intitulé le : A B C des Chrétiens contenant l'interrogation des enfans, etc.* », et les Sommaires du Deutéronome.

Eglise rommaine, au moyen de quoy les frères de la secte Luthérienne ont esté si marris et despitez que par grande vengeance qu'ilz ont eu de sa conversion, incontinent après son trespas ilz ont fait traîner son corps en la voyrie comme une beste brute... »

Il n'est peut-être pas très utile de rechercher s'il y a un fait historique à la base du récit contenu dans ce livre. Notons seulement que « ce présent livret a esté veu par Docteurs en théologie, et n'ont trouvé chose qui ne soit de bonne doctrine et instruction. »

Les *Regrets* sont un dialogue en vers de huit pieds (comme dans le livret d'Artus sur la mort de Picart) entre Passevent et Pasquin. — Le Saint Esprit est venu, à l'heure de la mort, trouver la « damoiselle » pour lui dire que la secte à laquelle elle appartient est damnée. A son tour, Calvin est amené au lit de la mourante, et celle-ci lui fait un sermon, où elle lui démontre la fausseté de la doctrine réformée. Voici ses preuves : 1º c'est la paillardise seule qui attire les moines à la Réforme ; 2º ils ont été condamnés par la Sorbonne, les conciles, les Pères ; 3º nos parents ne suivaient-ils pas les lois de l'Eglise ? 4º peut-on admettre que Jésus aurait attendu seize siècles avant de nous révéler la vérité ?

Après cette triomphante argumentation, elle demande un prêtre (il faut entendre ici un pasteur de l'Eglise de Genève), et l'adjure de renoncer à ses erreurs :

> Or quand le paillard scismatique
> Eut entendu ces propos là,
> Il luy répondit sur cela :

« Va meschante, infame, maudite,
Malheureuse femme interdite,
Va à tous les diables d'enfer. »

Et ce peu aimable pasteur de se retirer. La mourante pleure, implore les saints, prie Dieu, se repent et meurt.

.... Les Christaudins furent fort
Tristes et troublez de sa mort,
Pour la repentance qu'elle eut.

Lucifer, en son conseil, ordonna qu'elle fût jetée à la voirie. Ce qui fut fait. Son cadavre fut livré aux chiens ; mais l'auteur se console de ce malheur, car

Elle est mieux en sa foy entière
Au corps des chiens qu'au cimetière
Des malheureux plains de diffame.

TRAICTÉ |TRES EXCEL-|LENT DE LA LIBERTÉ CHRESTIENNE, composé par Martin Luther : auquel est vivement |descrite la justification de la Foy, et la fin |où se doivent reduire toutes bonnes œu-|vres. Avec une épistre dudit Luther, en-|voyée au Pape Léon dixiesme. |NOUVELLEMENT TRA-|DUIT *de Latin en François.* |GALAT. V. |*Frères vous estes appelez en liberté :* |*seulement ne mettez point la li-*|*berté en occasion à la chair : mais* |*servez l'un l'autre par charité* |M.D.LXI.

In-8 de 95 p. Bibl. Nat. D^2 15.595. — S. l., mais les caractères sont les mêmes que ceux de l'*Apologie des ministres.... de Rouen*, avec laquelle ce traité est relié ; il est donc probable qu'il a été également imprimé à Rouen, pendant que cette ville était entre les mains des huguenots. L'exemplaire de la Bibl. Nat. porte, sur le titre et à la dernière page, ces mots, d'une écriture du xvɪᵉ siècle : « Le militayre », et, sur le titre, d'une écriture du xvɪɪɪᵉ siècle : « capucins de Rennes. »

Le traité *De la liberté chrétienne* ne figure pas parmi les traités de Luther traduits en français dès les premiers temps de la Réforme et imprimés par Simon Dubois (1). Il est vraisemblable que le traducteur de 1561 fut Augustin Marlorat, qui exerçait alors une si grande influence sur l'Eglise de Rouen (2).

Pour nous, l'intérêt de cette traduction réside surtout dans l'épître du « translateur au lecteur ». Nous y verrons ce que pensaient les réformés français au début des guerres civiles, et comment ils interprétaient les idées luthériennes. La principale crainte du traducteur (qui se montre en cela disciple de Calvin, de l'auteur du livre contre *Les libertins qui se disent spirituels*), c'est que l'on n'abuse du mot « liberté » pour se livrer à tous les excès ; c'est que, sous couleur de rejeter les ordonnances de l'Eglise, on n'aille s'abîmer dans je ne sais quel mysticisme sensualiste, qu'on n'en arrive à considérer le vice et la vertu comme choses indifférentes. C'était en effet l'issue dangereuse où pouvait conduire une application trop littérale du dogme de la grâce seule justifiante :

---

(1) Weiss, *Bull.*, 1887, p. 662 et 1888, p. 155 et 435. Impressions de 1528 à 1531 ; ces traductions étaient sans doute l'œuvre de Berquin.

(2) *Bull.*, t. VI, p. 109, *Ibid.*, 1891, p. 2 et 222.

« Les uns après avoir entendu qu'ils sont affranchis de toutes traditions humaines et commandemens non fondez sur la parole de Dieu (desquelz ils avoyent auparavant les consciences liées) mettent quant et quant les préceptes divins en un mesme rang, et indifféremment se desbordent en toute licence charnelle, sans plus faire conscience de chose quelconque. »

Mais le mot de « liberté » présente encore, au point de vue calviniste, un autre danger. A force de voir appliquer le libre examen aux traditions sous lesquelles l'Eglise a enfoui la pureté de la religion, quelques esprits se sont enhardis jusqu'à s'attaquer à la religion même. Ces libertins de pensée ne sont pas, aux yeux du traducteur de Luther, moins redoutables que les libertins de conduite, et il leur préfère, sans hésiter, les papistes eux-mêmes :

« Les autres ayans une fois le cerveau purgé de l'opinion des mérites, non seulement deviennent froids et nonchalans en toutes bonnes œuvres ; mais aussi tombent en extrême impiété, estans beaucoup pires que devant pour le mespris du grand bénéfice que Dieu leur avoit conféré par la cognoissance de sa saincte parole, et pour avoir rejetté la crainte du Seigneur. Cecy advient coustumièrement à ceux qui vivent aux lieux où la parole de Dieu n'est purement enseignée, et où il n'est licite de se maintenir en la purité du service de Dieu et ne faire conte des traditions humaines. »

Ce mot de « liberté » a enfin d'une autre manière servi d'arme aux ennemis de la Réforme. Parce qu'ils réclamaient la « liberté chrétienne », on les a représentés comme des adversaires de toute autorité, civile aussi bien que religieuse, comme des révolutionnaires et des anarchistes. Ces accusations n'ont trouvé que trop facilement créance auprès

des rois et des princes : en défendant l'Eglise romaine,
ils ont cru surtout défendre leur pouvoir. Ce qui a
pu donner quelque apparence de fondement à ce
reproche, c'est l'attitude de certains réformés, qui
n'ont pas craint de revendiquer les armes à la main
la liberté religieuse et qui se sont révoltés contre
l'autorité légitime. Il faut que l'Eglise réformée,
comme elle s'est séparée des débauchés et des impies,
se sépare aussi des séditieux. C'est toujours la doctrine de l'*Institution chrestienne*, c'est une nouvelle
tentative pour persuader le roi et les conservateurs
politiques qu'ils n'ont rien à redouter de la révolution religieuse :

« Il y a davantage, que ce point de la liberté a donné mer-
veilleuse occasion aux adversaires de l'Evangile de calomnier
toute la doctrine : comme si elle confondoit tout ordre, police
et degrez : joint que quelques esprits tempestatifs et séditieux
(qui en plusieurs lieux ont fait de grans troubles et esmeutes,
jusques à prendre les armes contre le Magistrat, sous couleur
de la liberté chrestienne) ont mis bien fort le feu aux estouppes,
et ont presté l'occasion aux mesdisans et mal affectionnez de
semer partout qu'on prenoit l'Evangile pour secouer le joug
et l'obéissance des loix et du Magistrat, et pour faire que tout
ce qui plaisoit fust licite. »

C'est pour toutes ces raisons, conclut le traducteur,
qu'

« il nous a semblé bon de mettre en nostre vulgaire françois
ce petit traicté, que jadis Martin Luther, homme de saincte et
heureuse mémoire, avoit composé en latin. »

APOLO-|GIE DES MINIS-|TRES ET AN-|CIENS de
l'Eglise réformée en la | ville de Rouen, sur le
brise-|ment des Images.|AVEC UNE EXHORTA-|TION

à tout le peuple d'embrasser le |saint Evangile. Aᴄᴛ. XVII, G. XXX. |Dieu ayant dissimulé le temps de l'ignorance, |dénonce maintenant à tous hommes en tous |lieux qu'ils se repentent. |MDLXII.

Petit in-4º A-G. — Bibl. Nat. D² 15.595.

Cette apologie a pour objet de dégager la responsabilité des ministres au sujet des scènes de désordre qui avaient eu lieu à Rouen le 3 mai 1562. Ces scènes sont racontées comme suit dans les *Mémoires de Condé*, t. I, p. 85, d'après une lettre adressée au Roi par les membres du Parlement de Rouen, chassés de la ville (1) :

« Le lundi quatriesme de ce mois vindrent nouvelles au Roy et à son Conseil, comme toutes les Eglises de la ville de Rouen avoient esté pillées par les noveaux évangélistes et les Images rompues et abbatues, les Titres et Ornemens bruslés, touts les livres, Manuels, Missels et Psaultiers servants à l'usage du service, touts bruslés, le précieux corps de Dieu foulé aux pieds, portants des Hosties au bout d'une lance où il y avoit un dragon, disan's en dérision que le dragon avoit mangé la messe. »

Les ministres des Eglises réformées de France avaient toujours repoussé toute solidarité avec les iconoclastes. Calvin et Théodore de Bèze avaient formellement réprouvé ces violences (2). Malheureusement le populaire, une fois déchaîné, n'écoutait pas toujours la voix de ses chefs spirituels ; c'est ce qui était arrivé à Rouen. Les ministres déclarent

----

(1) Le récit de l'*Hist. ecclés.* II, p. 616 concorde avec celui-ci. Voy. E. Le Parquier, *Le Siège de Rouen en 1562*, Sotteville, 1907.

(2) Marlorat blâma les iconoclastes rouennais dans le synode provincial de Dieppe (12 mai), dont il fut le modérateur.

donc que jamais le consistoire n'a délibéré sur la destruction des images ; il a au contraire recherché « plustost quel moyen on pourroit tenir, pour empescher ceux qui de leur authorité privée alloyent çà et là, plus de nuit que de jour, abbattre les croix et images qui estoyent par les rues et hors des temples. » Il n'a eu d'autre souci que de chasser l'idolâtrie des cœurs, et en même temps d'éviter toute sédition et respecter les édits du roi.

Les ministres prévoient bien que leur justification rencontrera des incrédules.

« Mais quoy ? dira quelqu'un, voulez-vous dire que ceux qui ont remué ce mesnage ne sont point des vostres ? Sait-on pas bien qu'on les voit ordinairement suyvre les sermons de vos ministres et que de longtemps ils ont quitté les façons de faire que suyvent ceux qui sont de religion contraire ?... Tout ainsi répondent les ministres, qu'il y en a plusieurs de ceux-ci qui nous sont du tout incognus, aussi en y a il aucuns qui s'en sont meslez, lesquels on a veus quelquefois en nos assemblées. »

A les en croire, ce sont surtout des enfants, instruments d'une volonté providentielle, qui ont brisé les images. Cela s'est fait par un soulèvement spontané dans tout Rouen, sans qu'il y ait eu de violences commises contre les personnes et contre les propriétés (1).

Evidemment la position des ministres n'est guère forte : on voit clairement que, tout en se défendant d'avoir pris part directement aux bris d'images ou

____

(1) Le désintéressement des iconoclastes est attesté par la *Chronique* que suit M. Le Parquier (*ouvr. c.*, p. 9).

de les avoir conseillés, ils les considèrent comme un heureux évènement, comme un succès pour leur cause (1). Ils blâment, il est vrai, les désordres, mais — attitude assez ambigüe — ils tirent argument de ces désordres mêmes pour demander aux magistrats d'établir officiellement la Réforme. Il est clair que s'il n'y avait plus d'images, ou du moins plus de cérémonies catholiques, il n'y aurait pas d'iconoclastes :

« Les Gouverneurs, Juges et Magistrats, en la main desquels Dieu a mis le glaive pour la vengeance des malfaiteurs et la louange de ceux qui font bien, doyvent ici considérer le devoir de leur office qui est de maintenir la gloire de Dieu duquel toute puissance dépend, de faire que luy seul soit servi et honoré (2), les bons maintenus, les meschans punis, et recognoistre que nostre cause qui par ci devant a esté tant de fois condamnée sans n'estre bien entendue, est maintenant si claire et évidente, qu'ils ne peuvent ignorer l'équité d'icelle, si ce n'est à leur escient et contre le tesmoignage de leur propre conscience, qu'ils advisent que ce n'est par témérité de fortune, ains par une singulière providence de Dieu, qu'ils ont peu voir qu'au mesme lieu qu'ils ont fait brusler tous vifs les vrays images de Dieu, c'est à dire les vrays fidèles et tesmoins de Jesus Christ, les images mortes et muettes que ceux-là n'avoient voulu adorer ont esté consumées par feu et que la flamme et fumée qui en est sortie doit effacer toute la mauvaise opinion qu'on avoit des povres membres de Jesus Christ. »

Cette *Apologie* est suivie d'une « exhortation au peuple d'embrasser le saint Evangile », laquelle

---

(1) L'*Hist. ecclés.* dit elle-même que ces troubles eurent lieu « au retour de l'exhortation qui s'estoit faite dehors la porte Cochoise ».

(2) En style réformé, cela veut dire : faire de l'Eglise réformée une Eglise d'Etat.

nous donne quelques détails sur les débuts de l'Eglise rouennaise.

« Vous ne pouvez ignorer, ô habitans de la ville de Rouen, que depuis cinq ans en ça Dieu avoit icy envoyé des Ministres pour recueillir les ouailles et les amener en la bergerie de son Fils Jesus Christ, pour leur faire ouïr sa voix. »

Il ne faudrait pas conclure de ce passage que le protestantisme ne s'introduisit à Rouen que vers 1557. Tout au contraire, nous savons qu'un religieux y fut brûlé pour hérésie dès 1528 (1) et que Rouen était déjà rempli, en 1530 et 1531, de personnages fort suspects. Mais ce que veulent dire les ministres, c'est qu'une Eglise régulièrement dressée fonctionne à Rouen depuis cinq ans. C'est assez l'habitude, on le sait, des ministres contemporains des guerres religieuses, formés tous à l'école de Genève, de dédaigner les humbles débuts de la Réforme dans les pays de France, et de ne faire commencer l'histoire du protestantisme dans une ville que du jour où la discipline genevoise y a été installée. 1557 est en effet la date indiquée par l'*Histoire ecclésiastique* comme celle de la fondation officielle de l'Eglise de Rouen (2). Lorsque Marlorat vint y prêcher, en juin 1560, elle était déjà, au témoignage de Bèze, très nombreuse ; elle comptait quatre ministres, et environ dix milliers de fidèles, recrutés surtout dans les

(1) Weiss, *Bull.*, 1887, p. 303.

(2) I p. 112. Pourtant la même *Histoire*, p. 34, cite le martyre de Guill. Husson, brûlé dès 1544 « pour avoir semé quelques livrets ».

corps de métiers. Elle avait commencé, comme toutes les Eglises, par des réunions nocturnes au Marché neuf, au parvis de la cathédrale, et puis elle s'enhardit et se montra au grand jour (1). Cette évolution est fort bien décrite dans ce passage de l'*Exhortation* :

« Que si vous dites, que nos assemblées ne vous pouvoyent estre que suspectes, pour ce qu'elles se faisoyent secrettement et de nuit pour la plupart, et que ce n'est la nature de vérité de se cacher, ains se produire devant tous sans crainte de personne, pourquoy n'avez vous donc creu à la doctrine que nous suyvons, depuis le temps que nos dictes assemblées se sont faictes publiquement, et à plein jour ? Aucuns de vous se plaignoyent auparavant, disans qu'ils eussent bien voulu ouïr les Ministres, mais qu'on ne leur vouloit donner entrée pour ce faire, comme de fait il estoit bien nécessaire de savoir quelles gens se mesloyent parmi nous, veu le grand nombre de malins et espions apostez, desquelz Satan se servoit... Mais depuis qu'il a pleu à Dieu nous faire ce bien de dire en public ce qu'on avoit dit devant peu de tesmoins, toute excuse vous a esté ostée. Car vous deviez pour le moins prester l'oreille pour entendre si la doctrine qu'on nous preschoit estoit telle que vos conducteurs aveugles vous faisoyent à croire. »

C'est là un très noble appel à la conscience des foules, un acte de foi dans la puissance de la parole, mise au service d'une conviction sincère. Il est fâcheux que les ministres gâtent cette belle attitude en affichant une solidarité de mauvais aloi, je ne dis pas avec les iconoclastes, mais du moins avec l'iconoclastie. Parmi les arguments qu'ils présentent aux Rouennais pour les presser de renoncer à la religion de leurs pères, on relève en effet celui-ci :

(1) Le 25 novembre 1561, d'après l'*Hist. ecclés.*, I p. 777.

Vos pères, « ont-ils veu rompre et abbatre les idoles
devant eux, comme vous avez veu dimanche dernier ? » Je veux bien croire que le mouvement populaire du 3 mai a été tout spontané, que les ministres
ne l'ont ni encouragé par leurs paroles, ni même autorisé par leur silence, mais, lorsque le coup est fait,
ils ne le condamnent qu'à demi et se disposent à en
profiter.

Nous osons croire que ces quelques notes, dans
leur désordre même, donneront au lecteur le sentiment de l'intense vie intellectuelle du xvie siècle,
et du rôle que jouait la presse dans les polémiques religieuses. Cet universel bouillonnement est
l'un des plus intéressants spectacles que nous présente l'histoire de l'esprit humain. Par cet appel
constant à l'intelligence naissante de l'enfant, à la
raison de l'adulte, aux passions des masses, se pré-
parait le règne de l'opinion, la future *regina del
mondo*.

UNE SOURCE IMPORTANTE
DU MARTYROLOGE DE CRESPIN

D'UNE SOURCE IMPORTANTE
DU MARTYROLOGE DE CRESPIN :

L'HISTOIRE DES PERSÉCUTIONS ET MARTYRES DE L'ÉGLISE DE PARIS

D'ANTOINE DE CHANDIEU.

Nul n'ignore l'importance capitale que présente, pour toute la seconde moitié du XVIe siècle, le célèbre *Livre des Martyrs* (1), qui alla s'amplifiant, du petit in-8° en deux parties de 1554, jusqu'à l'énorme in-f° de 1619, en douze livres avec 1760 pages (2). Mais si l'on a utilisé ce recueil, si l'on s'est laissé gagner par l'extraordinaire puissance d'émotion qui s'en dégage, la critique du *Martyrologe* est encore à faire. On n'a pas étudié ces additions qui grossissaient incessamment le volume primitif, on ne s'est pas demandé avec quels éléments

(1) Titres divers : Recueil de plusieurs personnes... Actes des martyrs, Histoire des vrays témoins...

(2) Voy., dans la nouvelle éd. de la France protestante, la liste de ces éditions : 14, sans compter les réimpressions, entre les deux dates extrêmes.

Crespin avait construit son livre. Nous croyons, sur un point. pouvoir donner une réponse précise à cette question.

I,

On ne connaît pas d'édition de Crespin entre 1556 et 1565. Le P. Lelong mentionne, il est vrai, une édition de 1559 et une de 1560, mais les bibliographes modernes ne les ont pas vues. — Or, les deux éditions de 1556 vont « jusques à ces années précédentes ». Quant à celle de 1565, elle marque dans l'histoire du texte de Crespin, une date toute nouvelle.

Cette édition est intitulée : *Actes des | Martyrs déduits en sept livres, | depuis le temps de Wiclef, et de Hus, jusques à présent. | Contenans un recueil de vraye histoire ecclésiastique de ceux | qui ont constamment enduré la mort ès derniers temps, pour | la vérité du fils de Dieu* (marque typographique de l'ancre). *L'Ancre de Jehan Crespin. M.D.L.X.IIIII.* (1). Elle comprend les folios liminaires signés α — γ, 1074 p., plus des feuillets post-liminaires (tables des noms et surnoms), signés de X. x x. I à Y. y y. II. Elle s'ouvre par une épitre « à l'Eglise du Seigneur et à tous ses vrais enfans espars entre les peuples... Jean Crespin, s. », et elle va jusqu'à la fin de 1563.

---

(1) Les auteurs de la France prot. et Bernus (BSHPF, t. XXXVII, p. 132, ont lu (n° 7 de la liste) 1564. Mais le magnifique ex. de la Bibl. Nat. (H 153 rés., exposé à la galerie Mazarine) porte à n'en pas douter cinq fois le caractère I. — C'est un in-4° et non un pet. in-f°.

Voilà donc, d'un seul coup, sept années nouvelles incorporées au martyrologe protestant. Dans l'hypothèse où les éditions de 1559 et 1560 n'auraient pas existé, ce serait la première fois que ces sept années apparaîtraient dans une édition française. Même en tenant compte des deux éditions latines (1), dont la plus jeune s'arrête au supplice de Du Bourg (23 déc. 1559), le problème resterait entier pour trois années. Où Crespin a-t-il puisé la matière de ces additions ?

Il est à remarquer que durant ces années capitales pour l'histoire des Eglises réformées (fin du règne de Henri II, règne éphémère de François II, débuts de Charles IX), un rôle essentiel est dévolu à l'Eglise de Paris. La Réforme française, qui a crû jusque là d'une façon assez dispersée, trouve enfin un centre. Et, de fait, les additions à Crespin, du moins en ce qui touche la France, sont surtout des additions parisiennes.

II.

Or, deux ans avant la publication genevoise de l'édition de 1565, avait paru à Lyon une *Histoire des persécutions et martyres de l'Eglise de Paris, depuis l'an 1557 jusques au temps de Charles IX* (2). L'ouvrage est anonyme, mais il est précédé d'une épitre

(1) Nᵒˢ 4 et 6 de la France protestante ? Je n'ai pas vu ces éditions.
(2) Lyon, 1563, in-8º (Bibl. Nat. Ln. ²⁵91) ex. décrit. par Bernus, art. cité.

qui souligne son double caractère de livre d'édification et de défense apologétique : *avec une épître contenant les remonstrances des profits qui reviendront aux fidèles... et une exhortation à ceux qui nous ont persécutez de revoir nostre cause...* (1), morceau très important, véritable manifeste des réformés, et résumé, brossé à grands traits, des principaux évènements de la période 1557 (et même 1555) — 1561. Elle annonce des intentions assez analogues à celles de Crespin : « Vous lirez ici des simples femmelettes, des povres artisans, des jeunes enfans, armez des forces de l'esprit de Dieu, avoir surmontez toutes les puissances du monde, et estre allez gaiement à la mort. » Or, cette épître est signée A. Zamariel, l'un des deux pseudonymes connus d'Antoine de Chandieu, qui fut en partie témoin de ces heures tragiques.

Non seulement, le récit de Chandieu est extrêmement vivant, mais il présente une valeur documentaire de premier ordre. Sur la prise de la rue Saint-Jacques (2), il a vu le procès-verbal, dressé par le Procureur du Roi au Châtelet. Il donne des « interrogatoires des martyrs », le plus souvent d'après « les registres des greffes ». — « Or, dit-il, voicy les pièces de ces responses de mot à mot, comme nous les avons recueillies de son procès ». On se demande même comment Chandieu a pu se procurer des textes de ce genre. Avait-il des amis au Châtelet ? au Parlement ? Quand on songe à ce qu'était la composition de ce

---

(1) Cette citation est un fragment du titre.
(2) A laquelle il a d'ailleurs assisté.

corps avant la mercuriale, le cas n 'a rien d'improbable.

Mais Chandieu a utilisé d'autres sources d'information. Il insère en entier (p. 14-50), l'*Apologie* présentée au roi par l'Eglise de Paris ; de même, pour la conspiration d'Amboise, il « résume un petit discours qui en a été imprimé » ; il cite des lettres des Eglises, des lettres de Viret. Il donne surtout des lettres émanant des martyrs eux-mêmes. Voici, la lettre, que, des prisons de Dijon, Nicolas du Rousseau écrivit, le 6 septembre 1557 à une dame de Genève. Voici les lettres de Frédéric Danville, d'Oloron, étudiant à Paris, et de son camarade François Rebezies d'Astaffort, « lettres que nous avons reçues de leurs mains », et où ils relatent leurs interrogatoires et leurs tortures. Elles abondent en détails piquants, tels celui-ci : on demande à Danville, « vu que j'estoie d'Oloron (1), si je n'avoie point ouï Maistre Girard (Roussel) ? — R. Oui. — D. Veu que luy chantoit la messe, pourquoi ne la recevez-vous ?— R. Il le faisoit pour retenir son évêché ».

Il est impossible de ne pas être frappé de la vie intense qui anime ces interrogatoires. Les juges y reparaissent avec leurs attitudes, leurs gestes de colère, leurs interjections familières, tantôt paternelles, quand ils espèrent ramener à la vérité orthodoxe ces jeunes égarés, tantôt furibondes, quand ils déses-

---

(1) Le texte dit Oléron, mais comme il est écrit plus haut Oloron en Béarn, aucun doute n'est possible.

pèrent de vaincre l'obstination de ces âmes ardentes. Rien de tout cela n'aurait subsisté dans un procès-verbal de greffier.

Enfin, Chandieu a été témoin oculaire de plusieurs exécutions ; il a connu des témoins oculaires : « Voicy comment ils se portèrent, ainsi que nous ont récité aucuns frères confesseurs de J.-C. qui estoient avec eux » (1). On voit quelle est la valeur exceptionnelle de l'*Histoire des Persécutions de l'Eglise de Paris*.

III.

Quel rapport y-a-t-il entre ce fragment de martyrologe parisien et l'*Histoire des Martyrs qui ont constamment enduré la mort pour la doctrine du fils de Dieu*, comme dit le titre intérieur du Crespin de 1565 ?

Remarquons-le tout d'abord : au Ve livre de cette histoire, à la p. 872, apparaît cette rubrique : « Histoire des persécutions qui ont esté en ce temps en l'Eglise des fidèles de la ville de Paris », qui rappelle d'assez près le titre de Chandieu. Après une formule de transition commence alors une copie du texte de Chandieu, qui va jusqu'à la p. 880, pour reprendre des p. 967 à 969, et 991 à 994. — L'édition de 1597 reproduit le même texte, p. 412, p. 425-475 et 516-518.

____

(1) Il a lu les lettres des ambassadeurs suisses, du Palatin, etc...

Crespin, il faut le dire à sa louange, ne s'est pas borné à copier purement et simplement, en le découpant en tranches chronologiques (1), le texte qu'il avait sous les yeux. Sa situation, à Genève, lui permettait de se procurer des documents qui avaient manqué à de Chandieu. Aussi essaie-t-il de compléter, sur certains points, le récit de celui-ci.

Chandieu parlait d' « Archambault, natif du lieu de Lamolyère en Bazadois ». Crespin sait qu'il s'appelait Archambaut Séraphon, qu'il était mercier, et il cite des lettres de lui à sa femme et à ses amis, « lesquelles nous avons icy insérées... puisqu'autres actes judiciaires concernant leurs interrogatoires (de Séraphon et de ses compagnons) et responses ne sont parvenus jusqu'à nous ». — Il s'enrichit de nouveaux détails d'édition en édition. En 1565, il copiait exactement le passage de Chandieu sur l'arrestation de Nicolas du Rousseau à Auxonne, et parlait, sans le nommer, d'un de ses compagnons, qui put échapper. En 1597, il sait le nom de ce compagnon, qui n'était autre que Nicolas des Gallars.

Il reste que le texte entier de Chandieu, à l'exception de son Epître, a passé dans celui de Crespin. Cela n'est pas pour diminuer la valeur du *Martyrologe*, bien au contraire. Si Crespin avait écrit, à Genève, sur des renseignements venus de loin, l'histoire de l'Eglise parisienne pendant cette crise acci-

_____

(1) Crespin se livre à ce découpage parce qu'il veut intercaler, dans les vides de l'Histoire de l'Eglise de Paris, le récit des faits qui intéressent les églises de France, des Pays-Bas, d'Angleterre.

sive, ce récit pourrait être très sujet à caution : il s'est borné à reproduire une source de premier ordre.

Ce procédé littéraire n'était alors considéré par personne comme blâmable : l'essentiel semblait être de fournir aux lecteurs des renseignements aussi exacts que possible. — Le récit de Crespin fut à son tour repris par les auteurs de l'*Histoire Ecclésiastique*, qui tantôt le résumèrent, tantôt se contentèrent de le reproduire tel quel. Les savants éditeurs de cet ouvrage (1) ont signalé ces emprunts, et, avec leur sagacité ordinaire, ils ont même eu le pressentiment de la vérité : « Ce récit, disaient-ils, paraît provenir de Chandieu, dont le manuscrit est conservé à la Bibliothèque Nationale de Paris ». (2).

Mais les érudits strasbourgeois n'ont pas vu ce manuscrit. Ils n'ont pas su que l'ouvrage de Chandieu avait été imprimé dès 1563 (3). S'ils l'avaient su, ils n'auraient pas hésité à écrire qu'en ce qui concerne les événements parisiens de 1557 à 1561, les passages empruntés par *l'Histoire Ecclésiastique à l'Histoire des Martyrs* procèdent en droite ligne de l'*Histoire des persécutions et martyres de l'Eglise de Paris*.

(Revue Henri IV, t. II, 1908).

(1) T. I, p. 139 n. 1. Voy. p. 139-157, 161-162, 220-225.

(2) Bernus a d'ailleurs établi que ce ms. n'était qu'une copie de l'imprimé.

(3) Bernus seul, dans l'article cité plus haut, a signalé le rapport qui existe entre les trois textes.

BIBLIOTHEQUE
NATIONALE

CHATEAU
de
SABLE

1992